高职高专财经类系列教材

新编基础会计

主　编　张宏萍　张翠珍　聂守艳
副主编　邓　蕾　赵　萍　陈桂梅

经济科学出版社

图书在版编目（CIP）数据

新编基础会计 / 张宏萍，张翠珍，聂守艳主编. —北京：经济科学出版社，2012.4

ISBN 978-7-5141-1741-7

Ⅰ. ①新… Ⅱ. ①张… ②张… ③聂… Ⅲ. ①会计学 —教材 Ⅳ. ①F230

中国版本图书馆 CIP 数据核字（2012）第 057471 号

责任编辑：周胜婷　张　萌
责任校对：郑淑艳　刘　昕
技术编辑：王世伟

新编基础会计

主　编　张宏萍　张翠珍　聂守艳
副主编　邓　蕾　赵　萍　陈桂梅

经济科学出版社出版、发行　新华书店经销
社址：北京市海淀区阜成路甲 28 号　邮编：100142
总编部电话：88191217　发行部电话：88191104
网址：www.esp.com.cn
电子邮件：esp@esp.com.cn

北京中石油彩色印刷有限责任公司印装
787×1092　16 开　15 印张　370 000 字
2012 年 5 月第 1 版　2012 年 5 月第 1 次印刷
ISBN 978-7-5141-1741-7　定价：35.00 元
（图书出现印装问题，本社负责调换）
（版权所有　翻印必究）

前　言

会计工作是任何企业都无法回避的，会计职业也是当今职场上从业人员最多的职业之一，想做会计就得先学会计，会计是一门理论与实践相结合的学科。随着我国市场经济的飞速发展，会计改革不断深入，2006年，财政部颁布了新的《企业会计准则》，标志着我国会计发展进入了崭新的阶段。

新《企业会计准则》的颁布，为规范会计核算工作，提高会计信息质量，奠定了良好的法律基础，同时也对会计人员的专业知识水平和业务素质提出了更高的要求。为了顺应当前我国会计改革的需要，了解会计准则的最新变化，掌握新的会计处理方法，满足高职高专院校的会计教学的需要，我们以2006年财政部颁布的新《企业会计准则》为依据，按照会计的最新理论和实践，借鉴国内外同类教材的先进经验，编写了这本教材。

本书以一个制造企业的整个经营活动为例，深入浅出、循序渐进地叙述了会计的基础理论、基本方法、基本技能和基本程序，力求做到内容新颖、观点准确、通俗易懂。

本书可作为高职高专院校、中等专科学校、成人教育会计专业及相关专业基础会计课程的教学和辅导用书。也可作为在职会计人员会计培训用书以及会计从业资格证书考试学习参考用书。

本书由张宏萍、张翠珍、聂守艳担任主编，邓蕾、赵萍、陈桂梅担任副主编，参加编写的人员还有徐欣、韩兴国、刘晓南、严霓等。全书共分十个项目，编写具体分工如下：项目四由张宏萍编写；项目一由张翠珍编写；项目八由聂守艳编写；项目二由邓蕾编写；项目九由赵萍编写；项目五由陈桂梅编写；项目六由徐欣编写；项目三由韩兴国编写；项目十由刘晓南编写；项目七由严霓编写。张宏萍教授拟订了全书的框架结构，并负责全书的修改、总纂及定稿。

本书在编写过程中借鉴了有关专家、学者的理论和观点，也参阅了有关的书籍和资料，在此表示衷心感谢！由于时间仓促，加之编者水平有限，尤其是在对新会计准则的理解和把握上可能存在缺点和错误，书中疏漏和不当之处在所难免，恳请广大读者批评指正，以便对本教材作进一步修改和完善。

目　　录

项目一　会计概述 1
　　内容一　会计的含义 1
　　内容二　会计核算对象 6
　　内容三　会计核算的基本前提和一般原则 14
　　内容四　会计方法体系 19

项目二　会计科目和账户 22
　　内容一　会计科目 22
　　内容二　会计账户 26

项目三　会计记账方法——复式记账 38
　　内容一　记账方法概述 38
　　内容二　借贷记账法 40
　　内容三　总分类账户与明细分类账户的平行登记 54

项目四　复式记账法的运用——制造企业主要经济业务的核算 61
　　内容一　制造企业主要生产经营过程概述 61
　　内容二　资金筹集业务的核算 63
　　内容三　供应过程业务的核算 70
　　内容四　生产过程业务的核算 80
　　内容五　销售过程及利润形成和分配的核算 93

项目五　会计核算依据——会计凭证 107
　　内容一　会计凭证的概念及分类 107
　　内容二　原始凭证 108
　　内容三　记账凭证 116
　　内容四　会计凭证的传递与保管 123

项目六　会计核算的载体——会计账簿 125
　　内容一　会计账簿概述 125
　　内容二　会计账簿的设置与登记 131
　　内容三　账项调整、对账和结账 138

项目七　财产清查 149
　　内容一　财产清查概述 149

内容二　财产清查的方法 152
　　内容三　财产清查结果的处理 157

项目八　账务处理程序 162
　　内容一　账务处理程序概述 162
　　内容二　记账凭证账务处理程序 163
　　内容三　科目汇总表账务处理程序 182
　　内容四　汇总记账凭证账务处理程序 185

项目九　财务会计报告——会计报表的编制 190
　　内容一　财务报告的概述 190
　　内容二　资产负债表 193
　　内容三　利润表 202
　　内容四　现金流量表 206
　　内容五　所有者权益变动表 210

项目十　会计工作组织与管理 213
　　内容一　会计工作组织概述 213
　　内容二　会计机构 215
　　内容三　会计人员 217
　　内容四　会计规范 227

参考文献 231

项目一　会计概述

【开篇导读】

　　一家企业在经营了一年以后，企业的老板和管理者肯定想知道，这一年企业是盈利了还是亏本了？企业到底有多少现金和银行存款？别人还欠企业多少货款没有收回来？企业还欠别人多少钱？都欠谁的？企业这一年有多少利润？都是哪些经营活动产生的？这些指标对企业的老板和管理者来说是极其重要的。老板只要知道哪些业务投入少而利润高，就可以在未来的经营中采取措施巩固这些业务，而对那些效益不好的业务或者采取措施改进，或者干脆停下来不做。管理者在了解了哪些单位在本年买了本企业的产品、现销和赊销都是多少，就可以根据不同的客户采取不同的销售政策。那么，企业的老板和管理者如何才能得到这些信息呢？会计记录和会计报告可以提供这些信息。

内容一　会计的含义

一、会计的定义

　　在开始学习会计的时侯，首先在脑海里出现的疑问就是：什么是会计？会计到底是做什么的？它在所服务的企业中起什么样的作用？其实会计的本意是核算，会计核算简单地说就是记录、计算和报告。那么会计到底核算什么呢？

　　我们知道，在远古时代，由于捕猎工具比较落后，祖先们猎取的食物较少，劳动成果没有剩余。有了先进的捕猎工具以后，捕获的猎物多了，生产成果有了剩余，并且要在山洞里储备这些剩余。为了掌握这些储备的劳动成果，我们聪明的祖先就想到了记录：当他们将一个剩余的猎物拖进山洞时，就在山洞外的大石板上放一个石子；从山洞里拖出一个猎物时，就从大石板上取下一个石子。或者用大石子代表大猎物，用小石子代表小猎物。这样，大石板上的大小石子就代了表山洞里存放的大小猎物，这就是"堆石记事"，也就是会计的萌芽。在现代文明人眼中如此简单的堆石行为，在当时却是人类社会的一大创举。

　　从这个故事中我们可以得到关于会计的重要启示：会计最基本的功能是记录数据，并且只记录人类社会生产活动中的数据。

　　在当今社会，一个企业会计的日常工作仍然是记录数据，但其工作内容已经根据我们现在的经济管理需要，发生了很大的变化：在记录数据的同时，还要进行算账、报账甚至监督。

　　那么一个企业的会计都要记录、计算和报告什么呢？

　　以产品制造企业来说，要进行正常的生产经营活动，必须拥有一定的生产资料，企业所需的生产资料主要依靠所有者的投资和企业举债筹集款项购买，如建造的厂房、购买的机器设备和各种材料物资等。企业为进行生产所拥有的各项财产物资的货币表现称为企业的经营资金。企业这些财产物资的实有额、购买财产物资的资金来源及形成状况是需要进行记录和计算的。

产品制造企业生产经营活动分为供应、生产和销售三个阶段（见图1-1），供应过程是生产的准备过程。在供应过程中，企业为购买材料物资要支付材料买价，支付材料运输、装卸费用，同供应单位及其他有关单位发生货币结算关系。材料从仓库进入车间投入生产，生产经营活动进入第二阶段，即生产过程，它是企业最主要的生产活动。在生产过程中，工人借助于劳动工具对材料进行加工，使其改变原有的实物形态变为半成品，最后形成产成品。在这同时要消耗各种材料物资，机器设备要发生磨损，要支付工人工资及其他费用等。产品生产完工验收入库等待销售，生产经营活动进入第三阶段，即销售过程。在销售过程中，要发生包装、运输、广告宣传等销售费用，产品销售出去要收回货币资金，要缴纳税金，要与购买单位、税务部门及其他单位发生货币结算等业务。企业在生产经营过程中发生的这些人力、物力、财力的消耗，构成了各阶段的费用。各项费用的多少及成本的高低也是需要记录和计算的。

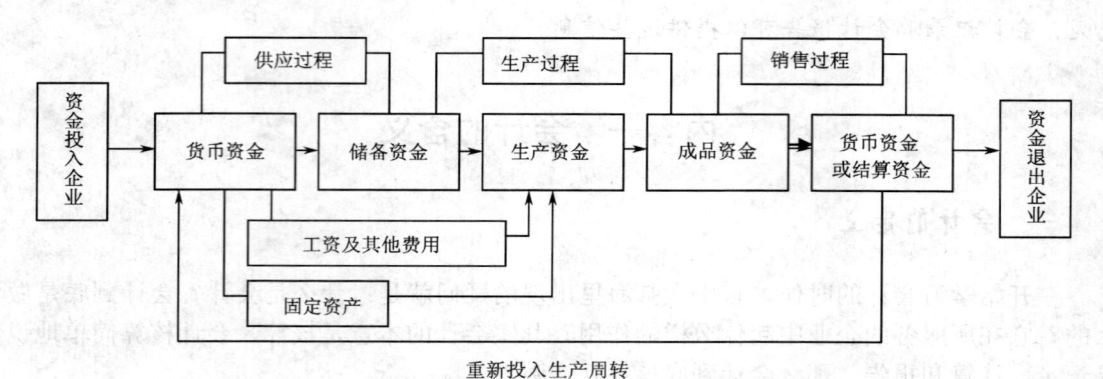

图1-1 产品制造企业的资金运动过程

企业将生产的产品销售出去取得一定的收入，补偿了生产、销售过程中的全部消耗后，补偿的资金可以用于再生产，剩余部分表现为企业盈利，它需要在各方面进行分配。企业在经营中取得的各种收入、财务成果以及财务成果的分配情况仍然需要进行记录和计算。

随着企业生产经营活动的进行，财产物资的增减变动，成本、费用的形成，收入、财务成果的分配都表现为价值形态和价值数量上的增减变化，这些构成了社会再生产过程中的资金运动。具体包括资金的取得与退出、资金的循环与周转、资金的耗费与收回。

会计就是对这些企业日常发生的经济活动进行记录和计算，再将这些结果提供给有关的信息使用者，即进行会计报告。

随着市场经济的建立，企业的规模日益壮大，股份公司、跨国公司、垄断组织大量涌现，企业之间的竞争日趋激烈，为适应这些客观环境的变化，在竞争中立于不败之地，人们对会计有了更高的要求，除了要求它能记录、计算和报告已发生的经济信息外，还要求它能参与企业经济业务事前的预测、决策、控制以及经济业务事后的分析和检查。

由此可见：会计是以货币为主要计量单位，通过一系列的专门方法，对各经济组织（企业、行政事业单位）的经济活动进行连续、系统、全面、综合地核算和监督，并在此基础上对经济活动进行预测、决策和分析，为有关各方提供经济信息的一项管理活动。

二、会计的特点

会计的特点主要体现在以下三个方面。

（一）会计核算以货币为主要计量单位

会计是从数量方面对经济活动进行记录、计量的一种经济管理活动。会计在对各单位日常发生的经济活动进行记录和计量时，可以采用的计量单位有实物量度、货币量度和劳动量度三种，这些计量单位分别反映经济活动的不同数量。但是，实物计量缺乏综合反映的功能。劳动量度虽然具有综合性，但由于商品货币经济的存在，价值规律依然发生作用，劳动耗费还无法广泛利用劳动量度进行计量。而会计要对经济活动的过程和结果进行全面的、综合的核算，只有具有一般等价物职能的货币才能对经济活动的各个方面进行综合的核算与监督，以取得反映经济活动情况的全面的会计信息资料。因此，会计以货币作为主要计量单位对经济活动进行核算，同时辅以实物量度和劳动量度。

（二）会计核算应该以真实、合法的会计凭证作为依据

《会计基础工作规范》规定，各单位在进行会计核算时，必须取得和填制会计凭证。会计凭证是证明经济业务已经发生或完成的证明，它不仅记录着经济业务的过程和结果，而且明确了经济业务的责任。会计以真实、合法的凭证作为核算依据，既保证了会计记录有根有据，又能取得真实可靠的会计信息。

（三）会计对经济活动的核算和监督具有综合性、连续性、系统性和完整性

综合性是指会计以货币为主要计量单位，提供总括反映各项经济业务情况的价值指标；连续性是指会计对各种经济业务应该按其发生的时间先后顺序，不间断地进行记录；系统性是指会计对各项经济业务既要进行相互联系的综合记录，又要进行必要的、科学的分类，只有这样才能取得管理所需要的各种不同的信息资料；完整性是指会计对各项经济业务的来龙去脉都必须进行全面记录、计量，不能有所遗漏。会计核算只有做到了综合性、连续性、系统性和完整性，才能全面、系统地反映各单位的经济活动情况。

三、会计的职能

会计的职能就是指会计在经济管理中所具有的功能，即会计在经济管理中能发挥什么作用。我国会计界对会计职能的观点大多认为有基本职能和其他职能之分。

(一) 会计的基本职能

一般认为，现代会计具有核算经济活动，监督经济过程的功能。会计核算和会计监督是会计的两项基本职能。我国《会计法》第五条规定："会计机构、会计人员依照本法规定进行会计核算，实行会计监督。"

1. 会计核算职能

会计核算职能是会计工作的基础，它是通过记账、算账和报账三个过程来体现的。记账就是把一个企业一定时期内所发生的经济事项，运用一定的程序和方法进行记录和反映的过程。算账就是运用会计核算的程序和专门方法，对相关会计内容进行归类、计算的过程。报账则是在记账、算账的基础上，通过一定的形式（编制会计报表），为会计信息使用者提供能够反映某一企业一定时期或期间财务状况和经营成果的会计信息。

2. 会计监督职能

会计监督职能是指在核算经济活动的同时，以国家财经政策、法规、制度及内部会计控制规范等为依据，对会计核算的全过程进行合理性、合法性及有效性的评价和控制，以保证会计信息的真实性、完整性和有效性。

在会计的基本职能中，核算和监督职能是相辅相承，紧密联系。会计核算是会计监督的前提和基础，离开了核算，监督就失去了依据；而会计监督又是会计核算的质量保证。只有核算，没有监督，就难以保证核算所提供的信息的真实可靠。

(二) 会计的其他职能

随着经济的发展，管理对会计的要求也越来越高，这也推动了会计职能不断地发展。现代会计在参与管理方面，除了核算和会计监督两个基本职能外，还产生了诸如会计预测、会计决策、会计控制、会计分析等许多新的职能。

会计预测的职能是运用专门的技术和方法，利用会计资料和其他信息，对经济活动的未来发展趋势和状况进行估计和预测，以便掌握未来经济活动中的不确定因素或未知因素，为会计决策和其他经营决策提供有用的数据信息资料。

会计决策的职能是在会计预测的基础上，对未来一定时期经济活动可能采用的各种备选方案，根据所掌握的会计资料，运用定量和定性分析的方法，经过分析、判断，作出最终选择的过程。

会计控制的职能是按照会计管理的目的和要求，利用组织、管理、控制等程序和方法，对会计的过程进行规范，确保会计核算按照预计的方向和轨道进行。会计控制是现代企业正常运转的基础，企业一切管理工作应当从建立和健全内部控制制度开始。会计控制是企业内部控制整体框架的核心，它是提高会计信息质量，保护资产的安全完整，确保有关法律法规和规章制度得以贯彻执行的控制系统。

会计分析的职能是利用会计核算提供的资料为依据，采用一系列专门分析技术和方法，对企业等经济组织的经济活动结果、财务状况及预算执行情况等进行分析与评价，总结经验，巩固成绩，找出存在的问题，为投资者、债权人、经营者和其他相关组织或个人了解企业过去、评价企业现状、预测企业未来，做出正确决策提供准确的信息。

四、会计的目标

会计目标是在一定的会计环境和经济条件下，会计人员期望通过会计活动所要达到的结果，会计目标应当是满足会计信息使用者对会计信息的需要。由于会计管理活动是社会经济发展的产物，其会计目标必然受会计环境和经济条件制约。一般来说，有什么样的会计环境，就有什么样的会计信息使用者，从而就有什么样的会计目标。在我国学术界，对会计目标的研究取得了一定的成果，认为确定会计的目标需要解决三个问题：一是向谁提供信息；二是为何提供信息；三是提供何种信息。

根据《企业会计准则——基本准则》的定位："财务会计报告的目标是向企业财务会计报告使用者（包括投资者、债权人、政府及相关部门和社会公众等）提供与企业财务状况、经营成果和现金流量等有关的会计信息，反映企业管理层受托经济责任的履行情况，有助于财务会计报告使用者作出经济决策。"

【相关链接】会计目标可以按照层次不同进行分类，分为总目标和具体目标。

观点之一：

根据《中华人民共和国会计法》（以下简称《会计法》）第一条规定：会计工作要"保证会计资料真实、完整。加强经济管理和财务管理，提高经济效益，维护社会主义市场经济秩序"。因此，会计总目标应为，"提高经济效益和社会效益"，体现了市场经济各种社会的共同要求，"维护社会主义市场经济秩序"，则体现了社会主义市场经济的特殊要求。

观点之二：

我国政府相关部门是会计信息的主要使用者之一，政府部门从宏观经济管理者、证券市场监管者和国有资产所有代表的角度对会计信息的需求，是进行宏观经济决策的重要依据之一。同时，也是政府规范证券市场、有效发挥市场配置资源功能、保护投资者权益、满足投资者决策需要的重要信息。因此，我国现阶段会计总目标的定位是既要满足政府宏观经济管理的需求、反映企业经营者受托责任的履行和完成情况，还要提供有助于会计信息使用者进行经济决策的有用信息。

观点之三：

目前我国的会计目标总体应该定位在为管理型投资人提供真实可靠的经管责任会计信息。因为，从相当长的一个历史时期来看，为管理型投资人提供真实可靠的会计信息，基本上可以满足我国各类信息使用者对会计信息的需求，包括管理型投资人、职业投资人、企业经营者、贷款人、政府、公众等。

内容二　会计核算对象

一、会计要素

会计要素是对会计对象所做的大类划分。会计对象也就是会计工作的内容。任何工作都有其特定的内容，会计工作也不例外。前面已经述及，会计是记录、计算和报告各经济组织发生的经济活动及其结果的，不同的经济组织，经济活动的内容不同，即使在同一经济组织内，其经济活动也纷繁复杂，企业会计记账不能"胡子眉毛一把抓"，为了能够连续、系统、全面、综合地记录和报告企业发生的经济活动及其结果，有必要对会计核算的对象即会计工作内容用会计语言进行系统的描述。下面我们就以产品制造企业的生产经营过程为例来说明会计核算对象的具体内容。

众所周知，产品制造企业为了从事产品生产经营与销售活动，必须拥有一定数量的经营资金作为物质基础。经营资金在生产经营过程中的使用，形成了产品制造企业的资金运动。企业的经营资金有其具体存在形态，被运用在生产经营活动的各个方面。例如，有的被运用在房屋、建筑物、机器设备方面，有的被运用在材料上，有的存在于货币资金（现金、银行存款），等等。资金具体存在或运用的形态，称为资产。作为企业的资产，总是由其提供者提供，一是投资人（包括国家、其他企业事业单位、个人和外商等）投入；二是债权人（包括银行、其他金融机构、其他企事业单位、职工或个人等）借入。无论是投资者投入还是债权人借入，都对企业的资产具有要求权。这种要求权，会计上称为权益。投资者投入，称为所有者权益；债权人借入，称为债权人权益。这部分权益需要在一定时期内偿还，所以亦称负债。资产是企业资金的一个侧面，即资金的存在或运用的形态，而负债和所有者权益则是企业资金的另一个侧面，即资金的形成渠道。由于资产与权益（负债和所有者权益）是同一资金的两个不同方面，所以资产与权益（负债和所有者权益）在其数量上是相等的。即有多少数量的资产，就应具有同等数量的权益；反之，有多少数量的权益，就应当有相同数量的资产。这就是企业资金运动的静态表现。资产、负债和所有者权益是会计对象的具体内容。

产品制造企业的经营资金，随着产品生产经营活动的不断进行而不停地运动。制造业产品生产经营过程包括供应、生产和销售三个过程。在供应过程中，企业用货币资金购买各种材料物资，支付货款和采购费用，这时货币资金形态就转化为储备资金形态。在生产过程中，生产车间领用各种原材料、辅助材料、燃料等，发生了材料费用；使用机器设备等固定资产，发生了固定资产折旧费用；同时还要发生工资费用及其他费用等。这时，储备资金形态及部分的固定资金和货币资金形态就转化为生产资金形态。随着产品完工入库，生产资金形态则转化为成品资金形态。在销售过程中，企业出售产品实现销售收入，收回货款，这时成品资金形态转化为货币资金或结算资金形态。

上述内容，反映了企业经营资金随着生产经营活动的进行，资金形态不断地发生变化，从货币资金形态开始，依次转化，最后又回复到货币资金形态，称为资金循环。企业生产经营活动是连续不断的，经营资金的循环也是不断地重复，周而复始的资金循环称为资金周转。

产品制造企业生产经营活动资金运动示意图见图1-1。

企业在销售过程中取得的收入，扣除补偿销售产品的成本、费用和上缴有关税金外，其差额表现为企业的利润或亏损。由此可见资金循环和周转的实质就是资金的投入、耗费、收回及利润（或亏损）的形成和分配。在供应过程中，因购入材料而支付的买价和采购费用形成了材料的采购成本；在生产过程中为生产产品而消耗的原材料费用、工资费用及机器设备磨损费用等形成了产品的生产成本；在销售过程中已销售产品的成本及支付的销售费用形成了产品销售成本和产品销售费用。所有这些资金的耗费，在会计上称为"费用"。生产出的产品销售出去以后收回货币资金，在会计上称为"收入"。一定时期终了，将"收入"与"费用"相比较，其差额就表现为生产经营活动的财务成果，在会计上称为"利润"（或"亏损"）。

综上所述，资产、负债和所有者权益是资金运动的静态表现，收入、费用和利润是资金运动的动态表现，静态和动态两个方面，构成企业资金运动的全过程。因此，资产、负债、所有者权益、收入、费用和利润，是会计核算的具体内容，会计上称为会计要素。

（一）资产

1. 资产的定义

资产是指企业过去的交易或者事项形成的、由企业拥有或者控制的、预期会给企业带来经济利益的资源。资产就是企业从事生产经营活动的物资基础。资产具有以下特征。

（1）资产能够直接或间接地给企业带来经济利益。

资产定义中所指的"预期会给企业带来经济利益"，是指直接或者间接导致现金和现金等价物流入企业的潜力。资产是可以给企业带来经济利益的资源，也就是说，企业将其资产用于生产、再生产过程中可以给企业创造出利润。比如，资金可以用于购买企业所需要的商品，厂房、机器设备、原材料等可用于生产经营过程，制造商品或提供劳务，出售后收回货款，收回的货款即为企业所获得的经济利益。如果一项资产已不能为企业带来经济利益，它就不能再继续确认为企业的资产，如一条技术上已经被淘汰的生产线，它不能用于产品生产，不能给企业带来利润，所以就不再是资产了。

（2）资产都是为企业所拥有的，或者即使不为企业所拥有，也是企业所控制的。

资产定义中所指的"由企业拥有或者控制"，是指企业享有某项资源的所有权，在某些情况下，对于一些以特殊方式形成的资源，虽然不为企业所拥有，但该资源能被企业所控制，并从中获取经济利益，这些资源也应当视为企业的资产，如融资租入的固定资产。

（3）资产是由企业过去的交易或事项形成的。

资产定义中所指的"企业过去的交易或者事项"包括购买、生产、建造行为或其他交易或者事项。预期在未来发生的交易或者事项不形成资产。只有过去的交易、事项才能增加或者减少企业的资产，如已经发生的固定资产购买交易才形成资产，而谈判中的交易或者计划中的交易则不能确认一笔资产。

2. 资产的分类

资产按其流动性分类，可以分为流动资产和非流动资产。对于一个企业来说，资产的流动性就是指它变现速度的快慢和耗用时间的长短。我国会计制度将流动资产定义为"可以在一年或者超过一年的一个营业周期内变现或耗用的资产"。通常情况下，流动资产主要包括库存现金、银行存款、交易性金融资产、应收及预付款、存货等；非流动资产主要包括长期股权投资、固定资产、无形资产和其他资产等。

（二）负债

1. 负债的定义

负债是指企业过去的交易或者事项形成的、预期会导致经济利益流出企业的现时义务。企业在生产经营过程中所需要的资产，往往可以通过举债筹措资金来购置。企业举债就形成了企业的负债。负债具有以下特征。

（1）负债是企业承担的现实义务。

负债必须是企业承担的现实义务，这是负债最基本的特征。其中，现时义务是指企业在现行条件下已承担的义务，未来发生的交易或者事项形成的义务，则不属于现时义务，不应当确认为负债。如银行借款是因为企业接受了银行贷款而形成的，如果企业没有接受银行贷款，则不会发生银行借款这项负债；应付账款是因为企业采用信用方式购买商品或接受劳务而形成的，在购买商品或接受劳务发生之前，相应的应付账款并不存在。

（2）负债的清偿预期会导致经济利益流出企业。

预期会导致经济利益流出企业是负债的一个本质特征。只有企业在履行义务时会导致经济利益流出企业的，才符合负债的定义，如果不导致经济利益流出企业，就不符合负债的定义。在履行现时义务清偿债务时，导致经济利益流出企业的形式多种多样，如用现金或实物清偿债务，或以提供劳务来清偿债务，或者同时提供一部分资产和提供部分劳务来清偿债务，也可能将债务转为资产等。

（3）负债是由过去的交易或事项形成的。

和资产一样，负债也是由企业过去的交易或者事项才形成的。换句话说，只有过去的交易或者事项才形成负债。企业在未来发生的承诺、签订的合同等交易或者事项不形成负债。

2. 负债的分类

负债按照流动性进行分类，可以分为流动负债和非流动负债。流动负债是指应在1年或者超过1年的一个营业周期内偿还的债务，主要包括短期借款、应付票据、应付账款、预收账款、应付职工薪酬、应交税费、应付利息、应付股利、其他应付款等；非流动是指偿还期在1年或者超过1年的一个营业周期以上的负债，主要包括长期借款、应付债券、长期应付款等。

（三）所有者权益

所有者权益是指企业资产扣除负债后由所有者享有的剩余权益。公司的所有者权益又称为股东权益。企业在生产经营过程中所需要的资产，除了以举债形式购置外，主要来自企业的所有者对企业的投资。所有者在企业创办时投入的资本，以及企业在经营过程中获得的利润，构成了企业的所有者权益。它具有以下特征：

（1）除非发生减值、清算或分派现金股利，企业不需要偿还所有者权益；

（2）企业清算时，只有在清偿所有的负债后，所有者权益才返还给所有者；

（3）企业所有者凭其对企业投入的资本，享有分配税后利润的权利。所有者权益是企业分配税后利润的主要依据。

所有者权益一般包括实收资本、资本公积、盈余公积和未分配利润。

一般而言，实收资本和资本公积是由所有者直接投入的，比如所有者投入资本、资本溢价、股本溢价等。而盈余公积和未分配利润则是指企业在生产经营过程中所实现的利润留存在企业所形成的。因此盈余公积和未分配利润又被称为留存收益。

（四）收入

1．收入的定义

收入是指企业在销售商品、提供劳务以及让渡资产使用权等日常活动中所形成的、会导致所有者权益增加的、与所有者投入资本无关的经济利益的总流入。它具有以下特征。

（1）收入是从企业的日常活动中产生，而不是从偶发的交易或事项中产生。

日常活动是指企业为完成其经营目标而从事的正常、经常性的活动及与之相关的其他活动，如工业企业生产销售商品、商业企业的商品购销活动、服务行业提供劳务等。有些活动并非企业经常发生，如工业企业销售材料，但其与日常活动有关，因此所取得的收入也属于收入。源于企业日常活动以外的收益，如出售固定资产收益就不属于收入。

（2）收入可能表现为企业资产的增加，或负债的减少，或两者兼而有之。

如销售商品收取现金则表现为资产增加；以商品或劳务抵偿债务会表现为负债的减少；以商品或劳务抵偿债务的同时，收取部分现金，则两者兼而有之。

（3）收入会导致企业所有者权益的增加。

（4）收入只包括本企业经济利益的总流入，不包括为第三方或客户代收的款项。

2．收入的分类

按日常活动在企业所处的地位，收入可分为主营业务收入和其他业务收入。

（1）主营业务收入是企业为完成其经营目标而从事的日常活动中的主要项目，如工商企业销售商品、提供劳务、让渡资产使用权等取得的收入。

（2）其他业务收入是主营业务以外的其他日常活动的收入，如工业企业销售材料、提供非工业性劳务等取得的收入。通常将主营业务收入和其他业务收入合起来称营业收入。

（五）费用

1．费用的定义

费用是指企业在日常活动中发生的、会导致所有者权益减少的、与向所有者分配利润无关的经济利益的总流出。与收入相对应，费用具有以下特征。

（1）费用是企业在日常活动中发生的经济利益的流出，而不是从偶发的交易或事项中发生的经济利益的流出。企业在销售商品、提供劳务等日常活动中必然要消耗原材料、支付工资和其他各项生产费用等。这些消耗和支出是企业为取得收入而付出的代价，应当作为费用。但是，有些交易和事项虽然也能使企业发生经济利益的流出，但由于不属于企业的日常经营活动，所以，其经济利益的流出不属于费用而是损失，如工业企业处置固定资产损失，应作为营业外支出。

（2）费用可能表现为企业资产的减少，或负债的增加，或两者兼而有之。如以现金支付办公费则表现为资产的减少；企业应付的利息表现为负债的增加；企业发生的广告费用，部分以现金支付，部分未付，则两者兼而有之。

（3）费用会导致企业所有者权益的减少。

2. 费用的分类

按照费用与收入的关系，费用可以分为营业成本和期间费用两部分。

（1）营业成本是指所销售商品或者提供劳务的成本。营业成本应当与所销售商品或者提供劳务而取得的收入进行配比。营业成本又分为主营业务成本和其他业务成本。

（2）期间费用是指本期发生、不能直接或间接归入营业成本、直接计入当期损益的各项费用，包括管理费用、销售费用和财务费用三项。管理费用是企业行政管理部门为组织和管理生产经营活动而发生的各项费用；销售费用是企业在销售商品、提供劳务等日常活动中发生的除营业成本以外的各项费用以及专设销售机构的经费；财务费用是企业筹集生产经营所需资金而发生的费用。

（六）利润

利润是指企业在一定会计期间的经营成果，包括收入减去费用后的剩余部分。如果扣除的费用低于该期的收入，表示企业本期产生了利润；反之，则表示出现了亏损。企业的利润指标构成有营业利润、利润总额和净利润。营业利润是营业收入减去营业成本、营业税金及附加、期间费用（包括销售费用、管理费用和财务费用），加上投资净收益后的金额。利润总额是指营业利润加上营业外收入，减去营业外支出后的金额。净利润是指利润总额减去所得税费用后的金额。

二、会计要素之间的关系——会计等式

如前所述，会计对象是企业发生可以用货币表现的经济活动，具体表现为会计要素，企业每发生一笔经济业务都必然涉及相应的会计要素，从而使有关会计要素之间存在一定的联系。会计要素之间的这种内在的联系，用数学等式表达出来，就叫会计等式。

（一）会计基本等式

比如你用自己的10万元买了1辆车，那么你就对这辆车拥有了10万元的所有权。资产与所有权之间存在一个对应公式，即：

$$资产=所有者权益$$

假如你没有 10 万元，只有 5 万元，其余的 5 万元是向银行借的，那么你对这辆车就只有 5 万元的所有权了，另外的 5 万元是你的负债，这时上面的对应公式就会变成下面的情形，即：

$$资产=负债+所有者权益$$

企业的经营也是如此，如果企业经营用的资金全部都是投资者自己投入的，那么投资人对企业拥有全部的所有权，即资产=所有者权益。但企业在经营过程中，经常会有一部分资金来源于负债，即资产=负债+所有者权益。这就是反映资产、负债、所有者权益之间关系的基本等式。

上述等式中，资产这边告诉我们企业所拥有的企业资源规模，负债和所有者权益这边告诉我们谁提供了这些资源。资产的结构和资本的构成反映了企业在某一特定日期的财务状况，会计中常常将资产、负债、所有者权益之间的数量关系，列在一定格式的表格中，这种格式的表格就是资产负债表。即企业的财务状况可用资产负债表列示，如表 1-1 所示。

表 1-1　　　　　　　　　　　　　　资产负债表（简表）

2011 年 1 月 31 日　　　　　　　　　　　　　　　　　　　　　　单位：元

资　产	金　额	负债及所有者权益	金　额
库存现金	20 000	短期借款	200 000
银行存款	300 000	应付账款	30 000
存　　货	100 000	实收资本	340 000
固定资产	150 000		
资产总计	570 000	负债及所有者权益总计	570 000

企业运用所有者和债权人提供的资源从事日常生产经营活动，预期会给企业带来经济利益，即收入。在日常的生产经营活动中又必然会发生经济利益的流出，即费用。企业一定会计期间的收入与费用配比后即为企业的经营成果，具体表现为利润。所以收入、费用、利润之间客观上也存在一种数量关系，可用公式表示如下：

$$收入-费用=利润$$

上述等式反映了企业在一定会计期间的经营成果。收入、费用、利润之间的数量关系，即企业的经营成果可用利润表列示。如表 1-2 所示。

表 1-2　　　　　　　　　　　　　　利润表（简表）

2011 年 1 月　　　　　　　　　　　　　　　　　　　　　　　　单位：元

项　　目	金　额
一、营业收入	50 000
减：营业成本	30 000
减：销售费用	3 000
……	……
二、营业利润	17 000

（二）会计基本等式的转化形式

在企业日常的生产经营活动中，收入的发生必然会引起企业资产的流入，费用的发生必然会引起企业资产的流出，利润是企业资产流入流出的结果，必然带来所有者权益的增加。可见企业资产、负债、所有者权益、收入、费用、利润之间客观上存在着必然的内在经济联系。

上述两个会计基本等式可以综合表示为：

$$资产 = 负债 + 所有者权益 + （收入 - 费用）$$

经过移项可得：

$$资产 + 费用 = 负债 + 所有者权益 + 收入$$

以上的分析说明，资产、负债、所有者权益、收入、费用和利润六大要素之间存在一定的恒等关系。

（三）经济业务的类型及其对会计等式的影响

经济业务也称会计事项，是指企业在生产经营过程中发生的能以货币计量并能引起会计要素发生增减变化的事项。企业在生产经营过程中，每天发生着大量的经济业务，任何一项经济业务的发生，都必然引起会计要素发生增减变化，影响着会计等式，但等式两边的数额确是恒等的，这一结论我们可以通过下面的实例来进行验证。

企业的经济活动表现为企业的资金运动。企业资金运动的形式总的来说主要有三种情况：资金进入企业、资金退出企业、资金在企业内部的循环与周转。

（1）资金进入企业，会引起企业资产增加，负债或所有者权益等额增加。如：

① 企业购买 10 000 元材料，但没有付款。该项业务使企业资产项目原材料增加 10 000 元，负债也增加 10 000 元，即资产、负债同时等额增加。

② 某单位向本企业以现金方式投入资本 100 000 元，转入本单位存款户。该项业务使企业资产项目银行存款增加 100 000 元，所有者权益项目实收资本也增加 100 000 元，即资产、所有者权益等额增加。

（2）资金退出企业，会引起企业资产减少，负债或所有者权益同时等额减少。如：

① 企业用银行存款 20 000 元偿还了银行的短期借款。该项业务使企业资产项目银行存款减少 20 000 元，权益项目短期借款也减少 20 000 元，即资产、负债同时等额减少。

② 企业用 10 000 元支付股东股金。该项业务使企业资产项目现金减少了 10 000 元，而权益项目的所有者权益也减少了 10 000 元，即资产、所有者权益同时等额减少。

（3）资金在企业内部的循环和周转，会引起资产项目内部一个项目增加，一个项目等额减少；或一个负债（所有者权益）项目增加，另一个负债（所有者权益）项目等额减少。如：

① 企业从银行提取现金 10 000 元。该项业务使企业资产项目银行存款减少了 10 000 元，而资产项目库存现金增加了 10 000 元，即一个资产项目增加，另一个资产项目减少。

② 企业借入短期借款 20 000 元抵偿应付账款。该项业务使企业权益项目的短期借款增加了 20 000 元，而权益项目应付账款减少了 20 000 元，即一个负债项目增加，另一个负债项目减少。

③ 企业经批准将资本公积 10 000 元转增资本。该项业务使企业所有者权益项目资本公积减少了 10 000 元，而所有者权益项目股本增加了 10 000 元，即一个所有者权益项目增加，另一个所有者权益项目减少。

④ 接到有关部门通知，将 100 000 元长期借款转为国家追加投资。该项业务，使企业负债项目长期借款减少 100 000 元，所有者权益项目实收资本增加 100 000 元，即一个负债项目减少，另一个所有者权益项目增加。

⑤ 企业经批准返还投资者的投资资金 100 000 元，企业应付的款项尚未付出。该项业务使企业负债项目应付账款增加 100 000 元，所有者权益项目实收资本减少 100 000 元，即一个负债项目增加，另一个所有者权益项目减少。

从上面的例子中我们可以看到企业发生的经济业务的九种形式，如表 1-3 所示。

表 1-3　　　　　　　　　　企业发生的交易或事项的形式

序　号	资产	＝负债	＋ 所有者权益
1	增加	增加	
2	增加		增加
3	减少	减少	
4	减少		减少
5	有增有减		
6		有增有减	
7			有增有减
8		增加	减少
9		减少	增加

如果我们把上面九种经济业务的形式具体化，便可得到企业经济业务的四种基本类型，如表 1-4 所示。

表 1-4　　　　　　　　　　　经济业务的类型

序　号	资产	＝ 权益
1	增加	增加
2	减少	减少
3	有增有减	
4		有增有减

因此，无论企业发生怎样的经济业务，引起会计要素发生怎样的变化，都不会破坏会计等式的平衡关系。

【相关链接】企业在日常生产经营中发生的经济业务，会引起有关会计要素的数额发生增减变化。其一，经济业务的发生，当引起会计等式一方会计要素发生变化时，其规律是：一个要素增加，另一个要素同时等额减少。其二，经济业务的发生，当引起会计等式两方会计要素发生变化时，其规律是：同时等额增加或同时等额减少。无论企业发生什么样的经济业务，都不会影响会计等式的恒等关系，任何单位、任何时日的会计等式左方总金额与右方总金额必然相等，经济业务的发生不会影响会计等式的平衡关系。这一恒等关系，对于组织会计核算具有十分重要的意义。

内容三　会计核算的基本前提和一般原则

一、会计核算的基本前提

会计核算的基本前提又称会计假设，是对会计核算的空间范围、时间界限、计量方式上所作的一些合乎情理的规定和限制。会计核算的主要目标就是向有关的会计信息使用者提供有用的会计信息，而信息的产生必须在一定的空间和时间范围内进行，并按照一定的内容和形式，通过会计核算的程序和方法取得。在市场经济条件下，会计工作是在许多不确定的经济环境下进行的，如会计的核算范围是谁，核算期间如何划分等。如果这些问题不明确，会计工作便无法进行。会计核算的基本前提就是限定会计核算范围、内容，并对会计信息加以过滤和筛选，以保证会计工作正常进行和会计信息的质量。它是在会计实践中被人们所接受的、无须加以证明的一些合乎情理的规定，所以又称会计假设。《企业会计准则——基本准则》中明确规定了"会计主体、持续经营、会计分期、货币计量"四项基本前提。

（一）会计主体

会计主体又称会计实体，是指会计为之服务的特定单位。要开展会计工作，首先应明确会计主体，也就是要明确会计人员的立场，解决为谁记账、算账、报账的问题。会计人员只为特定的会计主体进行会计工作，反映企业本身所从事的各项经营活动。

会计主体主要是规定了会计核算的空间范围，每一会计主体不仅与其他会计主体相区别，而且独立于所有者之外。也就是说，会计所反映的是一个特定会计主体的经济活动，而不是其他会计主体的经济活动，也不是企业所有者的经济活动。会计核算中涉及的资产、负债的确认，收入的实现，费用的发生等，都是针对特定会计主体而言的。

会计主体不同于法律主体。一般来说，法律主体必然是会计主体，而会计主体可以是法律主体，也可以是非法律主体，如独资企业或合伙企业，企业集团，企业的分厂、分公司等均是会计主体。

（二）持续经营

持续经营是指会计主体的生产经营活动在可以预见的未来不会因破产、清算、解散等而不复存在，将无限期地延续下去。企业持续经营和中断经营，所采用的会计原则和会计方法是不同的。在市场经济环境下，由于竞争风险和不确定性的存在，没有一个企业能够永久地经营下去，客观上企业随时都会由于市场经济的竞争而面临被淘汰的危险。尽管如此，绝大多数企业都能持续经营下去，破产、清算的毕竟是少数，即使可能发生破产、清算，也难以预见其发生的时间。因此，在会计上除非有确凿证据表明企业即将破产、清算，都是假定企业在可以预见的未来将持续经营下去，而不会破产、清算，在此前提下选择会计程序和会计处理方法，进行会计核算。也只有假定作为会计主体的企业是持续、正常经营的，才能保持会计信息处理的一致性和稳定性。持续经营假设明确了会计工作的时间范围。

(三) 会计分期

会计分期是指把企业持续不断的生产经营过程人为地划分为较短的相对等距的会计期间。会计分期假设的目的在于通过会计期间的划分，分期结算账目，按期编制会计报表。从理论上来说，在企业持续经营情况下，要反映企业的财务状况和经营成果只有等到企业所有的生产经营活动结束后，才能通过收入和费用的归集与比较，进行准确的计算，但那时提供的会计信息已经失去了应有的作用，因此，必须人为地将这个过程划分为较短的会计期间。

会计分期假设是对会计工作时间范围的具体划分，主要是确定会计年度。世界各国所采用的会计年度一般都与本国的财政年度相同。我国以日历年度作为会计年度，即确定从每年的1月1日至12月31日为一个会计年度。会计年度确定后，一般按日历确定会计半年度、会计季度和会计月度，会计上通常把它们称为会计中期。

会计分期假设是持续经营假设的补充，会计分期假设有着重要的意义。有了会计分期，才有了本期与非本期的区别，才产生了收付实现制和权责发生制两种记账基础及可比性等会计信息质量要求的原则。只有正确地划分会计期间，才能准确地提供反映企业财务状况和经营成果的资料。

(四) 货币计量

货币计量是指企业在会计核算过程中采用货币为计量单位，反映企业的经营情况。

企业的经济活动是多种多样、错综复杂的，涉及的业务又表现为一定的实物形态。为了全面反映企业的各种经营活动，会计核算客观上需要一种统一的计量单位作为计量尺度。会计核算过程中选择货币作为基础进行计量，是由货币本身的属性决定的。货币是商品的一般等价物，是衡量商品价值的共同尺度，会计核算就必然选择货币作为其计量单位，以货币形式来反映企业的生产经营活动的全过程。因此，会计必须以货币计量为前提。我国《会计法》规定：会计核算以人民币为记账本位币，业务收支以人民币以外的货币为主的单位，日常核算可以选定某种外币作为记账本位币，但编制会计报表应当折合为人民币反映。

货币计量是以货币价值不变，币值稳定为条件的。但现实经济环境中，币值变动时有发生，甚至在一些国家的某时期货币价值发生急剧，出现恶性通货膨胀，这对货币计量提出了挑战，并因此产生了通货膨胀会计。但货币计量仍然是会计的基本前提。

二、会计的记账基础

企业在持续不断的生产经营活动中，会不断地取得收入，不断地发生各种成本、费用。将收入和费用进行相配比，就可以计算和确定企业的经营成果。企业在生产经营过程中发生的各种收入和费用，按其收支期间和归属期间的不同可以分为如下两种情况：

第一，收入与费用的收支期间与归属期间一致。即本期已收到的收入就是本期应获得的收入，本期已支付的费用就是本期应负担的费用。例如，某企业2007年3月25日销售商品一批，款项10 000元收存银行。款项在本期收到，收入也归属本期；某企业2007年4月26日以银行存款支付广告费5 000元。款项在本期支付，费用也归属本期。

第二，收入与费用的收支期间与归属期间不一致。即应属于本期但尚未收到的收入，或虽然本期收到但不属于本期的收入；应由本期负担但尚未支付的费用，或虽然本期支付但不属于本期的费用。某企业2007年3月25日销售商品一批，款项10 000元尚未收到；虽然本期款项尚未收到，但收入归属本期。某企业2007年3月25日预收到一笔销售商品款项10 000元存入银行；款项虽然在本期收到，但收入不归属本期。某企业2007年4月发生水电费5 000元，款项尚未支付；虽然本期款项尚未支付，但费用归属本期。甲企业2007年4月26日与乙企业签订经营性租赁合同，自5月份开始租入大型生产设备一台，租期3年，以银行存款18 000元支付设备租金；款项虽然在本期支付，但费用不归属于本期。

由于收入和费用的收支期与归属期往往不一致，就产生了如何正确确认某一会计期间的收入和费用的问题。在会计核算中，应采用一定的记账基础，以正确反映本期收入和费用，进而正确计算当期损益。会计记账基础有两个。

（1）权责发生制。权责发生制又称应计制或应收应付制。它是以收入和费用是否发生为标准来确定本期收入和费用的一种会计处理方法。其原则是：凡是当期已经实现的收入和已经发生或应当负担的费用，不论款项是否收付，都应当作为当期收入和费用入账；凡是不属于当期的收入和费用，即使款项已在本期收付，也不能作为本期的收入和费用入账。

（2）收付实现制。收付实现制也称现金制或实收实付制。它是以款项的实际收付为标准来确认本期的收入和费用的一种会计处理方法。其原则是：凡是当期已经收到款项的收入或支出款项的费用，不管其是否应属于本期，都作为本期的收入或费用处理；相反，凡是本期未实际收到款项的收入或未支付款项的费用，即使应归属于本期，也不能作为本期的收入或费用处理。

由于权责发生制可以正确地反映各会计期间所实现的收入和为实现收入而应负担的费用，从而可以将各期的收入与其相关的费用、成本进行配比，正确地确定各期的财务成果，我国《企业会计准则》规定，企业会计核算应当以权责发生制作为记账的基础。

三、会计核算的一般原则

会计核算的一般原则是进行会计核算、处理具体经济业务的一般规则，是对会计核算提供会计信息的基本要求。会计核算的一般原则大体上划分为两大类：一是对会计信息质量要求的原则；二是对会计内容进行确认和计量的原则。

（一）会计信息质量要求的原则

在本章"内容一"中叙述过会计的目标就是满足会计信息使用者对会计信息的需要，会计目标的实现，是通过提供有用会计信息来完成的。如何评价会计信息的质量，如同我们评价一件商品的质量是一样的，它的质量好坏，要通过会计信息的质量特征来表现，要看其是否符合信息使用者的需要。《企业会计准则——基本准则》中明确了对会计信息质量要求的原则主要包括以下八个方面。

1. 客观性（可靠性）

企业应当以实际发生的交易或者事项为依据进行会计确认、计量和报告，如实反映符合确认和计量要求的各项会计要素及其他相关信息，保证会计信息真实可靠、内容完整。

会计信息的客观性，是对会计信息的基本质量要求。会计提供的信息是国家、企业及有关方面进行宏观管理和决策的依据，如果会计资料不能客观真实地反映会计主体的经济活动，不仅不能成为管理的依据，还会导致决策失误。因此，客观性原则要求会计核算必须以审核无误的会计凭证为依据，如实地反映会计主体的财务状况和经营成果，使信息使用者在依据这些信息作出决策时，不会产生重大错误。

2. 相关性

会计信息的相关性，又称有用性原则，是指会计核算所提供的会计信息应当有助于信息使用者作出决策。

企业提供的会计信息应当与财务会计报告使用者的经济决策需要相关，有助于财务会计报告使用者对企业过去、现在或者未来的情况作出评价或者预测。

3. 明晰性（可理解性）

会计信息的明晰性，是指财务会计报表信息必须清晰明了，便于财务会计报告使用者理解和利用。这一原则实际上强调的是可理解性，只有使会计信息的内容准确、无误地表达，易于理解，才能达到提供会计信息的目的，从而实现会计的目标。

4. 可比性

企业提供的会计信息应当具有可比性。可比性原则包含两个方面的含义：一是同一企业不同时期发生的相同或者相似的交易或者事项，应当采用一致的会计政策，不得随便变更；二是不同企业发生的相同或者相似的交易或者事项，应当采用规定的会计政策，确保会计信息口径一致、相互可比。

应当说明的是，要求同一企业在不同时期发生的相同或者相似的交易或者事项，应当采用一致的会计政策，并不意味着一个单位的会计政策一经确定不能变动。当企业的交易或事项的内容和性质发生较大变化，原有的会计政策不适应本单位业务处理需要时，企业也可以变更会计政策，但需要在附注中加以说明。

5. 实质重于形式

实质重于形式要求企业应当按照交易或者事项的经济实质进行会计确认、计量和报告，不应仅以交易或者事项的法律形式为依据。在实际工作中，如以融资租赁方式租入的固定资产，虽然从法律形式上来讲，企业不拥有其所有权，但是由于租赁合同规定的租赁期接近该资产的有效寿命，租赁期结束时，承租企业有权优先购买该项财产，且在承租期内有权支配资产并从中受益，因此，从该项资产的经济实质来看，企业能控制其未来创造的经济利益，在会计核算上应视为企业的资产。

6. 重要性

企业提供的会计信息应当反映与企业财务状况、经营成果和现金流量等有关的所有重要交易或者事项。

会计信息的重要性,是指财务报告在全面反映企业财务状况和经营成果的同时,应当区别经济事项的重要程度,而采用不同的会计处理程序和方法。不幸的是,重要与不重要交易或事项之间没有一条公认的准确的界限,这需要会计人员个人的职业判断。

重要性往往与充分披露有关。会计核算对所有会计信息资料都应全面予以反映,但对重要的经济业务应单独反映,尤其是对那些影响决策的重要会计信息,应分项反映,重点说明;而对那些次要的会计信息,则可适当简化核算的程序和方法。

7. 谨慎性

企业对交易或者事项进行会计确认、计量和报告应当保持应有的谨慎,不应高估资产或者收益、低估负债或者费用。

会计信息的谨慎性,是指在处理不确定的会计事项时,当有几种方法可供选择时,应当持谨慎的态度,选择不导致夸大资产、虚增利润的方法。在进行会计核算时,应当合理地预计可能发生的损失和费用,而不应预计可能实现的收入和过高地估计资产的价值。

需要注意的是,谨慎性原则的运用并不意味着企业可以随意地报告不确定的损失,也并非排斥对能够确认的可能收入的预计,而是要求在会计核算时合理地考虑各种不确定的因素,谨慎地制定或选择会计政策,保证其不会影响会计信息的质量,任何有意多计费用、损失,少计收入、利润的做法,都是与其相背离的。谨慎性原则在会计核算上的应用是多方面的,如企业对应收账款计提坏账准备,对资产计提减值准备,对固定资产采用加速折旧法等,这些都是谨慎性原则的体现。

8. 及时性

企业对于已经发生的交易或者事项,应当及时进行会计确认、计量和报告,不得提前或者延后。

会计信息的及时性,是指会计核算要讲求时效,必须在最佳的时间提供相应的会计信息。由于经济环境的变化和经济业务的多样性,在不同时间内所提供的会计信息,对于信息使用者而言有着不同的作用。不能保证会计信息的及时性,就会失去其会计信息的有用性和使用价值。

(二)会计确认与计量的原则

会计确认是指以企业具体会计准则或企业会计制度为判断依据,将某一项目作为会计内容正式加以记录和列入财务会计报告的过程。企业日常发生的大量的经济业务,有的属于会计核算和监督的内容,有的不属于会计核算和监督的内容。会计确认就是按照一定的标准或规定,解决哪些项目应作为会计项目加以记录,在哪些内容中进行记录,在什么时候进行记录的问题。

会计计量是指根据一定的计量标准和计量方法，确定应记录项目的金额的会计处理过程。会计计量包括计量单位和计量属性两个方面的内容。计量单位是会计进行计量时所采用的尺度，会计核算主要以货币为计量单位。《会计法》第十二条规定："会计核算以人民币为记账本位币"；《企业会计准则——基本准则》第八条规定："企业会计应当以货币计量"等。计量属性是指被计量的对象的价格标准。一项经济业务或事项可以从多个方面用货币计量，因而具有不同的计量属性。按照《基本会计准则》的规定，会计核算应当按照以下五种会计计量属性进行计量，确定其金额。

（1）历史成本。在历史成本计量下，资产按照购置时支付的现金或者现金等价物的金额，或者按照购置资产时所付出的对价的公允价值计量。负债按照因承担现时义务而实际收到的款项或者资产的金额，或者承担现时义务的合同金额，或者按照日常活动中为偿还负债预期需要支付的现金或者现金等价物的金额计量。

（2）重置成本。在重置成本计量下，资产按照现在购买相同或者相似资产所需支付的现金或者现金等价物的金额计量。负债按照现在偿付该项债务所需支付的现金或者现金等价物的金额计量。

（3）可变现净值。在可变现净值计量下，资产按照其正常对外销售所能收到的现金或者现金等价物的金额扣减该资产至完工时估计将要发生的成本、估计的销售费用以及相关税费后的金额计量。

（4）现值。在现值计量下，资产按照预计从其持续使用和最终处置中所产生的未来净现金流入量的折现金额计量。负债按照预计期限内需要偿还的未来净现金流出量的折现金额计量。

（5）公允价值。在公允价值计量下，资产和负债按照在公平交易中，熟悉情况的交易双方自愿进行资产交换或者债务清偿的金额计量。

计量属性的选择取决于会计信息使用者的需要，由于不同的会计信息使用者对会计信息的需求不同，会计计量属性的选择也有差别。历史成本具有客观性，易于取得，企业一般采用历史成本，但由于历史成本也存在一定的局限性，因此企业有时将其与其他计量属性结合使用。

内容四　会计方法体系

一、会计的方法

会计的方法是从事会计工作所使用的各种手段，即实现会计目标的手段。会计要核算和监督，要为会计信息使用者提供会计信息，要参与企业的经营管理与决策，必须借助于一定的方法才能完成。会计方法与会计的职能相呼应，前以述及，会计的职能包括会计核算、会计预测、会计决策、会计控制和会计分析等，因此会计的方法也应该有会计核算方法、会计预测方法、会计决策方法、会计控制方法和会计分析方法。其中会计核算方法是最基本的方法，这里仅介绍会计核算方法，其他的会计方法将在后续的有关课程中介绍。

二、会计核算方法

会计核算方法主要包括设置账户、复式记账、填制和审核凭证、登记账簿、成本计算、财产清查及编制财务会计报告七种具体方法。

（一）设置账户

设置账户是对会计对象的具体内容进行科学分类、核算和监督的一种专门方法。会计对象的内容是复杂多样的，要对它进行系统地核算和经常监督，就必须进行科学的分类，以便取得各种不同性质的核算指标。因此，对各项资产、负债、所有者权益、成本费用和收入成果的增减变动和结存情况，都要分别设置一定的账户，进行归类反映和记录，以便取得经营管理所需要的各个方面的核算资料。

（二）复式记账

复式记账是通过两个或两个以上相互对应的账户记录每一项经济业务的一种专门方法。企业、事业等单位任何一项经济活动或财务收支的发生，都会引起资产、负债和所有者权益的双重变化，因此，在账户中反映经济活动和财务收支时，就必须应用复式记账来相互联系地反映它们的增减变化，以便对各项经济活动和财务收支进行监督。

（三）填制和审核凭证

填制和审核凭证，是为了审查经济业务是否合理合法，保证账簿的会计记录正确、完整而采用的一种专门方法。对于任何一项经济业务或财务收支，都要根据有关制度、规定和计划进行审核和监督，经过审核无误的原始凭证，应用复式记账原理填制证账凭证，作为登记账簿的依据。因此，填制和审核凭证，也是会计核算和监督的一种不可缺少的专门方法。

（四）登记账簿

登记账簿是在账簿上连续地、完整地、科学地记录和反映经济活动与财务收支的一种专门方法。登记账簿必须以凭证为依据，应用账户和复式记账的方法，把发生的经济业务事项分门别类地、相互联系地进行全面反映，从而取得完整而系统的数据。在账簿中对经济业务既要分类反映，又要序时反映；既要提供总括指标，又要提供明细指标，并要及时对账和结账，以保证账簿记录的准确和完整。

（五）成本计算

成本计算是计算与经营过程有关的全部费用，并按照一定的对象进行归集，从而确定各该对象的总成本和单位成本的一种专门方法。在企业经营过程的每个阶段，都会发生各种费用，这就需要分别计算各个阶段的成本，如供应阶段中各种材料的采购成本，生产阶段中各种产品的生产成本。这对于核算和监督经营过程所发生的各种费用是否符合节约原则和经济核算的要求，从而促进增产节约和不断降低产品成本，增加积累，都有重大意义。

（六）财产清查

财产清查是通过盘点实物，核对往来款项来查明财产和资金实有额的一种专门方法。为了保证会计核算的正确性，做到账实相符，必须定期或不定期地清查、盘点和核对各种财产物资与往来款项，如有不符，应分析原因，查明责任，经过批准后调整账簿记录，使账实一致。同时，通过财产清查可以查明物资储备的保证程度，有无超储积压、呆滞的情况；物资的保管是否合理，有无损失、浪费、霉烂变质、丢失等情况。因此，财产清查对于改进财产管理，挖掘物资潜力、加速资金周转等都有着十分重要的作用。

（七）编制会计报表

编制会计报表是定期总结、反映经济活动，考核计划、预算执行结果的一种专门方法。编制会计报表主要以账簿记录为依据，经过整理产生一套完整的指标体系。它所提供的各项指标，不仅是分析、检查和编制计划、预算的主要依据，而且也是进行国民经济综合平衡所必需的参考资料。因此，编制会计报表对于领导和管理工作是十分必要的。

上述会计核算的各种专门方法，是一个完整的方法体系。为了科学地组织会计核算必须全面地互相联系地应用这些专门方法。在实际工作中运用这些方法的基本程序大致是：根据各项经济业务填制和审核凭证，按照规定的账户，对经济业务进行分类，并运用复式记账法登记在有关账簿中，对于经营过程中发生的各项费用进行成本计算，然后，在定期财产清查、做到账实相符的基础上，根据账簿资料编制会计报表。

以上会计核算的各种专门方法相互联系、紧密配合，形成了一个完整的方法体系。其中，填制和审核凭证、登记账簿是记账过程，填制和审核凭证是会计核算的最初环节，登记账簿是会计核算的中心环节；成本计算是算账过程，是对初级会计信息资料的再加工过程；会计报表是报账过程，是会计核算的最终环节。记账、算账、报账一般都是按照一定的程序进行的。在实际工作中运用这些方法的基本程序大致是：根据各项经济业务填制和审核凭证，按照规定的账户，对经济业务进行分类，并运用复式记账法登记在有关账簿中，对于经营过程中发生的各项费用进行成本计算，然后，在定期财产清查、做到账实相符的基础上，根据账簿资料编制会计报表。实际工作中会计核算的各种方法有些是交叉重复进行的，但基本是按照以上顺序，相互配合地加以运用，以实现会计目标。

上述各种会计核算方法之间的关系，按照会计核算工作程序，可用图 1-2 表示。

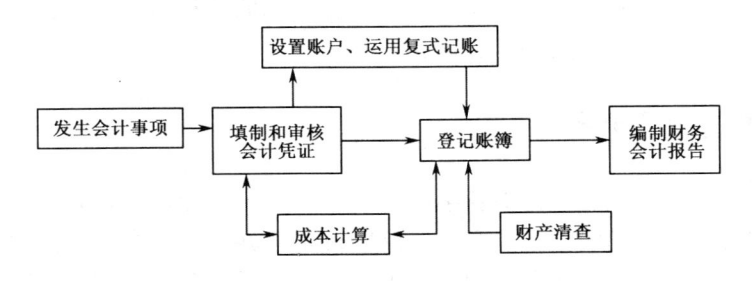

图 1-2 会计核算工作程序

项目二　会计科目和账户

【开篇导读】

上一项目中介绍了会计的对象——会计要素。经济业务发生时，会计人员可以根据发生的经济业务所涉及的会计内容——会计六要素进行记录，但如果会计仅按六要素组织核算，进行记录，未免太笼统，不能满足信息使用者的需要。因此，必须对会计要素进行进一步的分类，分类的结果就是会计科目。另外还要为会计记录找到载体，即设置账户。

内容一　会计科目

一、会计科目的概念

通过会计要素的介绍可以知道，如果我们要了解一家企业在某一时点拥有或控制的经济资源即资产有多少，对外承担了多少债务，投资人的权益是多少，企业在一定时期内取得了多少收入，发生了多少耗费，实现了多少利润等信息，通过前述会计要素记录所提供的资料就可以实现。但这只是对会计内容的基本分类，而会计内容，即企业在生产经营过程中发生的经济业务事项多种多样，它们都会引起会计要素发生不同的增减变化。就同一会计要素而言，它们都包含有若干的具体内容，如资产中包括现金、银行存款以及各种应收款项；负债中又包括短期借款和各种应付款；其他的会计要素也各自包含很多内容，而且它们的内涵和作用也各有所异。会计信息使用者在决策过程中除了需要总括的会计资料外，还需要比较详细的会计资料。例如，在了解了企业拥有和控制了多少资产后，他们还需要知道都是些什么资产，企业的债务构成如何，等等，这样按照会计要素分类核算提供的资料就满足不了会计信息使用者的需要，于是就需要在对会计内容作出基本分类的基础上对会计要素作进一步的具体分类，把分类出来的各个项目起个名字，会计上就叫会计科目。因此，会计科目是对会计对象即会计要素进行具体分类的项目名称。

二、会计科目设置的原则

合理的设置会计科目，能够提供科学、完整、系统的会计信息。企业在设置和使用会计科目时必须遵循会计准则和国家统一会计制度的规定，并在满足会计核算要求、不影响会计指标汇总以及对外提供统一会计报表的前提下，根据实际情况自行增加、减少或合并某些会计科目。一般而言，设置会计科目应遵循下列基本原则。

（一）会计科目的设置，必须全面、完整、系统地反映会计对象的内容

会计科目是对会计内容进行基本分类的基础上对会计内容所作出的进一步分类，其目的是对各单位在生产经营过程中产生的经济业务进行全面、完整、系统地反映和监督。因此，会计科目的设置必须符合企业经营活动的特点，全面反映企业资产、负债、所有者权益、收入、费用和利润等会计内容。此外，每个会计主体还应结合本单位的实际情况，设置能够反映本单位经营特点的会计科目。例如，产品制造企业为核算产品制造过程所发生的各项支出，需要设置生产成本、制造费用等会计科目；商业企业为了能够核算商品流通过程，需要设置商品进销差价等会计科目。

（二）会计科目的设置，既要符合企业内部经营管理的需要，又要满足企业对外报告会计信息的要求，坚持统一性和灵活性相结合

会计核算所提供的信息是国家进行宏观经济管理、企业进行内部经济管理以及投资者、债权人等有关方面进行决策所不可缺少的资料。所以会计科目的设置既要符合国家宏观经济管理的要求，又要满足会计主体内部经济管理的需要。例如，国家制定会计准则和统一的会计制度就是为了规范各会计主体的会计核算和按照统一要求提供会计信息，以满足国家宏观经济管理的要求。为此，无论是企业，还是行政、事业单位必须按照国家统一的会计制度规定设置会计科目。另一方面，企业还应根据自身的特点，在满足会计核算要求、不影响会计指标汇总以及对外提供统一会计报表的前提下，根据实际情况自行增加、减少或合并某些会计科目。

（三）会计科目的设置，应内容明确，繁简适宜

会计科目的设置，内容上要求清晰准确，级次上要讲求实用，繁简适宜。科目名称力求简明扼要、内容准确、含义清楚，不能相互混淆。一个科目原则上只能反映一个特定的内容，不重不漏，以保证核算指标的一致性。所设会计科目的级次，既要防止过于简单又要避免过于繁杂，能够满足需要即可。

三、会计科目的分类

由于每个会计科目都核算某一个特定的经济内容，各科目之间既有联系又有区别，为了便于掌握和正确运用会计科目，有必要对会计科目进行科学的分类。通常可以按照下列标志对会计科目进行分类。

（一）会计科目按经济内容分类

所谓会计科目的经济内容，是指会计科目核算和监督的会计对象的具体内容，即会计要素。由于会计要素包括资产、负债、所有者权益、收入、费用和利润六大类，所以会计科目按经济内容也应该分为资产、负债、所有者权益、收入、费用和利润六大类。但是由于企业

的利润属于所有者权益，所以反映企业利润形成和分配的会计科目可以列做所有者权益类，又由于企业的收入减去费用等于损益，反映企业收入和费用的会计科目都是用来计算企业损益的，所以把反映企业收入和费用的会计科目合并称之为损益类科目。另外，由于不同行业经济活动具有不同的特点，所以不同企业还要根据自身经营的特点和经营管理的需要，设置满足自身需要的会计科目。如产品制造企业中设置反映产品费用形成的成本类科目，因此在产品制造企业等生产性企业中，会计科目分为资产类、负债类、所有者权益类、成本类和损益类五大类。

（二）按照提供核算指标详细程度分类

会计科目按照提供核算指标详细程度分类可以分为总分类科目和明细分类科目两种。总分类科目，也称总账科目或一级科目，它是对会计核算和监督的具体内容进行总括分类的科目。如"库存现金"、"银行存款"、"应收账款"、"固定资产"等都属于总分类科目，它们反映的经济内容或提供的指标最为概括。明细分类科目，也称明细账科目或明细科目，简称为细目，是对总分类科目的进一步分类，它们所反映的经济内容或提供的指标比较详细具体，它是对总分类科目的具体化和详细说明。例如，在"应收账款"总分类科目下按照债务人单位或姓名设置明细科目，以反映应收账款的具体对象；在"固定资产"总分类科目下按照固定资产的类别设置"房屋建筑物"、"机器设备"、"运输车辆"等明细科目，以反映固定资产的具体内容。

如果某总分类科目下反映的内容较多，可以增设二级科目，也称子目。它是介于总分类科目与明细分类科目之间的科目，比总分类科目提供的指标详细，但又比明细分类科目提供的指标概括。子目和上述的明细科目（细目）统称为明细科目。例如，工业企业中"原材料"属于一级科目，在"原材料"科目下可根据需要分别开设"主要材料"、"辅助材料"等二级明细科目，而在二级科目下还可根据需要，按照材料的品种开设三级明细科目。三级科目之间的关系可以用表2-1表示。

表2-1

总分类科目	明细分类科目	
一级科目	主要材料	甲材料
		乙材料
原材料	辅助材料	丙材料
		丁材料

为了规范会计工作，并满足国家宏观经济管理的要求，对总分类会计科目的名称、核算内容由财政部在《企业会计准则应用指南》中作统一规定，各单位可根据本企业的生产规模、经营特点和管理要求等，从国家所规定的总分类科目中选用。明细分类科目除了会计准则规定设置的以外，可由企业根据需要按照设置原则自行设置。

四、会计科目的内容

在我国，国家统一制定的会计科目由三部分内容组成，即会计科目名称、编号和会计科目使用说明。我国财政部统一规定的会计科目都按照一定规则予以编号。会计科目的编号一般采用四位数字，以千位数字代表会计科目的类别，一般分为五个数码："1"为资产类，"2"为负债类，"3"为所有者权益类，"4"为成本类，"5"为损益类；百位数字代表每大类会计科目下的较为详细的类别；十位和个位上的数字代表会计科目的顺序号，为便于会计科目的增减，在顺序号中一般都有一定的间隔。《企业会计准则应用指南》中规定的会计科目如表2-2所示（简表）。

表2-2　　　　　　　　　　　　　　会计科目表

顺序号	编号	会计科目名称	顺序号	编号	会计科目名称
		一、资产类	27	1604	在建工程
1	1001	库存现金	28	1605	工程物资
2	1002	银行存款	29	1606	固定资产清理
3	1012	其他货币资金	30	1701	无形资产
4	1101	交易性金融资产	31	1702	累计摊销
5	1121	应收票据	32	1703	无形资产减值准备
6	1122	应收账款	33	1801	长期待摊费用
7	1123	预付账款	34	1901	待处理财产损溢
8	1131	应收股利			二、负债类
9	1132	应收利息	35	2001	短期借款
10	1221	其他应收款	36	2201	应付票据
11	1231	坏账准备	37	2202	应付账款
12	1401	材料采购	38	2203	预收账款
13	1402	在途物资	39	2211	应付职工薪酬
14	1403	原材料	40	2221	应交税费
15	1404	材料成本差异	41	2231	应付利息
16	1405	库存商品	42	2232	应付股利
17	1406	发出商品	43	2241	其他应付款
18	1411	周转材料	44	2501	长期借款
19	1471	存货跌价准备	45	2502	应付债券
20	1511	长期股权投资	46	2701	长期应付款
21	1512	长期股权投资减值准备			三、所有者权益类
22	1521	投资性房地产	47	4002	实收资本
23	1531	长期应收款	48	4003	资本公积
24	1601	固定资产	49	4103	盈余公积
25	1602	累计折旧	50	4104	本年利润
26	1603	固定资产减值准备	51	4201	利润分配

续表

顺序号	编号	会计科目名称	顺序号	编号	会计科目名称
		四、成本类	60	6301	营业外收入
52	5001	生产成本	61	6401	主营业务成本
53	5101	制造费用	62	6402	其他业务成本
54	5201	劳务成本	63	6403	营业税金及附加
55	5301	研发支出	64	6601	销售费用
		五、损益类	65	6602	管理费用
56	6001	主营业务收入	66	6603	财务费用
57	6051	其他业务收入	67	6701	资产减值损失
58	6101	公允价值变动损益	68	6711	营业外支出
59	6111	投资收益	69	6801	所得税费用

内容二 会计账户

一、账户的概念

会计科目只是对会计对象具体内容进行分类的项目名称，不具有特定的格式和结构，仅有会计科目我们还是无法将发生的经济业务记录下来。为了全面、系统、分类地核算和监督各项经济业务事项所引起的资金增减变动情况及其结果，就需要有一个具有特定的格式和结构的记录载体，这个载体就是根据会计科目在会计账簿中开设的一系列账户。因此，账户是根据会计科目开设的用以连续、系统地记录会计内容增减变动情况及其结果的载体。设置账户是会计核算的专门方法之一，账户所记录的数据是编制会计报表的资料来源。

二、账户的分类

（一）账户按经济内容分类

账户是根据会计科目开设的，所以账户所反映的经济内容与会计科目的经济内容完全一致，其分类也相同。产品制造企业中，由于会计科目按经济内容分为五类，因此账户按经济内容也分为五类，即分为：资产类、负债类、所有者权益类、成本类和损益类五大类账户。

（二）账户按提供指标的详细程度分类

账户是根据会计科目开设的，账户的开设应与会计科目的设置相适应，由于会计科目按提供指标的详细程度分类分为总分类科目和明细分类科目，所以账户也就相应地分为总分类账户和明细分类账户。

总分类账户提供的是总括的分类核算指标，一般只以金额进行货币计量，它是根据一级会计科目设置的。运用总分类账户办理会计核算，称为总分类核算；明细分类账户提供的是明细分类核算指标，不仅记录金额，还可以根据需要记载品名、规格、单价、数量等，即还可以实物为计量单位，它是根据二级或三级会计科目设置的。运用明细分类账户办理会计核算，称为明细分类核算。

总分类账户和明细分类账户之间存在着辩证的关系。总分类账户对明细分类账户进行概括和总结，提供总括的指标；明细分类账户对总分类账户进行补充说明，提供具体的指标。如用应付账款明细账说明如表2-3所示。

表 2-3　　　　　　　　　　　　　应付账款明细账　　　　　　　　　　　　　　单位：元

债权企业名称	负债金额
甲企业	30 000
乙企业	70 000
丙企业	50 000
合　计	150 000

总分类账中提供企业所欠的总负债150 000元的经济指标，而明细分类账户中则提供具体欠谁的经济指标。

账户按用途和结构的分类。

所谓账户的用途，是指通过账户记录能够提供什么核算指标，也就是设置和运用账户的目的。所谓账户的结构，是指在账户中如何记录经济业务，来取得各种必要的核算指标，具体包括：账户借方和贷方核算的内容、期末余额的方向以及余额所表示的内容。

【相关链接】企业的常用账户，还可以按其用途和结构，可以分为盘存账户、结算账户、资本账户、调整账户、集合分配账户、成本计算账户、集合配比账户、财务成果计算账户等八类。

1. 盘存账户

盘存账户是用来反映和监督各项财产物资和货币资金（包括库存有价证券）的增减变动及其实有数的账户。它是任何企业单位都必须设置的基本账户。在这类账户中，借方登记各项财产物资和货币资金的增加数，贷方登记其减少数，余额总是在借方，表示期末各项财产物资和货币资金的实有数。这类账户一般都可以通过盘点的方式进行清查，核对账实是否相符。属于盘存类的账户主要有："库存现金"、"银行存款"、"原材料"、"库存商品"、"固定资产"等账户。盘存账户的基本结构如图2-1所示。

盘存账户

借　方	贷　方
期初余额：财产物资、货币资金的期初实有数 本期发生额：财产物资、货币资金的本期增加数	本期发生额：财产物资、货币资金的本期减少数
期末余额：财产物资、货币资金的期末实有数	

图 2-1

盘存账户的特点是：可以通过财产清查的方法，即实际盘点或对账的方法，核对货币资金和实物资产的实际结存数与账面结存数是否相符，并检查其经营管理上存在的问题；除"库存现金"和"银行存款"账户外，其他的盘存账户普遍运用数量金额式等明细分类账，可以提供实物和价值两种指标。

2. 结算账户

结算账户，是用来反映和监督企业与其他单位和个人之间往来账款结算业务的账户。由于结算业务性质的不同，决定了结算账户具有不同的用途和结构，结算账户按用途和结构分类，具体又可分为债权结算账户、债务结算账户和债权债务结算账户三类。

(1) 债权结算账户。

债权结算账户，也称资产结算账户，是用来反映和监督企业债权的增减变动和实有数额的账户。在这类账户中，借方登记债权的增加数，贷方登记债权的减少数，期末余额在借方，表示债权的实有数。属于这一类的账户主要有："应收账款"、"其他应收款"、"应收票据"、"预付账款"等账户。债权结算账户的基本结构如图2-2所示。

债权结算账户

借　方	贷　方
期初余额：债权的期初实有数 本期发生额：债权的本期增加数	本期发生额：债权的本期减少数
期末余额：债权的期末实有数	

图 2-2

(2) 债务结算账户。

债务结算账户，也称负债结算账户，是用来反映和监督本企业债务的增减变动和实有数额的账户。在这类账户中，贷方登记债务的增加数，借方登记债务的减少数；期末余额在贷方，表示债务的实有数。属于债务结算账户的有："应付账款"、"其他应付款"、"应付职工薪酬"、"应交税费"、"应付股利"、"短期借款"、"长期借款"、"应付债券"和"长期应付款"等账户。债务结算账户的基本结构如图2-3所示。

债务结算账户

借　方	贷　方
	期初余额：债务的期初实有数
本期发生额：债务的本期减少数	本期发生额：债务的本期增加数 期末余额：债务的期末实用数

图 2-3

（3）债权债务结算账户。

债权债务结算账户，也称资产负债结算账户，是用来反映和监督本企业与其他单位或个人以及企业内部各单位之间相互往来结算业务的账户。由于这种相互之间往来结算业务经常发生变动，企业有时处于债权人的地位，有时则处于债务人的地位。为了能在同一个账户中反映本企业与其他单位的债权、债务的增减变化，借以减少会计科目的使用，简化核算手续，在借贷记账法下，可设置同时能反映债权债务的双重性质结算账户，在这类账户中，借方登记债权的增加数或债务的减少数，贷方登记债务的增加数或债权的减少数，期末余额如果在借方，为企业债权减去债务后的净债权；如果期末余额在贷方，为企业债务减去债权后的净债务。债权债务结算账户的基本结构如图2-4所示。

债权债务结算账户

借　　方	贷　　方
期初余额：期初债权大于债务的差额	期初余额：期初债务大于债权的差额
本期发生额：本期债权的增加或债务的减少数	本期发生额：本期债务的增加或债权的减少数
期末余额：净债权（债权大于债务的差额）	期末余额：净债务（债务大于债权的差额）

图 2-4

这类账户所属的各明细账，有时是借方余额，表示尚未收回的净债权；有时是贷方余额，表示尚未收回的净债务。所有明细账借方余额之和与贷方余额之和的差额，应同有关总账的余额相等。由于在总分类账户中，债权和债务能自动抵减，所以总分类账户的余额不能明确反映企业与其他单位债权债务的实际结余情况。这样，在编制资产负债表的有关项目时，必须根据总分类账户所属明细账的余额分析计算填列，将属于债权部分的余额列在资产负债表的资产方，将属于债务部分的余额列在资产负债表的负债和所有者权益方，以便如实反映债权、债务的实际状况。

在借贷记账法下，可以将"其他应收款"账户和"其他应付款"账户合并，设置一个"其他往来"账户，用来核算其他应收款和其他应付款的增减变动情况和结果，此时，"其他往来"账户就是一个债权债务结算账户。在企业不单独设置"预付账款"、"预收账款"账户时，"应付账款"、"应收账款"账户同样可以成为债权债务结算账户。

结算账户的特点是：按照结算业务的对方单位或个人，设置明细分类账户，以便及时进行结算和核对账目；结算账户只提供价值指标；结算账户要根据期末的方向来判断其性质，当余额在借方时，是债权结算账户，当余额在贷方时，是债务结算账户。

3. 资本账户

资本账户是用来核算企业实收资本（或股本）、资本公积、盈余公积、未分配利润的增减变动及实有数额的账户，如"实收资本"（或"股本"）、"资本公积"、"盈余公积"、"利润分配——未分配利润"等账户。这类账户在结构上的特点是：贷方登记各项资本金的增加数，借方登记各项资本金的减少数；余额在贷方，表示各项资本金的实有数额。属于这一类的账户主要有："实收资本"、"资本公积"、"盈余公积"等。资本账户的基本结构如图2-5所示。

资本账户

借 方	贷 方
本期发生额：本期所有者权益的抵减数	期初余额：期初所有者权益余额 本期发生额：本期所有者权益的增加数
	期末余额：期末所有者权益结余额

图 2-5

企业的资本公积一般包括资本溢价等原因形成的公积金，资本公积产生的根本原因在于为维持投资者的原有股权结构，是资本的非经营性积累；盈余公积是留存收益而形成的公积金，是企业经营活动中产生的资本增值。这两部分，由于所有权属于企业的投资者，本质上是投资者对企业的一种权益性投入。因此，将"资本公积"、"盈余公积"等账户归入资本账户。

4．调整账户

在会计核算过程中，由于管理上的需要，对某些会计要素内容的增减变化和结余情况，需要用两个不同的账户来反映：一个账户反映某项经济业务的原始数据，另一个账户反映对原始数据的调整数据，将原始数据与调整数据相加或相减，就可以求得调整后的实有数额。反映原始数据的账户称为被调整账户或主账户，反映原始数据调整数额的账户称为调整账户。调整账户按调整方式的不同，又可以分为备抵调整账户和备抵附加调整账户两种。

（1）备抵调整账户，亦称抵减调整账户，是用抵减的方式对被调整账户金额进行调整，以求得被调整账户的实际余额的账户。其调整方式可用下列公式表示：

被调整账户余额－备抵调整账户余额＝被调整账户的实际余额

由于备抵调整账户对被调整账户的调整，实际上是对被调整账户余额的抵减，因此，被调整账户余额的方向与备抵调整账户的余额方向必定相反。如果被调整账户的余额方向在借方（或贷方），则备抵账户的余额方向一定在贷方（或借方）。

按照被调整账户的性质，备抵调整账户又可以分为资产备抵调整账户和权益备抵调整账户两种。

①资产备抵调整账户。

资产备抵调整账户是用来抵减某一资产账户的余额，以求得调整后实际余额的账户。"累计折旧"、"固定资产减值准备"、"坏账准备"和"存货跌价准备"等账户是比较典型的资产备抵调整账户，"累计折旧"、"固定资产减值准备"账户是用来调整"固定资产"账户的。用"固定资产"账户的账面余额（原始价值）与"累计折旧"、"固定资产减值准备"账户的账面余额相抵减，就可以取得有关固定资产耗损和减值后的数据，其差额就是固定资产现有的实际价值（净额）。通过这三个账户余额的对比分析，可以了解固定资产的新旧程度、资金占用状况、减值情况和生产能力等信息。"坏账准备"是用来抵减"应收账款"账户的，用"应收账款"账户的账面余额与"坏账准备"账户的账面余额相抵减，就可以取得有关可收回应收账款方面的数据，其差额就是可收回的应收账款金额。"存货跌价准备"账户是用来抵减存货项目的，用存货项目的账面余额与"存货跌价准备"账户的账面余额相抵减，就可以取得有关存货的实际价值方面的数据，其差额就是存货的实际价值。被调整账户与资产备抵调整账户之间的关系，如图2-6所示。

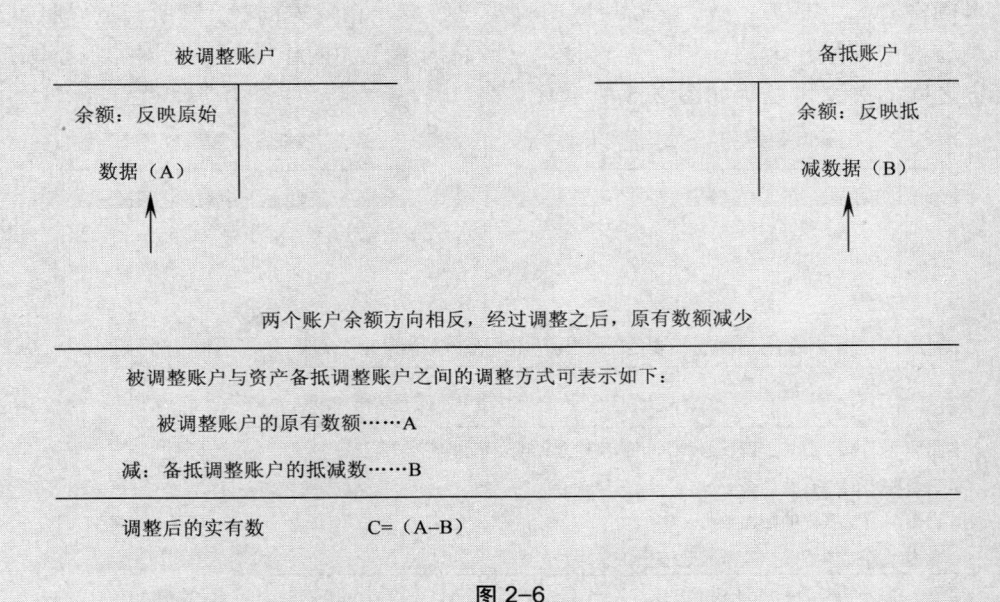

```
       被调整账户                          备抵账户
  ┌──────────────────┐            ┌──────────────────┐
  │ 余额：反映原始   │            │ 余额：反映抵     │
  │                  │            │                  │
  │ 数据（A）        │            │ 减数据（B）      │
  └──────────────────┘            └──────────────────┘
          ↑                                ↑
          └────────────────────────────────┘
       两个账户余额方向相反，经过调整之后，原有数额减少
```

被调整账户与资产备抵调整账户之间的调整方式可表示如下：

被调整账户的原有数额……A
减：备抵调整账户的抵减数……B
———————————————————————
调整后的实有数　　C=（A-B）

图 2-6

②权益备抵调整账户。

权益备抵调整账户是用来抵减某一权益账户的余额，以求得该权益账户实际余额的账户。"利润分配"账户就属于"本年利润"账户的权益备抵调整账户。"本年利润"账户是被调整账户，其期末贷方余额反映期末已实现的利润额，"利润分配"账户的期末借方余额反映企业期末已分配的利润额。将"本年利润"账户的贷方余额抵减"利润分配"账户的借方余额，其差额表示企业期末尚未分配的利润额。权益备抵调整账户与被调整账户之间的关系可表示如图2-7所示。

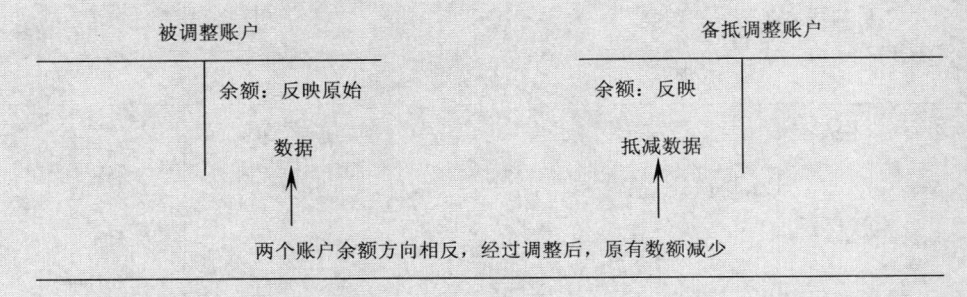

```
       被调整账户                          备抵调整账户
  ┌──────────────────┐            ┌──────────────────┐
  │ 余额：反映原始   │            │ 余额：反映       │
  │                  │            │                  │
  │ 数据             │            │ 抵减数据         │
  └──────────────────┘            └──────────────────┘
          ↑                                ↑
          └────────────────────────────────┘
       两个账户余额方向相反，经过调整后，原有数额减少
```

图 2-7

（2）备抵附加调整账户。备抵附加调整账户亦称抵减附加调整账户，是既用来抵减、又用来增加被调整账户的余额，以求得被调整账户实际余额的账户。备抵附加调整账户既可以作为抵减账户，又可以作为附加账户来发挥作用，兼有两种账户的功能（所谓附加账户，是用来增加被调整账户的余额，以求得被调整账户的实际余额的账户。在实际工作中，很少使用单纯的附加账户）。这类账户在某一时刻执行的是哪种功能，取决于该账户的余额与被调整账户的余额在方向上是否一致，余额与被调整账户余额在相反方向时，它所起的是抵减作用；当其余额与被调整账户余额在相同方向时，它所起的是附加的作用。备抵附加调整账户与被调整账户之间的关系可表示如图 2-8 所示。

```
        被调整账户                              备抵附加调整账户
 余额：反映原始数                   余额：反映附加         余额：反映抵减数
 据（A）                            数额（B）              额（C）

        余额方向相同，起附加作用，原有数额增加
        余额方向相反，起抵减作用，原有数额减少
```

备抵附加调整账户与被调整账户之间的调整方式可表示如下：

被调整账户的原有数额……A
加：附加调整账户的附加数……B
减：备抵调整账户的抵减数……C
调整后的实有数 D=（A+B−C）

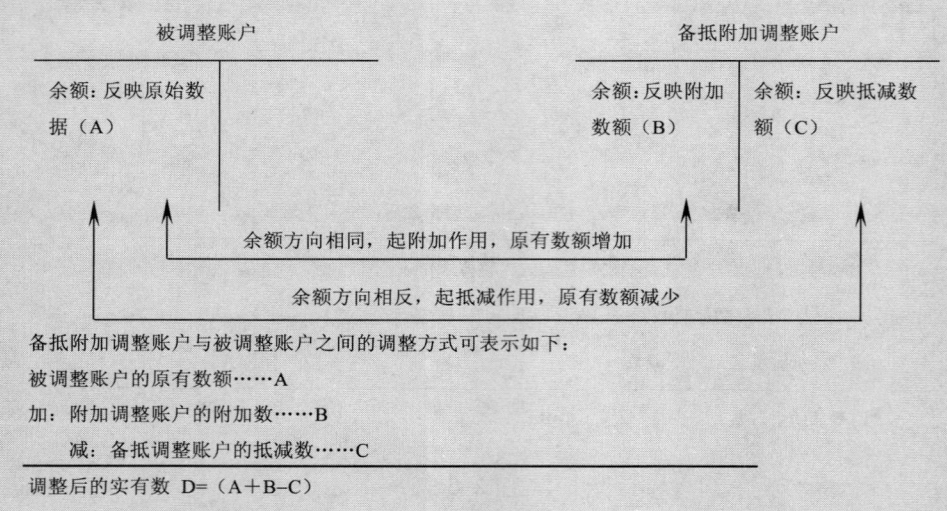

图 2-8

"材料成本差异"账户就是"原材料"账户的备抵附加调整账户。当"材料成本差异"账户是借方余额时，表示实际成本大于计划成本的超支数。用"原材料"账户的借方余额加上"材料成本差异"账户的借方余额，就是库存材料的实际成本；当"材料成本差异"账户是贷方余额时，表示实际成本小于计划成本的节约数，用"原材料"账户的借方余额减去"材料成本差异"账户的贷方余额，其差额为库存材料的实际成本。

举例说明"材料成本差异"账户与其被调整账户"原材料"之间的关系如图 2-9 所示。

| 材料成本差异——甲类 || 原材料 ||
借方	贷方	借方	贷方
期初余额：1 200		期初余额：260 000	
	本期发生额 5 000	本期发生额	本期发生额
本期发生额 8 000		甲类 160 000	甲类 80 000
		乙类 50 000	乙类 20 000
期末余额 4 200		期末余额 370 000	

材料成本差异——乙类

借方	贷方
	本期发生额 4 800
	2 600
	期末余额 2 200

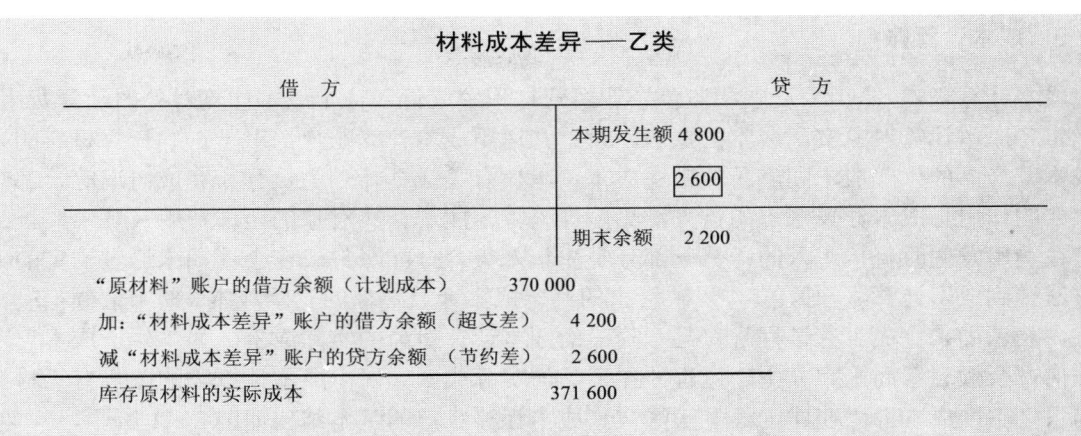

"原材料"账户的借方余额（计划成本）　　370 000
加："材料成本差异"账户的借方余额（超支差）　4 200
减"材料成本差异"账户的贷方余额（节约差）　2 600
库存原材料的实际成本　　　　　　　　　　371 600

图 2-9

调整账户具有以下特点：

（1）调整账户与被调整账户反映的经济内容相同，也就是性质相同，但用途结构不同。

（2）被调整账户反映会计要素的原始数字，而调整账户反映的是同一要素的调整数字，所以，调整账户不能离开被调整账户而独立存在。

（3）调整方式是将原始数字与调整数字相加或相减，以求得具有特定含义的数字。当调整账户与被调整账户余额方向相同时，调整的方式是相加；反之则相减。

5. 集合分配账户

集合分配账户，是用来归集和分配经营过程中某一阶段所发生的某种间接费用，借以反映和监督有关间接费用计划执行情况，以及间接费用分配情况的账户。设置这类账户，一方面可以将某一经营过程中实际发生的间接费用和计划指标进行比较，考核间接费用的超支和节约情况，另一方面也便于将这些费用摊配出去。集合分配账户，借方登记费用的发生额，贷方登记费用的分配额，在一般情况下，登记在这类账户中的费用，期末应全部分配出去，通常没有余额。属于这一类的账户主要有"制造费用"账户等。

集合分配账户的基本结构如图 2-10 所示。

集合分配账户

借方	贷方
本期发生额：归集经营过程中间接费用的本期发生额	本期发生额：本期分配到有关成本计算对象上的间接费用额

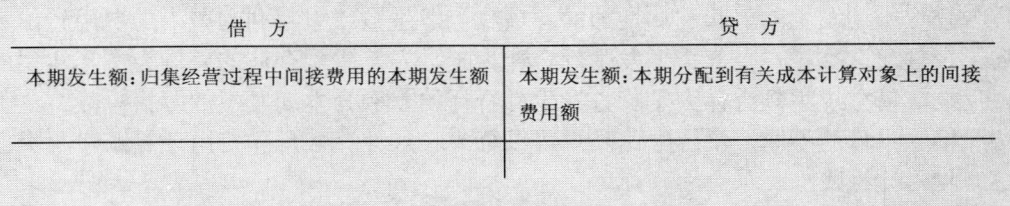

图 2-10

集合分配账户的特点是：具有明显的过渡性质，平时用它来归集那些不能直接计入某个成本计算对象的间接费用，期末将费用全部分配出去，由有关成本计算对象负担，经分配之后，该账户期末一般没有余额。

6. 成本计算账户

成本计算账户，是用来反映和监督企业经营过程中应计入特定成本计算对象的经营费用，并确定各成本计算对象实际成本的账户。设置和运用成本计算账户，对于正确计算材料的采购成本、产品的生产成本和产品的销售成本，考核有关成本计划的执行和完成情况等，都具有重要的作用。成本计算账户的借方汇集应计入特定成本计算对象的全部费用（其中，一部分是在费用发生时直接记入的；另一部分是先记入集合分配账户，在会计期末通过一定的分配方法转到成本计算账户），贷方反映转出的某一成本计算对象的实际成本。期末余额一般在借方，表示尚未完成工艺过程且在某一阶段的成本计算对象的实际成本。如"生产成本"账户，借方余额表示尚未完成生产过程的在产品的实际成本。属于成本计算类的账户有"材料采购"、"生产成本"、"在建工程"等账户。成本计算账户的基本结构如图2-11所示。

成本计算账户

借方	贷方
期初余额：未转出成本计算对象的实际成本 本期发生额：经营过程中发生的应由成本计算对象承担的费用	本期发生额：转出成本计算对象的实际成本
期末余额：期末未转出成本计算对象的成本	

图 2-11

成本计算账户的特点是：除了设置总分类账户外，还应按照各个成本计算对象设置明细分类账户，并按成本项目设置专栏进行明细分类核算；既提供价值指标，又提供实物指标。

7. 集合配比账户

集合配比账户是用来汇集企业生产经营过程中所取得的收入和发生的费用、支出、损失，借以在期末进行配合比较，计算确定生产经营期内的财务成果的账户，如"主营业务收入"、"主营业务成本"、"其他业务收入"、"其他业务支出"、"营业外收入"、"营业外支出"、"投资收益"、"管理费用"、"财务费用"、"销售费用"、"所得税费用"等账户。这类账户在结构上的特点是：借方登记本期发生的引起利润减少的各项费用发生数或引起利润增加的收入转出数，贷方登记本期发生的引起利润增加的各项收入发生数或引起利润减少的费用转出数，期末一般无余额。这类账户全部贷方发生额合计大于借方发生额合计的差额为本期实现的利润总额，反之，借方发生额合计大于贷方发生额合计的差额为本期发生的亏损总额。

按照核算项目的不同，集合配比账户可以分为收入计算账户和费用计算账户两类。

（1）收入计算账户。

收入计算账户，是用来反映和监督企业在一定时期（月、季或年）内所取得的各种收入和收益的账户。收入计算账户的贷方登记取得的收入和收益，借方登记收入和收益的减少数和期末转入"本年利润"账户的收入和收益额。

由于当期实现的全部收入和收益都要在期末转入"本年利润"账户，所以收入计算账户期末无余额。属于这一类账户的有："主营业务收入"、"其他业务收入"、"营业外收入"等账户。收入计算账户的基本结构如图 2-12 所示。

收入计算账户

借 方	贷 方
本期发生额：收入和收益的减少数、期末转入"本年利润"账户的收入和收益额	本期发生额：本期收入和收益的增加额

图 2-12

收入计算账户的特点：除了设置总分类账户外，还应按照业务类别设置明细分类账户，进行明细分类核算；收入计算账户只提供价值指标。

（2）费用计算账户。

费用计算账户，是用来反映和监督企业在一定时期（月、季或年）内所发生的应计入当期损益的各项费用、成本和支出的账户。费用计算账户的借方登记费用支出的增加额，贷方登记费用支出的减少数和期末转入"本年利润"账户的费用支出数。由于当期发生的全部费用支出数都要于期末转入"本年利润"账户，所以该类账户期末无余额。属于这一类的账户主要有："主营业务成本"、"营业税金及附加"、"其他业务成本"、"管理费用"、"销售费用"、"财务费用"、"营业外支出"、"所得税费用"等账户。费用计算账户的基本结构如图 2-13 所示。

费用计算账户

借 方	贷 方
本期发生额：本期费用支出的增加数	本期发生额：本期费用支出的减少或转销数和期末转入"本年利润"账户的费用支出数

图 2-13

费用计算类账户的特点是：除了设置总分类账户外，还应按业务内容、费用支出项目等设置明细分类账户，进行明细分类核算；费用计算账户只提供价值指标。

8. 财务成果计算账户

财务成果计算账户，是用来反映和监督企业在一定时期（月、季或年）内全部经营活动最终成果的账户。"本年利润"账户属于财务成果计算账户，财务成果计算账户的贷方登记期末从收入计算账户转入的各种收入和收益数，借方登记期末从费用计算账户转入的各种费用支出数。平常月份（1~11月份），贷方余额表示企业所实现的利润数，借方余额表示企业所发生的亏损数。年终时将实现的净利润或发生的亏损转入"利润分配"账户，结转后应无余额。财务成果计算账户的基本结构如图 2-14 所示。

财务成果计算账户

借方	贷方
本期发生额：本期从"费用"账户转入各项成本、费用支出数	本期发生额：本期从收入账户转入的各项收入、收益数
期末余额：（1～11月份）发生的亏损数	期末余额：（1～11月份）实现的利润数
年末无余额	年末无余额

图 2-14

财务成果计算账户的特点是：借方和贷方所登记的内容，应遵循权责发生制和配比原则的要求。贷方所登记的各项收入、收益数与借方所登记的各项费用支出数一方面要与相应的会计期间相配合，另一方面从事某类业务活动所得的收入与相应的成本费用相配比。也就是说借方登记的各项费用、成本，是为取得贷方所登记的各项收入、收益而发生的；相反，贷方登记的各项收入、收益数是因为支付了借方所登记的各项费用、成本而取得的，两者在时间和受益关系上相互配比，会计期间的财务成果才是真实准确的。财务成果计算账户只提供价值指标。1～11月份期末有余额，在贷方是利润数，在借方则是亏损数，年终结账后无余额。

三、账户的基本结构

账户是用以连续、分类、系统地记录会计内容增减变动情况及其结果的载体。引起会计要素增减变动的经济业务事项尽管错综复杂，但从数量上看不外乎是增加和减少两种情况。因此，用来分类记录经济业务的账户，在结构上也相应地划分为左右两个基本部分，即左方和右方，分别记录会计要素的增加数和减少数。同时，还需要反映会计要素各项目增减变化后的结果，即余额。所以反映会计要素的增加、减少、余额三个部分是账户的基本结构。此外，为了便于随时考查引起资金增减变动的经济业务事项的内容、记账时间和依据，账户中除设置"增加"、"减少"、"余额"三部分外，还设置了包括"账户名称（即会计科目）"、"日期和凭证号数（用以说明经济业务发生的时间和记录的依据）"、"摘要（概括说明经济事项的内容）"等内容。账户的基本格式如表2-4所示。

表 2-4 账户名称（会计科目）

年		凭证号	摘要	左方金额	右方金额	余额
月	日			十万千百十元角分	十万千百十元角分	十万千百十元角分

上列账户的基本格式中，左右两方的金额栏一方记录增加额，一方记录减少额。增减相抵后的差额，即为账户余额，余额按其表示的时间不同，分为期初余额和期末余额。因此，每个账户所记录的金额，可以分为期初余额、本期增加额、本期减少额和期末余额。本期增加额和本期减少额是指在一定的会计期间内（如月份、季度或年度），账户在左右两方分别登记的增加金额合计和减少金额合计，也称为本期增加发生额和本期减少发生额。本期增加发生额和本期减少发生额相抵后的差额即为本期的期末余额。如果将本期的期末余额转入下一期，就是下一期的期初余额。上述四项金额指标之间的关系可用下面的公式表示：

本期期末余额 = 本期期初余额 + 本期增加发生额 − 本期减少发生额

账户的左右两方是按相反方向来记录增加额和减少额的，也就是说，如果账户在左方登记增加额，则在右方登记减少额；反之，如果账户在右方登记增加额，则在左方登记减少额。在每一个具体账户的左右两方，究竟哪一方登记增加额，哪一方登记减少额，取决于所采用的记账方法和账户所记录的经济内容。账户的余额一般与记录增加额在同一方向。

为方便起见，通常将会计账户的基本结构简化为"T"形账户，如图 2-15 所示。它是由一条水平线及其平分的一条直线所构成，账户的中间部分写明账户的名称，即会计科目的名称，例如，银行存款、原材料、应付账款等。"T"形账户是适应教学需要而采用的一种简化形式。

账户名称（会计科目）

左　方	右　方

图 2-15　账户的结构

【相关链接】会计科目与账户是两个不同的概念，两者之间既有联系又有区别。会计科目与账户的联系表现在：账户直接以会计科目为依据设置，会计科目的名称就是账户的名称，会计科目的核算内容就是账户所要登记的内容，两者分类的口径和反映的经济内容是一致的。正因为这一点，在实际工作中常把会计科目作为账户的同义语。但会计科目与账户也有区别，具体表现在：会计科目只是对会计内容具体分类的项目名称，仅说明反映的经济业务内容是什么，本身没有结构，而账户既有名称，又有相应的结构，它既说明账户反映的经济业务内容是什么，又能够具体地记录资金的增减变动情况及其结果，也正因为如此，账户才成为会计内容的载体，账户的内容比会计科目更为丰富。

项目三 会计记账方法——复式记账

【开篇导读】

会计科目和账户的设置，仅仅是为记录经济业务、生成会计信息提供了加工的场所，在实际工作中，要把生产经营过程中发生的经济业务事项及其所引起的资金增减变动情况及结果记录到各有关账户中，还应采用一定的记账方法。

内容一 记账方法概述

一、记账方法的概念

所谓记账方法，就是将客观发生的经济业务事项记入有关的账户中所采用的方法。

二、记账方法的分类

一般地说，记账方法有单式记账法和复式记账法两种。

（一）单式记账法

单式记账法是指对发生的经济业务及引起的会计要素的增减变化只在一个有关的账户中作出记录的一种记账方法。例如，以现金 2 000 元购进商品一批，对这笔业务事项单式记账法只记录"库存现金"减少，而不记录"库存商品"增加。

（二）复式记账法

复式记账法是指对每一笔经济业务事项所引起的资金增减变动，都以相等的金额同时在两个或两个以上相互联系的账户中进行登记的一种记账方法。例如，某企业以 1 000 元现金购进一批材料。该企业对这一笔业务事项不仅要记录"原材料"增加 1 000 元，而且同时要记录"库存现金"减少 1 000 元。

【相关链接】单式记账法是最早出现的一种记账方法，它是对发生的会计事项只在某一账户中作出单方面记录的一种记账方法。单式记账法的主要特点是：（1）对每一笔经济业务事项只在一个账户中记录该笔经济业务事项的主要方面，而不同时反映这笔经济业务事项的另一个方面，而且大都是以钱财、人欠、欠人为记账对象，因此对会计对象反映不完整；（2）采用单方面的记录方式，对发生的收入项目，只进行钱财、人欠的单方面的记录，对发生的支出项目，也只进行钱财、欠人的单方面的记录，不能全面反映经济业务的变化情况；（3）缺少损益计算的专门账户，因而没有完整科学的账户和账户体系；（4）仅有个别账户的平衡公式，而无全部账户体系的平衡公式，所以记账过程的正确性缺乏自我验证的作用。单式记账法的优点是记账过程和方式简单。相对于单式记账法而言，复式记账法最主要的特点是：（1）会计记录的双重性，即对发生的每一笔经济业务事项，都在两个或两个以上的账户中进行登记；（2）运用统一的记账货币单位，并运用简明的记账符号表明记账的方向和数量的增减；（3）有完整科学的账户体系；（4）有全部账户的平衡公式，并能根据会计平衡公式检验全部会计记录的正确性。由于对发生的每一笔经济业务事项都以相等的金额同时在两个或两个以上相互联系的账户中进行登记，使各账户之间形成了严密的对应关系，账户记录能够互相平衡，是否正确也可以进行自我验证。因此，复式记账法要比单式记账法更加科学。德国伟大的诗人歌德曾在他的诗中写到：复式簿记是人类智慧的结晶，是伟大的发明。

企业发生的经济业务无非就是涉及资金增加和减少两个方面，并且某项资金在量上的增加或减少，总是与另一项资金在量上的增加与减少相伴而生。这样就要求在会计记录的时候，必须把每项经济业务所涉及的资金增减变化都记录下来，从而完整、全面地反映经济业务所引起的资金运动的来龙去脉，复式记账法恰恰满足了这一要求。为此，我们学习和应用的是复式记账法。

1．复式记账法的理论基础

复式记账法的基本理论依据是会计等式，即"资产＝负债＋所有者权益"。如前所述，各单位发生的经济业务虽然多种多样，千变万化，但不管怎样变化，必然在会计等式中引起双重影响，要么引起会计等式两边会计要素等额同增同减，要么引起会计等式某一边会计要素等额的有增有减，都不会破坏会计等式的平衡关系。会计记录采用复式记账法，对发生的每项经济业务，都以相等的金额在两个或两个以上的相互联系的账户中进行记录，可以完整、系统的反映经济活动的过程和结果，了解经济业务的全貌；可以根据会计等式的平衡关系检查会计记录的正确性。

2．复式记账法的基本内容

作为科学的复式记账法，其基本内容一般包括科学明确的记账符号、健全的账户设置与合理的账户结构、科学的记账规则和试算平衡方法等。

（1）记账符号。

记账符号是指明确经济业务事项记入某一账户的某一方向，并表明其数量增减变化的标号。例如，借贷记账法是以"借"和"贷"作为记账符号的；增减记账法是以"增"和"减"作为记账符号的；收付记账法是以"收"和"付"作为记账符号的。

（2）账户的设置及结构。

设置账户是对会计对象具体内容进行分类、记录和监督的一种方法。复式记账是为了反映经济业务事项所引起的财务状况和经营成果的变化及其结果的，因此，须设置能够全面反映财务状况和经营成果的科学的账户体系，否则便不可能做出相互联系的会计记录。

(3) 记账规则。

记账规则是指采用复式记账法记账时所应遵守的法则。每一笔科学、正确的会计记录，都必须有明确的记账符号和会计内容以及与内容相一致的金额。这些也正是经济业务事项所引起的资金变化的规律，将这一规律简明扼要地概括为一句话即是记账规则。以其作为约束记账者进行会计记录时必须遵循的法则。

(4) 试算平衡。

试算平衡是指利用资产与权益的平衡关系及平衡原理检查账户记录是否正确的一种方法。采用复式记账法并依据记账规则进行记账，账户记录应自然形成一种平衡关系。利用这种平衡关系对账户记录及其结果进行自我检验，可以保证会计记录的正确性。

3. 复式记账法的种类

由于复式记账法具有单式记账法不可比拟的特点，因而成为世界各国公认的一种科学的记账方法。目前，我国的企业和行政、事业单位均采用复式记账方法。复式记账法从其发展历史看，曾经有"借贷记账法"、"增减记账法"、"收付记账法"等，我国现行有关制度规定，企业、事业等单位一律采用借贷记账法。因此，本书只介绍借贷记账法。

内容二 借贷记账法

一、借贷记账法的概念

借贷记账法是以"借"、"贷"为记账符号，用以记录经济业务的发生所引起的资金增减变动及其结果的一种科学的复式记账方法。

二、借贷记账法的内容

(一) 借贷记账法的记账符号

会计内容可概括为资产与权益的增减变动，借贷复式记账法以"借"、"贷"作为记账符号。"借"、"贷"二字，源于借贷记账法产生时的"借主"、"贷主"之地位，但作为记账符号，它们已失去了原本的"借主"、"贷主"的含义，只作为记账符号使用，表示增加和减少。即"借"表明：资产的增加，权益的减少；"贷"表明：权益的增加，资产的减少。

账户是用来具体记录会计内容的，企业根据规定的会计科目开设的账户通常包括五类，即资产类、负债类、所有者权益类、成本类和损益类。会计科目或账户的类别主要是根据既要全面反映会计内容，又要适应经济管理和会计核算的需要而设置的，并非完全按照反映资产与权益关系的"资产＝负债＋所有者权益"和反映经营成果的"收入－费用＝利润"等式中的会计要素设置。但我们经过仔细分析，以上五类账户在本质上仍然是两类，即资产类和权益类（包括负债类和所有者权益类）。如成本是资产的运用和表现形态，其本质还是资产，所以成本类账户可归属于资产类账户。损益类账户是为了计算损益（所有者权益）而设置的账户，其所反映的内容是企业生产经营过程中的收益（包括收入、利得等）和费用（包括成本、期间费用等），它们都是构成损益的因素。收入是所有者权益的增项，费用是所有者权益的减项，故损益类账户可归属于所有者权益类账户。经以上分析归类，我们可将"借"、"贷"记账符号用以表示账户内容增减变动的含义概括为："借"表明资产类账户的增加，权益类账户的减少，"贷"表明权益类账户的增加，资产类账户的减少。其中，损益类账户中的费用账户（包括"主营业务成本"、"管理费用"等）的增加，用"借"表示；收入账户（包括"主营业务收入"、"其他业务收入"等）的增加，用"贷"表示。怎样理解呢？很简单，因为费用是所有者权益的减项，费用的增加就意味着所有者权益的减少，故用"借"表示。收入是所有者权益的增项，收入的增加就意味着所有者权益的增加，故用"贷"表示。借、贷对归属后的会计账户的经济含义如表3-1所示。

表 3-1　　　　　　　　　　　　　　借贷的经济含义

账 户 类 别	借 的 含 义	贷 的 含 义
资产类、成本类和损益类的费用类	增加	减少
负债类、所有者权益类和损益类的收入类	减少	增加

（二）借贷记账法下账户的设置及结构

在借贷复式记账法下，企业通常按照会计科目开设五类账户，即资产类、负债类、所有者权益类、成本类和损益类，任何账户都分为借方和贷方两个基本部分，通常把账户的左方称为"借方"，账户的右方称为"贷方"。

在借贷记账法下，所有账户都分为借方和贷方，其中一方登记增加金额，另一方登记减少金额。但究竟哪一方用来登记增加额，哪一方用来登记减少额，要视账户的性质而定。

账户的性质就是账户所反映的交易或事项的内容，即会计要素。在会计对象的内容中，我们了解到会计要素之间是有一定的数量关系的，它们之间的关系可以用资产=负债+所有者权益这一会计基本等式表示，将收入和费用考虑进来，会计基本等式就转化成了下面的情形：

$$资产+费用=负债+所有者权益+收入$$

在借贷记账法下，账户的左方是借方，账户的右方是贷方，由于资产、费用在等式的左边，负债、所有者权益、收入在等式的右边，按照国际惯例，人们就习惯地将资产、费用的增加记在账户的借方，相反，资、费用的减少就记在账户的贷方；负债、所有者权益和收入的增加记在账户的贷方，相反，负债、所有者权益和收入的减少就记在账户的借方。可见借贷记账法下不同性质的账户，其结构是不同的。下面分别加以说明。

1. 资产类账户的结构

资产类账户是用来反映企业各项资产增减变化及结余情况的。资产类账户的结构是：借方登记资产的增加额，贷方登记资产的减少额。在一定会计期间内（月、季、年），借方登记的增加数额的合计数称为借方发生额，贷方登记的减少数额的合计数称为贷方发生额。在每

一会计期末将借、贷方发生额相比较,其差额称为期末余额,本期的期末余额结转到下期,即为下期的期初余额。其计算公式如下:

资产类账户期末余额 = 借方期初余额 + 借方本期发生额 - 贷方本期发生额

由于资产的减少额不可能大于它的期初余额和本期增加额之和,因此,资产类账户期末如果有余额一定在借方。资产类账户的结构如图 3-1 所示。

借方	资产类账户名称(会计科目)	贷方	
期初余额	×××		
本期增加额	×××	本期减少额	×××
	×××		×××
本期发生额(增加数合计)	×××	本期发生额(减少数合计)	×××
期末余额	×××		

图 3-1

2. 负债类账户的结构

负债类账户是用来反映各项负债增减变化及结余情况的。负债类账户的结构与资产类账户的结构正好相反。即贷方登记负债的增加额,借方登记负债的减少额。在一定会计期间内(月、季、年),贷方登记的增加数额的合计数称为贷方发生额,借方登记的减少数额的合计数称为借方发生额,在每一会计期末将借、贷发生额相比较,其差额称为期末余额,本期的期末余额结转到下期,即为下期的期初余额。其计算公式如下:

负债类账户期末余额 = 贷方期初余额 + 贷方本期发生额 - 借方本期发生额

由于负债的增加额与期初余额之和通常也要大于其本期减少额,因此负债类账户期末如果有余额一定在贷方。负债类账户的结构如图 3-2 所示。

借方	负债类账户名称(会计科目)	贷方	
		期初余额	×××
本期减少额	×××	本期增加额	×××
	×××		×××
本期发生额(减少数合计)	×××	本期发生额(增加数合计)	×××
		期末余额	×××

图 3-2

3. 所有者权益类账户的结构

所有者权益类账户是用来反映各项所有者权益增减变化及结余情况的。所有者权益类账户的结构与资产类账户的结构正好相反,即贷方登记所有者权益的增加额,借方登记所有者权益的减少额。在一定会计期间内（月、季、年），贷方登记的增加数额的合计数称为贷方发生额，借方登记的减少数额的合计数称为借方发生额。在每一会计期末将借、贷方发生额相比较，其差额称为期末余额，本期的期末余额结转到下期，即为下期的期初余额。其计算公式如下：

所有者权益类账户期末余额 = 贷方期初余额 + 贷方本期发生额 - 借方本期发生额

由于所有者权益的增加额与期初余额之和通常也要大于其本期减少额，因此所有者权益类账户期末如果有余额一定在贷方。所有者权益类账户的结构如图3-3所示。

借　方	所有者权益类账户名称（会计科目）	贷　方
本期减少额　　　××× ×××	期初余额 本期增加额	××× ××× ×××
本期发生额（减少数合计）　×××	本期发生额（增加数合计） 期末余额	××× ×××

图 3-3

4. 成本类账户的结构

成本类账户是指按照成本类会计科目开设的，用以具体核算和监督生产产品或提供劳务过程中发生的各种直接费用和间接费用的账户，如"生产成本"、"制造费用"账户等。

前面已经谈到，成本的本质是资产，成本类账户可归属于资产类账户，其结构与资产类账户相同。

5. 损益类账户的结构

企业在生产经营过程中，会取得收入和发生费用，最终会导致所有者权益发生增减变化。收入的取得会增加所有者权益，费用的增加会减少所有者权益，所以从理论上讲，当企业取得收入或发生费用时，最简单的做法就是直接通过所有者权益加以记录，即凡获得收入记入所有者权益账户的贷方；凡发生费用记入所有者权益账户的借方。但是这种处理方法无法反映企业在一定时期所获得的收入和发生的费用，从而也就无法确定该期所实现的经营成果。为了便于确定每一会计期间的经营成果，需要单独设置收入账户和费用账户，此外，为记录反映一定时期收入与费用比较的结果，还需要设置一个利润类账户。

收入类账户是核算所有者权益增加的账户，其结构与所有者权益账户相似，费用类账户是核算所有者权益减少的账户，其结构与所有者权益账户相反。即本期收入增加记入收入账户的贷方，本期收入的减少记入收入账户的借方，期末将本期收入增加额减去减少额的差额，从收入账户转入利润账户的贷方，经此结转后收入账户期末无余额；本期费用增加记入费用账户的借方，本期费用的减少记入费用账户的贷方，期末将本期费用增加额减去减少额的差额，从费用账户转入利润账户的借方，经此结转后费用账户期末无余额；利润账户的贷方登记增加利润的各项收入，借方登记减少利润的各项费用，期末，利润账户贷方的收入金额与借方的费用金额相抵后,如果是贷方余额,则为本期利润,如果是借方余额,则表示本期亏损。损益类账户的结构如图 3-4、图 3-5、图 3-6 所示。

借　方	收入类账户名称（会计科目）	贷　方	
本期减少额	×××	本期增加额	×××
	×××		×××
本期发生额（减少数合计）	×××	本期发生额（增加数合计）	×××
		期末余额	0

图 3-4

借　方	费用类账户名称（会计科目）	贷　方	
本期增加额	×××	本期减少额	×××
	×××		×××
本期发生额（增加数合计）	×××	本期发生额（减少数合计）	×××
期末余额	0		

图 3-5

借　方	利润类账户名称（会计科目）	贷　方	
		期初余额（年初无余额）	×××
本期减少额	×××	本期增加额	×××
	×××		×××
本期发生额（减少数合计）	×××	本期发生额（增加数合计）	×××
		期末余额（年末无余额）	×××

图 3-6

各种账户的结构可以用图 3-7 表示。

借	账　户	贷
资产的增加		负债的增加
成本费用的增加		所有者权益的增加
负债的减少		收入的增加
所有者权益的减少		资产的减少
收入的减少		成本费用的减少

图 3-7　借贷记账法下账户的结构

此外，在借贷记账法下，还可以根据需要设置资产、权益双重性账户，期末，根据账户余额确定账户的性质。所谓双重性质的账户，是指既可以用来核算资产、费用，又可以用来核算负债、所有者权益和收入的账户。如"其他往来"账户等。由于记账符号"借"表示资产增加，"贷"表示权益增加，期末，资产账户通常是借方余额，权益账户通常是贷方余额。据此，借方余额的账户应是资产账户，贷方余额的账户应是权益账户。设置双重性质的账户可以简化会计核算。

上述我们介绍的是在借贷记账法下的"T"字账户的结构。在实际工作中，账户的结构与此并不完全一致，实际工作中的账户一般包括以下几项内容：(1)账户名称；(2)记账时间和凭证编号；(3)经济业务摘要；(4)增加额和减少额；(5)余额。如表3-2所示。

表 3-2　　　　　　　　　　　账户名称（会计科目）

年		凭证号	摘要	借　　方								贷　　方								余　　额							
月	日			十	万	千	百	十	元	角	分	十	万	千	百	十	元	角	分	十	万	千	百	十	元	角	分

（三）借贷记账法的记账规则

记账规则是采用复式记账法记录具体经济业务时所应遵循的规律。复试记账法是对任何经济业务的发生都要以相等的金额，在两个或两个以上相互联系的账户中进行记录。前以述及，企业在生产经营过程中，每天发生着大量的经济业务，这些经济业务尽管多种多样，千差万别，但归纳起来不外乎9种形式4种基本类型。下面以前述的9种形式4种基本类型的经济业务为例来说明借贷记账法的记账规则。

企业的经济活动表现为企业的资金运动。企业资金运动的形式主要有三种情况，即资金进入企业、资金退出企业、资金在企业内部的循环与周转。

(1) 资金进入企业，会引起企业资产增加，负债或所有者权益等额增加。

【例3-1】企业购买10 000元材料，但没有付款。

这一经济业务的发生，一方面使企业的资产原材料增加10 000元；另一方面使企业的负债应付账款增加10 000元。因此，需要设置"原材料"账户和"应付账款"账户来反映这项经济业务。"原材料"账户属于资产类账户，"应付账款"账户属于负债类账户，用借贷记账法，在"原材料"账户的借方记10 000元的同时，在"应付账款"账户的贷方记10 000元。其会计记录如下：

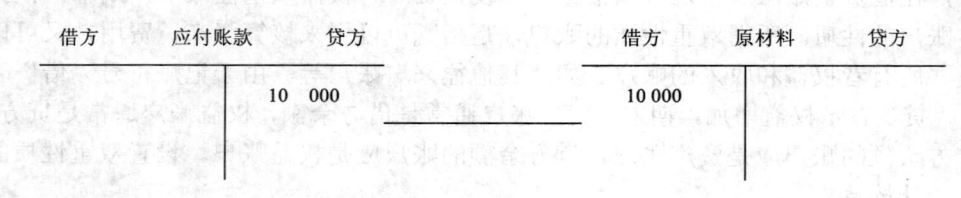

借方 应付账款 贷方	借方 原材料 贷方
10 000	10 000

图 3-8

【例 3-2】 某单位向本企业以现金方式投入资本 100 000 元,转入本单位存款户。

这一经济业务的发生,一方面使企业的资产银行存款增加 100 000 元;另一方面使企业的所有者权益实收资本增加 100 000 元。因此,需要设置"银行存款"账户和"实收资本(或股本)"账户来反映这项经济业务。"银行存款"账户属于资产类账户,"实收资本(或股本)"账户属于所有者权益类账户,用借贷记账法,在"银行存款"账户的借方记 100 000 元的同时,在"实收资本(或股本)"账户的贷方记 100 000 元。其会计记录如下:

借方 实收资本(或股本) 贷方	借方 银行存款 贷方
100 000	100 000

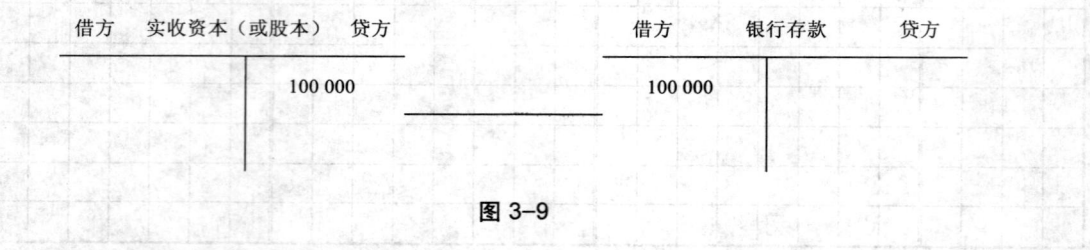

图 3-9

(2) 资金退出企业,会引起企业资产减少,负债或所有者权益同时等额减少。

【例 3-3】 企业用银行存款 20 000 元偿还了银行的短期借款。

这一经济业务的发生,一方面使企业的资产银行存款减少 20 000 元;另一方面使企业的负债短期借款减少 20 000 元。因此,需要设置"银行存款"账户和"短期借款"账户来反映这项经济业务。"银行存款"账户属于资产类账户,"短期借款"账户属于负债类账户,用借贷记账法,在"银行存款"账户的贷记 20 000 元的同时,在"短期借款"账户的借方记 20 000 元。其会计记录如下:

借方 银行存款 贷方	借方 短期借款 贷方
20 000	20 000

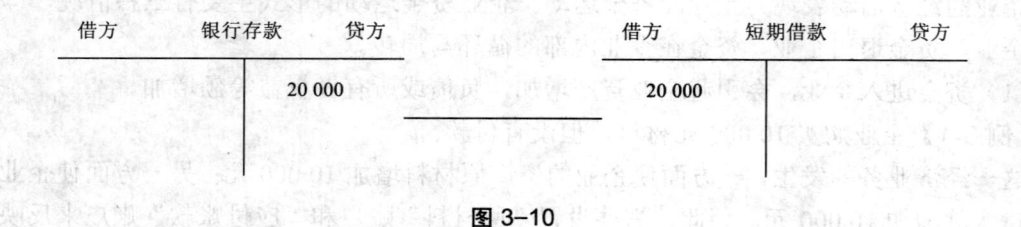

图 3-10

【例 3-4】 企业用 10 000 元支付股东股金。

这一经济业务的发生,一方面使企业的资产库存现金减少 10 000 元;另一方面使企业的负债应付股利减少 10 000 元。因此,需要设置"库存现金"账户和"应付股利"账户来反映这项经济业务。"库存现金"账户属于资产类账户,"应付股利"账户属于负债类账户,用借贷记账法，在"应付股利"账户的借方记 10 000 元的同时，在"库存现金"账户的贷方记 10 000 元。其会计记录如下：

借方	库存现金	贷方		借方	应付股利	贷方
		10 000			10 000	

图 3-11

（3）资金在企业内部的循环和周转，会引起资产项目内部一个项目增加，一个项目等额减少，或一个负债（所有者权益）项目增加，另一个负债（所有者权益）项目等额减少。

【例 3-5】企业从银行提取现金 10 000 元。

这一经济业务的发生，一方面使企业的库存现金增加 10 000 元；另一方面使企业的银行存款减少 10 000 元。因此，需要设置"库存现金"账户和"银行存款"账户来反映这项经济业务。"库存现金"账户属于资产类账户，"银行存款"账户也属于资产类账户，用借贷记账法，在"库存现金"账户的借方记 10 000 元的同时，在"银行存款"账户的贷方记 10 000 元。其会计记录如下：

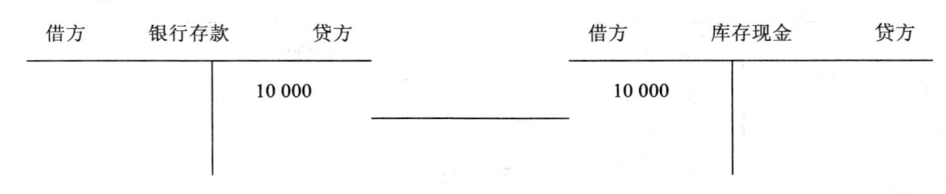

借方	银行存款	贷方		借方	库存现金	贷方
		10 000		10 000		

图 3-12

【例 3-6】企业借入短期借款 20 000 元抵偿应付账款。

这一经济业务的发生，一方面使企业负债中的短期借款增加了 20 000 元；另一方面使企业负债中的应付账款减少了 20 000 元，因此，需要设置"短期借款"账户和"应付账款"账户来反映这项经济业务。"短期借款"账户和"应付账款"账户都属于负债类账户，用借贷记账法，在"应付账款"账户的借方记 20 000 元的同时，在"短期借款"账户的贷方记 20 000 元。其会计记录如下：

借方	短期借款	贷方		借方	应付账款	贷方
		20 000		20 000		

图 3-13

【例 3-7】企业经批准将资本公积 10 000 元转增资本。

这一经济业务的发生，一方面使企业所有者权益中的实收资本增加了 10 000 元；另一方面使企业所有者权益中的资本公积减少了 10 000 元，因此，需要设置"实收资本"账户和"资本公积"账户来反映这项经济业务。"实收资本"账户和"资本公积"账户都属于所有者权益类账户，用借贷记账法，在"资本公积"账户的借方记 10 000 元的同时，在"实收资本"账户的贷方记 10 000 元。其会计记录如下：

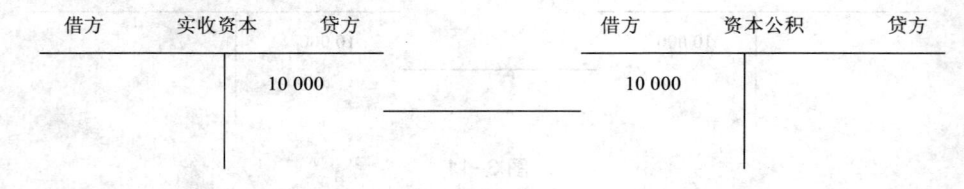

```
   借方   实收资本   贷方           借方   资本公积   贷方
              |  10 000                        | 10 000
```

图 3-14

【例 3-8】接到有关部门通知，将 100 000 元长期借款转为国家追加投资。

这一经济业务的发生，一方面使企业所有者权益中的实收资本增加了 100 000 元；另一方面使企业负债中的长期借款减少了 100 000 元，因此，需要设置"实收资本"账户和"长期借款"账户来反映这项经济业务。"实收资本"账户属于所有者权益类账户，"长期借款"账户属于负债类账户，用借贷记账法，在"长期借款"账户的借方记 100 000 元的同时，在"实收资本"账户的贷方记 100 000 元。其会计记录如下：

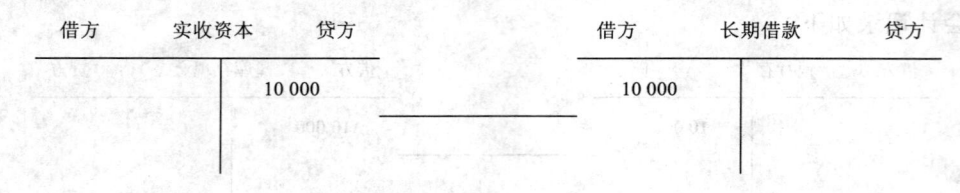

```
   借方   实收资本   贷方           借方   长期借款   贷方
              |  10 000              10 000  |
```

图 3-15

【例 3-9】企业经批准返还投资者的投资资金 100 000 元，企业应付的款项尚未付出。

这一经济业务的发生，一方面使企业所有者权益中的实收资本减少了 100 000 元；另一方面使企业负债中的应付账款增加了 100 000 元，因此，需要设置"实收资本"账户和"应付账款"账户来反映这项经济业务。"实收资本"账户属于所有者权益类账户，"应付账款"账户属于负债类账户，用借贷记账法，在"实收资本"账户的借方记 100 000 元的同时，在"应付账款"账户的贷方记 100 000 元。其会计记录如下：

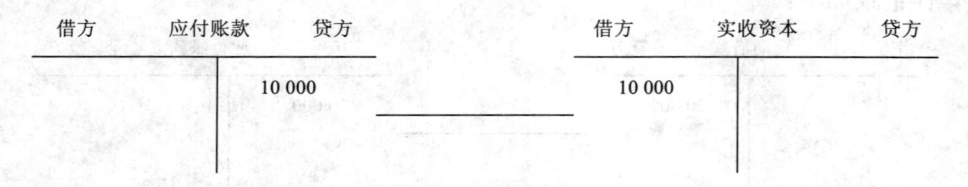

```
   借方   应付账款   贷方           借方   实收资本   贷方
              |  10 000              10 000  |
```

图 3-16

从以上所列举的实例可以看到，当每一类型经济业务发生时，运用借贷记账法进行会计记录时，都是在记入某一账户借方的同时，也记入另一个账户的贷方，而且记入一个账户借方的金额与记入另一个账户贷方的金额总是相等的。由此我们得出了借贷记账法的记账规则是："有借必有贷，借贷必相等"。

【相关链接】经济业务事项发生以后，采用借贷复式记账法的记账规则在两个或两个以上相关的账户中进行登记，从而在有关账户之间就形成了应借、应贷的相互关系，账户之间的这种相互关系在会计上称为账户的对应关系。发生对应关系的账户，称为对应账户。掌握账户对应关系的目的，是为了通过账户对应关系了解经济业务事项的内容及其所引起的资金增减变动情况，借以检查对经济业务事项的处理是否合理、合法。

（四）借贷记账法的试算平衡

由于各单位发生的经济业务种类繁多，内容复杂，经济业务发生后，运用借贷记账法在账户中记录经济业务的过程中，不可避免地会发生这样或那样的人为错误，如记错账户、记错方向、记错金额等。为此，还必须确定科学、简便的用以检查账户记录是否正确的方法，以便找出错误及其原因，及时加以纠正。借贷复式记账法下的试算平衡，就是指利用借贷记账法的记账规则和"资产＝负债＋所有者权益"的平衡关系，检查账户记录是否正确、完整的一种方法。

借贷记账法的试算平衡有账户发生额试算平衡和账户余额试算平衡两种，账户发生额试算平衡是根据借贷记账法的记账规则来确定的，账户余额试算平衡是根据"资产＝负债＋所有者权益"的平衡关系原理来确定的。

借贷记账法下，由于每一笔会计记录都是有借必有贷，且借贷的金额相等，一定会计期间，不但每一笔记录的借贷方发生额相互平衡，而且一定会计期间所有账户的借方发生额合计也必然与贷方发生额合计平衡，也就是说发生额相互平衡。根据借贷发生额平衡原理，检查账户记录是否正确的方法，称为发生额平衡法，其公式如下：

所有账户本期借方发生额合计 ＝ 所有账户本期贷方发生额合计

借贷复式记账法的记账符号规定"借"表示资产账户金额增加，"贷"表示权益账户（包括负债账户和所有者权益账户）金额增加，两类账户金额的减少都记入各自相反的方向。一定会计期间结束时，资产类账户就应当是借方余额，而权益类账户则应当是贷方余额。据此，我们可以断定，借方余额的账户是企业资产类账户，其余额是企业资产的数额，贷方余额的账户是企业权益类账户，其余额是企业权益的数额，资产与权益必定相等。根据"资产＝负债＋所有者权益"平衡关系，检查账户记录是否正确的方法称为余额平衡法，其公式如下：

所有账户期末借方余额合计 ＝ 所有账户期末贷方余额合计

期末，企业可通过编制试算平衡表的方式进行发生额和余额的试算平衡。试算平衡表的格式如表 3-3 所示。

表 3-3　　　　　　　　　　　　发生额及余额试算平衡表

会计科目	初期余额		本期发生额		期末余额	
	借方	贷方	借方	贷方	借方	贷方
合计						

为便于理解和掌握试算平衡表的编制方法，现举例加以说明。

【例 3-10】某企业 2011 年 6 月份有关资料如下。

（1）6 月 1 日各总分类账户的期初余额资料见表 3-4 所示。

表 3-4　　　　　　　　　　　　总分类账户期初余额表　　　　　　　　　　　　单位：元

账户名称	借方余额	账户名称	贷方余额
库存现金	500	短期借款	33 000
银行存款	20 000	应付账款	10 000
应收账款	1 500		
原材料	71 000	实收资本	120 000
固定资产	70 000		
合计	163 000	合计	163 000

（2）2011 年 6 月份发生的经济业务如下：

① 企业以银行存款 5 000 元购买原材料一批（为简化核算，暂不考虑增值税）；

② 由上级主管部门投入资本金 20 000 元存入银行；

③ 企业开出面值 1 000 元的商业汇票，偿还应付账款；

④ 企业用银行存款 10 000 元偿还前欠银行短期借款；

⑤ 企业购进原材料 10 000 元，用银行存款支付货款 6 000 元，其余暂欠；

⑥ 某公司投资转入新设备一台，价值 10 000 元，材料一批 5 000 元。

根据上述资料，编制试算平衡表的步骤如下：

第一步，根据〖例 3-10〗中的资料 1，开设"T"字形总分类账户，登记期初余额（登记方法如图 3-17 所示）。

第二步，根据〖例 3-10〗中的资料 2，分析 6 月份发生的各项经济业务，将其全部登记到"T"字形账户中（登记方法如图 3-17 所示），即过账。

第三步，计算出所有账户的本期借贷方发生额和期末余额（计算过程及结果如图 3-17 所示），即结账。

第四步，编制发生额及余额试算平衡表。根据图 3-17 的资料，编制的该企业 2011 年 6 月 30 日的总分类账户本期发生额及余额试算平衡表如表 3-5 所示。

需要指出的是，试算平衡表只是通过借贷金额是否平衡来检查账户记录是否正确，如果发生额或余额不平衡，说明账户记录或计算一定有错误，而如果借贷平衡可以大体上推断账户的记录是正确的，但并不能肯定说明账户记录没有错误。这是因为有些错误对于借贷双方的平衡关系并不产生影响，因而不能通过试算平衡表来发现。如一笔经济业务的记录全部被重记或漏记；一笔经济业务的借贷双方，在记账时，金额上发生同样的错误；一笔经济业务，在记账时，应借应贷的账户相互颠倒，或误用了账户的名称；一笔经济业务记入借方或贷方的金额偶然一多一少，数额恰好相互抵销等。这些错误都是试算平衡表不能发现的，需要采用其他会计检查方法进行检查。

项目三 会计记账方法——复式记账

借方	库存现金	贷方
期初余额 500		
期末余额 500		

借方	短期借款	贷方
	期初余额 33 000	
④ 10 000		
本期发生额 10 000	本期发生额	
	期末余额 23 000	

借方	应收账款	贷方
期初余额 1 500		
期末余额 1 500		

借方	应付账款	贷方
	期初余额 10 000	
③ 1 000	⑤ 4 000	
本期发生额 1 000	本期发生额 4 000	
	期末余额 13 000	

借方	原材料	贷方
期初余额 71 000		
① 5 000		
⑤ 10 000		
⑥ 5 000		
本期发生额 20 000	本期发生额	
期末余额 91 000		

借方	应付票据	贷方
	③ 1 000	
本期发生额	本期发生额	
	期末余额 1 000	

借方	银行存款	贷方
期初余额 20 000	① 5 000	
② 20 000	④ 10 000	
	⑤ 6 000	
期末本期发生额 20 000	本期发生额 21 000	
期末余额 19 000		

借方	实收资本	贷方
	期初余额 120 000	
	② 20 000	
	⑥ 15 000	
本期发生额	本期发生额 35 000	
	期末余额 155 000	

借方	固定资产	贷方
期初余额 70 000		
⑥ 10 000		
本期发生额 10 000		

图 3-17

表 3-5　　　　　　　　　　总分类账户本期发生额及余额试算平衡表

2011 年 6 月 30 日　　　　　　　　　　　　　　　单位：元

账户名称	期初余额 借方	期初余额 贷方	本期发生额 借方	本期发生额 贷方	期末余额 借方	期末余额 贷方
库存现金	500				500	
银行存款	20 000		20 000	21 000	19 000	
应收账款	1 500				1 500	
原材料	71 000		20 000		91 000	
固定资产	70 000		10 000		80 000	
短期借款		33 000	10 000			23 000
应付票据				1 000		1 000
应付账款		10 000	1 000	4 000		13 000
实收资本		120 000		35 000		155 000
合计	163 000	163 000	61 000	61 000	192 000	192 000

（五）会计分录

1. 会计分录的概念

前述记账规则所列举的各项经济业务，在运用借贷记账法进行会计记录时，都是在分析经济业务引起各会计要素发生增减变动之后，直接记入有关账户之中的。会计实际工作中，由于各单位发生的经济业务种类繁多，内容复杂，如果直接将每项经济业务记入账户，不仅工作量大，而且容易发生错误。为了连续、系统、全面地反映经济业务引起会计要素的增减变化，保证账户记录的完整性和正确性，在运用借贷记账法把经济业务记入有关账户之前，应先分析经济业务的内容，确定应设置的账户名称和这些账户的性质，明确应记入账户的借贷方向和应记的金额，然后再将其登记到有关的账户中去。会计实务中常常把这一分析过程用一种形式表达出来，这种形式在会计上叫会计分录，简称分录。

因此，会计分录是指按照复式记账的要求对某项经济业务应记入的账户名称、应借应贷方向和应登记的金额所做的一种记录。

2. 会计分录的内容

一笔完整的会计分录应包括三个要素，即账户名称（会计科目）、记账方向（借方或贷方）和记账金额。账户名称用来反映经济业务事项的内容，记账方向用以反映经济业务事项引起资金增减变动的方向，记账金额则反映资金变动的数额。

3. 会计分录的分类

会计分录按其所涉及账户的多少，可分为简单会计分录和复合会计分录两种。简单会计分录是只涉及两个账户的会计分录，又称一借一贷的会计分录。复合会计分录是涉及两个以上（不包括两个）账户的会计分录。账户的对应关系可以是一借多贷、一贷多借和多借多贷。但需要指出的是，一笔经济业务事项的发生，是编制简单会计分录还是编制复合会计分录，应以能否清楚地反映经济业务事项内容和账户对应关系，以及满足会计核算要求为原则。但不可将几笔经济业务合并编制"多借多贷"的会计分录。

4．会计分录的编制

编制会计分录是会计核算工作的基础阶段，会计分录的正确与否直接影响账户记录的正确性，乃至影响到会计核算所提供的会计信息的真实性和准确性。编制会计分录可按下列步骤进行：

（1）一项经济业务发生后，首先分析这项经济业务的发生涉及的会计要素是什么，是增加还是减少。

（2）根据会计科目表确定应设置的账户名称；根据涉及的账户性质，确定应记入账户的借方还是贷方。

（3）根据会计要素增减变化的数量确定应登记的金额。

（4）根据借贷记账法的记账规则检查会计分录是否平衡，有无错误。

会计分录的习惯书写格式是先写借方后写贷方；借方和贷方要分行写，并且文字与金额的数字都要错开；在一借多贷或一贷多借以及多借多贷的情况下，要求借方和贷方账户的文字和金额数字必须对齐。其书写格式如下：

借：××科目　　　　　　　　　　　　　　　　　　　　　　　　金额
　　贷：××科目　　　　　　　　　　　　　　　　　　　　　　　金额

根据前述借贷记账法记账规则中所列举的9笔经济业务，编制的会计分录书写形式如下：

【例 3-1】借：原材料　　　　　　　　　　　　　　　　10 000××××
　　　　　　　贷：应付账款　　　　　　　　　　　　　　　　10 000××

【例 3-2】借：银行存款　　　　　　　　　　　　　　　　100 000
　　　　　　　贷：实收资本　　　　　　　　　　　　　　　　100 000

【例 3-3】借：短期借款　　　　　　　　　　　　　　　　20 000
　　　　　　　贷：银行存款　　　　　　　　　　　　　　　　20 000

【例 3-4】借：应付股利　　　　　　　　　　　　　　　　10 000
　　　　　　　贷：库存现金　　　　　　　　　　　　　　　　10 000

【例 3-5】借：库存现金　　　　　　　　　　　　　　　　10 000
　　　　　　　贷：银行存款　　　　　　　　　　　　　　　　10 000

【例 3-6】借：应付账款　　　　　　　　　　　　　　　　200 00
　　　　　　　贷：短期借款　　　　　　　　　　　　　　　　200 00

【例 3-7】借：资本公积　　　　　　　　　　　　　　　　10 000
　　　　　　　贷：实收资本　　　　　　　　　　　　　　　　10 000

【例 3-8】借：长期借款　　　　　　　　　　　　　　　　100 000
　　　　　　　贷：实收资本　　　　　　　　　　　　　　　　100 000

【例 3-9】借：实收资本　　　　　　　　　　　　　　　　100 000
　　　　　　　贷：应付账款　　　　　　　　　　　　　　　　100 000

以上均为简单会计分录的编制，下面再举两个例子说明复合会计分录的编制方法。

【例 3-11】企业以银行存款30 000元偿还银行短期借款20 000元和前欠某单位货款10 000元。

分析：这一经济业务事项，使企业的资产银行存款减少30 000元，负债短期借款和应付账款分别减少20 000元和10 000元。其会计分录为：

　　借：短期借款　　　　　　　　　　　　　　　　　　　　　　20 000
　　　　应付账款　　　　　　　　　　　　　　　　　　　　　　10 000
　　　　贷：银行存款　　　　　　　　　　　　　　　　　　　　　　30 000
　　或：
　　借：短期借款　　　　　　　　　　　　　　　　　　　　　　20 000
　　　　贷：银行存款　　　　　　　　　　　　　　　　　　　　　　20 000
　　借：应付账款　　　　　　　　　　　　　　　　　　　　　　10 000
　　　　贷：银行存款　　　　　　　　　　　　　　　　　　　　　　10 000

【例3-12】企业购入一台设备价值75 000元，其中以银行存款支付50 000元，其余暂欠。

　　分析：这一经济业务事项，使企业的资产固定资产增加75 000元，使资产银行存款减少50 000元，负债应付账款增加25 000元。其会计分录为：

　　借：固定资产　　　　　　　　　　　　　　　　　　　　　　75 000
　　　　贷：银行存款　　　　　　　　　　　　　　　　　　　　　　50 000
　　　　　　应付账款　　　　　　　　　　　　　　　　　　　　　　25 000
　　或：
　　借：固定资产　　　　　　　　　　　　　　　　　　　　　　50 000
　　　　贷：银行存款　　　　　　　　　　　　　　　　　　　　　　50 000
　　借：固定资产　　　　　　　　　　　　　　　　　　　　　　25 000
　　　　贷：应付账款　　　　　　　　　　　　　　　　　　　　　　25 000

　　应当指出，会计分录是在教学中常用的反映经济业务变化情况的会计核算形式，在实际工作中，会计分录是反映在记账凭证上的。记账凭证是会计凭证的一种，有关内容将在项目五会计核算依据中加以介绍。

内容三　总分类账户与明细分类账户的平行登记

一、总分类账户与明细分类账户的关系

　　前已述及，在会计核算工作中，为了适应企业经营管理和决策的需要，会计记录既要提供综合的、总括的会计信息，又要提供具体而详细的会计信息。因此，用于记录经济业务的账户按其提供会计信息的详细程度不同，将其分为总分类账户和明细分类账户两类。

　　总分类账户是根据总分类科目设置的，用来提供总括核算资料的账户。通过总分类账户提供的各种总括核算资料，可以概括地了解一个会计主体各会计要素的增减变动情况和结果。但是，总分类账户不能提供各项会计要素增减变动过程及其结果的详细资料，难以满足经营管理和决策的需要，因此，各会计主体在设置总分类账户的同时，还应根据实际的需要，设置明细分类账户。明细分类账户是根据明细分类科目设置的，用来提供详细核算资料的账户。通过明细分类账户提供的各种详细核算资料，可以详细地了解一个会计主体各会计要素的增减变动情况和结果。

在会计核算工作中,为了满足企业经营管理及各方面对会计信息的需要,对于发生的经济业务,不仅要通过总分类账户提供总括的核算资料,而且要通过明细分类账户提供详细的核算资料,这样总分类账户和明细分类账户之间必然形成密切的关系。两者的关系是:总分类账户及其所属的明细分类账户记录相同的经济业务内容,总分类账户提供的是总括的核算资料,明细分类账户提供的是详细的核算资料。总分类账户是所属明细分类账户的总括,对所属明细分类账户起着统驭和控制的作用,因此,总分类账户也称统驭账户。而明细分类账户是总分类账户的明细记录,对总分类账户起着辅助和补充作用,因此,明细分类账户也称从属账户。

二、总分类账户与明细分类账户的平行登记

虽然总分类账户提供的总括指标统驭着明细分类账户,但在账务处理上,它们是平行的关系,应当平行地进行登记。所谓平行登记,就是记入总分类账户和明细分类账户的资料,都以会计凭证为依据,而且根据会计凭证在总分类账户和明细分类账户中记录经济业务,必须独立地、互不依赖地进行。通过平行登记,并相互核对,才能保证总分类账户的记录与明细分类账户的记录形成统驭和被统驭的关系,才能及时检查错误和更正错误。

下面分别以"原材料"和"应付账款"两个账户为例,说明总分类账户及其所属明细分类账户的平行登记方法。

(1)"原材料"总分类账户及其所属明细分类账户的平行登记。

假设某工厂"原材料"总分类账户及其所属明细分类账户的月初余额如下:

甲材料 50 吨,每吨 200 元,明细账户借方余额	共计 10 000 元
乙材料 200 件,每件 500 元,明细账户借方余额	共计 100 000 元
原材料总账借方余额	110 000 元

该企业本期有关材料的收入和发出业务如下:

【例 3-13】购入下列各种材料,货已验收入库,款尚未支付。

甲材料 40 吨	每吨 200 元	共计 8 000 元
乙材料 100 件	每件 500 元	共计 50 000 元
丙材料 20 箱	每箱 500 元	共计 10 000 元
合计		68 000 元

应作如下会计分录:

借:原材料——甲材料	8 000
——乙材料	50 000
——丙材料	10 000
贷:应付账款	68 000

【例 3-14】仓库发出以下原材料,投入生产:

甲材料 60 吨	每吨 200 元	计 12 000 元
乙材料 150 件	每件 500 元	计 75 000 元
丙材料 8 箱	每箱 500 元	计 4 000 元
合计		91 000 元

应作如下会计分录：

借：生产成本　　　　　　　　　　　　　　　　　　　　　91 000
　　贷：原材料——甲材料　　　　　　　　　　　　　　　　12 000
　　　　　　　——乙材料　　　　　　　　　　　　　　　　75 000
　　　　　　　——丙材料　　　　　　　　　　　　　　　　 4 000

根据上述月初余额资料和会计分录，在"原材料"总分类账户及其所属的"甲材料"、"乙材料"和"丙材料"三个明细分类账户中进行登记的程序如下：

① 将原材料的期初余额 110 000 元，记入"原材料"总分类账户的余额栏，并标明余额方向为"借"，同时，在"甲材料"和"乙材料"明细分类账户的借方分别登记甲、乙两种材料的期初结存数量和金额，并注明计量单位和单价。

② 将本期入库材料总额 68 000 元，记入"原材料"总分类账户的借方；同时，将入库的甲、乙、丙三种材料的数量、金额分别记入有关明细账的借方。

③ 将本期发出材料总额 91 000 元，记入"原材料"总分类账户的贷方；同时，将发出的甲、乙、丙三种材料的数量、金额分别记入有关明细账的贷方。

④ 期末，根据"原材料"总分类账户及其所属的"甲材料"、"乙材料"和"丙材料"三个明细分类账户的记录，结出本期发生额和期末余额。

根据上述步骤，在"原材料"总分类账户及其所属的明细分类账户中进行登记的结果，如表3-6、表3-7、表3-8、表3-9 所示。

表 3-6　　　　　　　　　　　　　　　总分类账

账户名称：原材料　　　　　　　　　　　　　　　　　　　　　　　　　单位：元

年		凭证号数	摘要	借方	贷方	借或贷	余额
月	日						
略	略	略	期初余额			借	110 000
			购入材料	68 000		借	178 000
			发出生产用材料		91 000	借	87 000
			本期发生额及余额	68 000	91 000	借	87 000

表 3-7　　　　　　　　　　　　　"原材料"明细分类账户

明细账名称：甲材料　　　　　　　　　　　　　　　　　　　　金额单位：元；计量单位：吨

年		凭证号数	摘要	收入			发出			结存		
月	日			数量	单价	金额	数量	单价	金额	数量	单价	金额
			期初余额							50	200	10 000
			购入材料	40	200	8 000				90	200	18 000
			发出材料				60	200	12 000	30	200	6 000
			本期发生额及余额	40	200	8 000	60	200	12 000	30	200	6 000

表 3-8　　　　　　　　　　　　　　"原材料"明细分类账户

明细账名称：乙材料　　　　　　　　　　　　　　　　　　　　　　金额单位：元；计量单位：件

年		凭证号数	摘要	收入			发出			结存		
月	日			数量	单价	金额	数量	单价	金额	数量	单价	金额
			期初余额							200	500	100 000
			购入材料	100	500	50 000				300	500	150 000
			发出材料				150	500	75 000	150	500	75 000
			本期发生额及余额	100	500	50 000	150	500	75 000	150	500	75 000

表 3-9　　　　　　　　　　　　　　"原材料"明细分类账户

明细账名称：丙材料　　　　　　　　　　　　　　　　　　　　　　　　　　　　　　单位：元

年		凭证号数	摘要	收入			发出			结存		
月	日			数量	单价	金额	数量	单价	金额	数量	单价	金额
			购入材料	20	500	10 000				20	500	10 000
			发出材料				8	500	4 000	12	500	6 000
			本期发生额及余额	20	500	10 000	8	500	4 000	12	500	6 000

（2）"应付账款"总分类账户及其所属明细分类账户的平行登记。

假设某企业"应付账款"总分类账户及其所属明细分类账户的月初余额如下：

　　A 工厂　　　　　明细账户贷方余额　　　　　40 000 元
　　B 工厂　　　　　明细账户贷方余额　　　　　 6 000 元
　　C 工厂　　　　　明细账户贷方余额　　　　　 4 000 元
　　应付账款总账贷方余额　　　　　　　　　　 50 000 元

【例 3-15】企业向银行借入短期借款直接偿还前欠 A 工厂货款 30 000 元，B 工厂货款 4 000 元。

应作如下会计分录：

借：应付账款——A 工厂　　　　　　　　　　　　　　　　　　　　　30 000
　　　　　　　——B 工厂　　　　　　　　　　　　　　　　　　　　　 4 000
　　贷：短期借款　　　　　　　　　　　　　　　　　　　　　　　　34 000

【例 3-16】向下列单位购入材料，货款尚未支付。

　　A 工厂　　　　　　　　　　　　10 000 元
　　B 工厂　　　　　　　　　　　　40 000 元
　　C 工厂　　　　　　　　　　　　10 000 元
　　合计　　　　　　　　　　　　　60 000 元

应作如下会计分录：

借：原材料　　　　　　　　　　　　　　　　　　　　　　　　　　　60 000
　　贷：应付账款——A 工厂　　　　　　　　　　　　　　　　　　　　10 000
　　　　　　　　——B 工厂　　　　　　　　　　　　　　　　　　　　40 000
　　　　　　　　——C 工厂　　　　　　　　　　　　　　　　　　　　10 000

【例 3-17】 企业以银行存款偿还前欠 A 工厂货款 15 000 元、B 工厂货款 40 000 元以及 C 工厂货款 10 000 元。

应作如下会计分录：

借：应付账款——A 工厂	15 000
——B 工厂	40 000
——C 工厂	10 000
贷：银行存款	65 000

根据以上资料将期初余额在"应付账款"总分类账户及其所属明细分类账户中进行登记，然后将本期发生的与有关单位往来结算业务分别记入"应付账款"总分类账户及其所属明细分类账户中，并结出本期发生额和期末余额，如表 3-10、表 3-11、表 3-12、表 3-13 所示。

表 3-10　　　　　　　　　　　　　　总分类账

账户名称：应付账款　　　　　　　　　　　　　　　　　　　　　　　单位：元

年		凭证号数	摘要	借方	贷方	借或贷	余额
月	日						
略	略	略	期初余额			贷	50 000
			偿还货款	34 000		贷	16 000
			欠购货款		60 000	贷	76 000
			偿还货款	65 000		贷	11 000
			本期发生额及余额	99 000	60 000	贷	11 000

表 3-11　　　　　　　　　　　　"应付账款"明细分类账

明细账户名称：A 工厂　　　　　　　　　　　　　　　　　　　　　　单位：元

年		凭证号数	摘要	借方	贷方	借或贷	余额
月	日						
略	略	略	期初余额			贷	40 000
			偿还货款	30 000		贷	10 000
			欠购货款		10 000	贷	20 000
			偿还货款	15 000		贷	5 000
			本期发生额及余额	45 000	10 000	贷	5 000

表 3-12　　　　　　　　　　　　"应付账款"明细分类账

明细账户名称：B 工厂　　　　　　　　　　　　　　　　　　　　　　单位：元

年		凭证号数	摘要	借方	贷方	借或贷	余额
月	日						
略	略	略	期初余额			贷	6 000
			偿还货款	4 000		贷	2 000
			欠购货款		40 000	贷	42 000
			偿还货款	40 000		贷	2 000
			本期发生额及余额	44 000	40 000	贷	2 000

表 3-13　　　　　　　　　　　　　"应付账款"明细分类账

明细账户名称：C 工厂　　　　　　　　　　　　　　　　　　　　　　　　　　单位：元

年		凭证号数	摘要	借方	贷方	借或贷	余额
月	日						
略	略	略	期初余额			贷	4 000
			欠购货款		10 000	贷	14 000
			偿还货款	10 000		贷	4 000
			本期发生额及余额	10 000	10 000	贷	4 000

从上述的登记过程可以总结出总分类账户与明细分类账户平行登记的要点如下：

（1）同期间登记，即登记的会计期间一致。对于发生的经济业务，在同一会计期间内，一方面要在有关总分类账户中进行总括的登记；另一方面要在其所属的明细分类账户中进行详细登记。如果同时涉及多个明细分类账户，则应分别在有关的几个明细分类账户中进行登记。

（2）同方向登记，即登记的方向相同。对于发生的经济业务，在总分类账户和所属的明细分类账户登记时，其记账方向（借方或贷方）必须相同。即如果在有关的总分类账户中登记借方，则在其所属的明细分类账户中也应登记借方；如果在有关的总分类账户中登记贷方，则在其所属的明细分类账户中也应登记贷方。

（3）同金额登记，即登记的金额相等。对于发生的经济业务，记入有关总分类账户中的金额与记入其所属明细分类账户中的金额必须相等。如果一个总分类账户需要设置多个明细分类账户，则记入总分类账户中的金额与记入其所属的几个明细分类账户中的金额之和应当相等。

为了便于核对，可以根据某一总分类账户所属明细分类账户的记录分别编制明细分类账户本期发生额及余额表。例如，根据上面列示的"原材料"和"应付账款"明细分类账户的记录，分别编制本期发生额及余额表，如表 3-14、表 3-15 所示。

表 3-14　　　　　　　　　　　"原材料"总分类账户及所属明细分类账

账户发生额及余额表　　　　　　　　　　　　　　　　　　　　　　　　　　　单位：元

明细分类账户	计量单位	单价	期初结存		本期发生额				期末结存	
			数量	金额	收入		发出		数量	金额
					数量	金额	数量	金额		
甲材料	吨	200	50	10 000	40	8 000	60	12 000	30	6 000
乙材料	件	500	200	100 000	100	50 000	150	75 000	150	75 000
丙材料	箱	500			20	10 000	8	4 000	12	6 000
				110 000		68 000		91 000		87 000

表 3-15　　　　　　　　　　"应付账款"总分类账户及所属明细分类账

账户发生额及余额表　　　　　　　　　　　　　　　　　　　　　　　　　单位：元

明细账户名称	期初余额 借方	期初余额 贷方	本期发生额 借方	本期发生额 贷方	期末余额 借方	期末余额 贷方
A 工厂		40 000	45 000	10 000		5 000
B 工厂		6 000	44 000	40 000		2 000
C 工厂		4 000	10 000	10 000		4 000
合计		50 000	99 000	60 000		11 000

将以上两表各栏合计金额，分别与"原材料"和"应付账款"总分类账户的期初余额、本月借方发生额、本月贷方发生额和期末余额核对。

平行登记的结果表明：

（1）总分类账户期初余额等于所属明细分类账户的期初余额之和。

（2）总分类账户本期借方发生额等于所属明细分类账户的借方发生额之和。

（3）总分类账户本期贷方发生额等于所属明细分类账户的贷方发生额之和。

（4）总分类账户的期末余额等于所属明细分类账户的期末余额之和。

根据总分类账户和明细分类账户的有关数字必然相等的关系，可以采用相互核对的方法来检查账簿登记是否正确、完整。如果有关数字不等，表明账簿登记有差错，必须查明原因，加以更正。

项目四　复式记账法的运用
——制造企业主要经济业务的核算

【开篇导读】

在前面的部分，我们介绍了账户和复式记账的基本原理，但是账户与复式记账毕竟是一种技术性的方法，其基本原理不是对社会现象的理论抽象，而是对账户与复式记账的使用方法和使用规则所进行的总结和归纳，为了全面、完整地理解账户与复式记账，我们将进一步学习账户与复式记账的具体运用。

由于各种企业、单位的工作任务和经济活动的性质并不相同，相比较而言，制造企业的经济活动过程业务频繁，具有代表性，能够比较典型地反映一个企业的经济活动过程，因此，复式记账的运用主要以制造企业的经济业务核算为例来说明。

内容一　制造企业主要生产经营过程概述

一、制造企业的含义及其基本任务

企业是一种具有不同规模的组织，包括工业企业（即制造企业）、商品流通企业、金融企业、建筑企业、服务企业和其他企业等多种类型。所谓制造企业，是指按照市场经济的要求，自主经营、自负盈亏、自我发展、自我约束的产品生产和经营单位。其基本任务是在国家宏观调控指导下，根据市场经济需求组织产品生产，以满足社会生产和人民生活消费的需要，同时通过开展生产经营活动获取利润，为国家提供财政收入并满足企业自身发展的需要。

二、制造企业的主要经济业务内容

制造企业是产品的生产经营单位，其完整的生产经营过程由供应过程、生产过程和销售过程所构成。企业为了进行其生产经营活动，生产出适销对路的产品，就必须拥有一定数量的经营资金，而这些经营资金都是从一定的来源渠道取得的。首先，企业要从各种渠道筹集生产经营所需要的资金，其筹资的渠道主要包括接受投资人的投资和向债权人借入各种款项。资金筹集业务的完成意味着资金投入企业，因而，企业可以运用筹集到的资金开展正常的经营业务，进入供、产、销过程。

企业筹集到的资金最初一般表现为货币资金形态，也可以说，货币资金形态是资金运动的起点。企业筹集到的资金首先进入供应过程。供应过程是企业产品生产的准备过程，在这个过程中，企业用货币资金购买机器设备等劳动资料形成固定资金，购买原材料等劳动对象形成储备资金，为生产产品做好物资上的准备，货币资金分别转化为固定资金形态和储备资金形态。由于固定资产一旦购买完成将长期供企业使用，因而供应过程日常的主要活动内容是用货币资金（或形成结算债务）购买原材料的业务，包括支付材料价款和税款、发生采购费用、计算采购成本、材料验收入库结转成本等，完成了供应过程，为生产产品做好了各项准备，企业的经营活动进入生产过程。

生产过程是制造业企业经营过程的中心环节。在生产过程中，劳动者借助劳动资料对劳动对象进行加工，生产出各种各样适销对路的产品，以满足社会的需要。生产过程既是产品的制造过程，又是物化劳动和活劳动的耗费过程，即费用、成本的发生过程。从消耗或加工对象的实物形态及其变化过程看，原材料等劳动对象通过加工形成在产品，随着生产过程不断进行，在产品终究要转化为产成品；从价值形态来看，生产过程中发生的各种耗费，形成企业的生产费用。具体而言，为生产产品要耗费材料形成材料费用，耗费活劳动形成工资及福利等费用，使用厂房、机器设备等劳动资料形成折旧费用，等等。生产过程中发生的这些生产费用总和构成所生产的一定数量和质量产品的生产成本（或称制造成本）。其资金形态从固定资金、储备资金和一部分货币资金形态转化为生产资金形态，随着生产过程的不断进行，产成品生产出来并验收入库之后，其资金形态又转化为成品资金形态。因而生产过程的主要业务活动是生产费用的发生、归集和分配，以及完工产品生产成本的计算等。

产品生产出来还不是制造企业生产的最终目的，要实现其价值，还需要将产品销售出去，所以制造企业经营活动的下一过程是销售过程。在销售过程中，企业通过销售产品，并按照销售价格与购买单位办理各种款项的结算，收回货款或形成债权，从而使成品资金形态转化为货币资金形态，回到了资金运动的起点状态，完成了一次资金的循环。另外，销售过程中还要发生各种诸如包装、广告等销售费用，计算并及时缴纳各种销售税金，结转销售成本等内容。

对于制造业企业而言，生产产品并销售产品是其主要的经营业务即主营业务，除此之外，制造业企业还会发生诸如销售材料、出租固定资产等其他业务，对外投资业务，非营业活动中发生的各项业务等。企业在生产经营过程中所获得的各项收入遵循配比原则抵偿了各项成本、费用之后的差额，形成企业的所得即利润。企业实现的利润，一部分要以所得税的形式上缴国家，形成国家的财政收入；另一部分即税后利润，要按照规定的分配顺序在各有关方面进行合理的分配。通过利润分配，一部分资金要退出企业，一部分资金要以公积金等形式继续参加企业的资金周转。资金在企业的循环周转如图 4-1 所示。

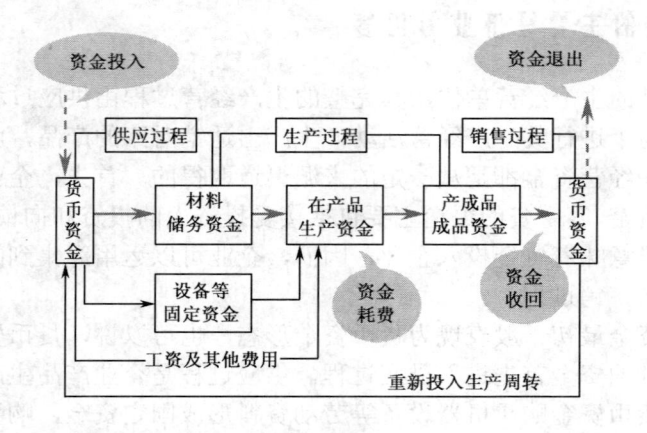

图 4-1 产品制造业企业资金循环周转图

综合上述内容，制造企业在经营过程中发生的主要经济业务内容包括：（1）资金筹集业务；（2）供应过程业务；（3）生产过程业务；（4）产品销售过程业务；（5）财务成果形成与分配业务。下面我们就以制造业企业在生产经营过程中所发生的上述各种主要的经济业务来说明如何运用复式记账法对其进行会计核算。

内容二　资金筹集业务的核算

资金筹集是指企业根据其生产经营的需要，通过各种渠道从金融市场筹集企业所需资金的过程。资金筹集是企业资金运动的起点，也是企业生产经营活动的首要条件。对于一个企业而言，其资金来源一般有两条渠道：一是投资人（所有者）的投资及其增值，形成所有者权益，即实收资本（股份公司称股本）和资本公积。该部分业务可以称为权益资金筹集业务。二是企业向债权人借入的，形成债权人的权益，即负债。该部分业务可以称为负债资金筹集业务。

一、权益资金筹集业务的核算

企业从投资人处筹集到的资金形成企业所有者权益的重要组成部分，企业的所有者权益包括实收资本（或股本）、资本公积、盈余公积和未分配利润四部分。其中实收资本（或股本）和资本公积是所有者直接投入企业的资本和资本溢价等，一般也将实收资本（或股本）和资本公积称为投入资本；盈余公积和未分配利润则是企业在经营过程中所实现的利润留存于企业的部分。在内容二中我们只介绍实收资本（或股本）和资本公积的核算，至于盈余公积和未分配利润将在本章的内容五中进行阐述。

（一）实收资本（或股本）的核算

1. 实收资本（或股本）的含义

实收资本（或股本）是指企业的投资者按照企业的章程或合同、协议的约定实际投入企业的资本金。实收资本（或股本）是开办企业的本钱，是企业所有者权益（或股东权益）的基本组成部分，也是企业设立的基本条件之一。我国目前实行的是注册资本金制度，要求企业的实收资本与注册资本相一致。注册资本是企业在工商行政管理部门登记注册的资本。我国法律规定，设立企业必须拥有一定数额的资本金，而且投资者投入企业的资本金应当受到保全，除法律、法规另有规定外，投资者不得抽回。

2. 实收资本（或股本）的分类

实收资本按投资主体的不同分类，可分为国家资本金、法人资本金、个人资本金和外商资本金四种。国家资本金是指有权代表国家的政府部门或者机构，以国有资产投入企业形成的资本金；法人资本金是其他法人单位以其依法可以支配的资产投入企业形成的资本金；个人资本金是社会个人包括本企业职工以个人合法财产投入企业形成的资本金；外商资本金是外国及我国港、澳、台地区的投资者投资而形成的资本金。

实收资本按投入资本的物质形态不同，可分为货币投资、实物投资和无形资产投资等。货币投资是企业收到的投资者直接以货币形式投入的资本；实物投资是企业收到的投资人以设备、材料、商品等实物资产投入的资本；无形资产投资是企业收到的投资人以专利权、土地使用权、商标权等无形资产投入的资本。

3．实收资本（或股本）入账价值的确定

企业的实收资本按投资者实际投资数额入账，即投资者以现金投入的资本，应当以实际收到或者存入企业开户银行的金额作为实收资本入账；投资者以非现金资产投入的资本，应按投资各方确认的价值（双方作价不公允的除外）作为实收资本入账。投资者按照出资比例或合同、章程的规定，分享企业利润和承担企业风险。股份有限公司应当在核定的股份总额的范围内发行股票，并按股票面值和核定的股份总额的乘积计算的金额，作为股本的入账价值。

4．实收资本（或股本）核算

企业应设置"实收资本"账户，用来核算企业投资者投入资本的增减变动及其结果。该账户属于所有者权益类，其贷方登记企业实际收到的投资者投入的资本金；借方登记依法定程序减少的资本金数额；期末余额在贷方，反映企业实有的资本数额。本账户应按投资者设置明细分类账户，进行明细分类核算。股份有限公司则设置"股本"账户，核算投资者投入的资本。其账户的结构如下：

借方	实收资本（股本）	贷方
实收资本或股本的减少额		实收资本或股本的增加额
		期末余额：实收资本或股本的实有额

企业收到投资者投入的资本超过其在注册资本所占份额的部分，作为资本溢价或股本溢价，确认为企业的资本公积，而不应确认为企业的实收资本或股本。

【例4-1】2011年1月1日，甲公司收到国家投入的货币资金200 000元，款项已存入银行。

该经济业务的发生，引起企业资产要素和所有者权益要素发生变化。一方面，企业的银行存款增加200 000元；另一方面，国家对该企业的投资也增加200 000元。因此，该经济业务涉及"银行存款"和"实收资本"两个账户。银行存款的增加，应记入"银行存款"账户的借方；国家对该公司的投资所增加的所有者权益，则应记入"实收资本"账户的贷方，入账金额应为实际存入企业开户银行的金额。会计分录为：

借：银行存款　　　　　　　　　　　　　　　　　　　　　　200 000
　　贷：实收资本　　　　　　　　　　　　　　　　　　　　　200 000

【例4-2】2011年1月5日，甲公司收到乙公司投入原材料一批，双方作价10 000元。

该项经济业务的发生，引起企业资产要素和所有者权益要素发生变化。一方面该公司的原材料增加 10 000 元；另一方面企业法人对该公司的投资也增加 10 000 元。因此，该业务涉及"原材料"和"实收资本"两个账户。原材料的增加应记入"原材料"账户的借方，企业法人对该公司的投资应记入"实收资本"账户的贷方，入账价值应为投资各方确认的价值。会计分录为：

　　借：原材料　　　　　　　　　　　　　　　　　　　　　　　　10 000
　　　　贷：实收资本　　　　　　　　　　　　　　　　　　　　　　　　10 000

【例 4-3】2011 年 1 月 10 日，甲公司收到丙公司投入的新设备一台，设备的价值为 150 000 元。

该项经济业务的发生，引起企业资产要素和所有者权益要素发生变化。一方面该公司的固定资产增加 150 000 元；另一方面企业法人对该公司的投资也增加 150 000 元。因此，该业务涉及"固定资产"和"实收资本"两个账户。固定资产的增加应记入"固定资产"账户的借方，企业法人对该公司的投资应记入"实收资本"账户的贷方，入账价值应为投资各方确认的价值。会计分录为：

　　借：固定资产　　　　　　　　　　　　　　　　　　　　　　　150 000
　　　　贷：实收资本　　　　　　　　　　　　　　　　　　　　　　　　150 000

【例 4-4】2011 年 1 月 20 日，甲公司收到丁公司投入的一项土地使用权，土地使用权价值为 600 000 元。

该项经济业务的发生，引起企业资产要素和所有者权益要素发生变化。一方面该公司的无形资产增加 600 000 元；另一方面企业法人对该公司的投资也增加 600 000 元。因此，该业务涉"无形资产"和"实收资本"两个账户。无形资产的增加应记入"无形资产"账户的借方，企业法人对该公司的投资应记入"实收资本"账户的贷方，入账价值应为投资各方确认的价值。会计分录为：

　　借：无形资产　　　　　　　　　　　　　　　　　　　　　　　600 000
　　　　贷：实收资本　　　　　　　　　　　　　　　　　　　　　　　　600 000

（二）资本公积的核算

1. 资本公积的含义

资本公积是指投资者或者他人投入到企业的所有权归属于投资者，但不构成实收资本的那部分资本。

2. 资本公积的内容

资本公积包括资本（或股本）溢价和其他资本公积。

资本溢价是指投资者缴付企业的出资额大于该投资者在企业注册资本中所占有份额的数额。股本溢价是指股份有限公司溢价发行股票时实际收到的款项超过股票面值总额的部分。

其他资本公积是指除资本溢价（或股本溢价）项目以外所形成的资本公积，其中主要是直接计入所有者权益的利得或损失（基础会计课程中不作介绍）。

3. 资本公积核算

企业应设置"资本公积"账户，用来核算企业资本公积的增减变动及其结果。该账户属于所有者权益类，其贷方登记资本公积的增加数；借方登记资本公积的减少数；期末余额在贷方，反映企业实有的资本公积数额。本账户应按资本公积的内容设置明细分类账户，进行明细分类核算。其账户的结构如下：

借方	资本公积	贷方
资本公积的减少额		资本公积的增加额
		期末余额：资本公积的实有额

【例 4-5】某公司原由甲、乙两个投资者组成，在"实收资本"账户上甲、乙各有 1 000 万元资本，由于该公司有效经营，盈利水平不断提高，丙想加入该企业。经协商，丙出资 1 400 万元拥有 1/3 的股份，"实收资本"账户丙的投资为 1 000 万元，资本溢价为 400 万元。

该经济业务的发生，引起企业资产要素和所有者权益要素发生变化。一方面，企业的银行存款增加 1 400 万元；另一方面，企业的实收资本增加 1 000 万元，企业的资本溢价增加 400 万元。银行存款的增加，应记入"银行存款"账户的借方；实收资本的增加，应记入"实收资本"账户的贷方；资本溢价的增加则应记入"资本公积"账户的贷方。会计分录为：

借：银行存款　　　　　　　　　　　　　　　　　　　14 000 000
　　贷：实收资本　　　　　　　　　　　　　　　　　　10 000 000
　　　　资本公积——股本溢价　　　　　　　　　　　　 4 000 000

【例 4-6】宏达股份有限公司于 2011 年 10 月 31 日公开发行股票 2 000 万股，股票面值为 1 元，实际筹得资金 2 800 万元，款项存入银行。

该经济业务的发生，引起企业资产要素和所有者权益要素发生变化。一方面，企业的银行存款增加 2 800 万元；另一方面，企业的股本增加 2 000 万元（1 元/股×2 000 万股），企业的股本溢价增加 800 万元（2 800 万元－2 000 万元）。银行存款的增加，应记入"银行存款"账户的借方；股本的增加，应记入"股本"账户的贷方；股本溢价的增加则应记入"资本公积"账户的贷方。会计分录为：

借：银行存款　　　　　　　　　　　　　　　　　　　28 000 000
　　贷：股本　　　　　　　　　　　　　　　　　　　　20 000 000
　　　　资本公积——股本溢价　　　　　　　　　　　　 8 000 000

二、负债资金筹集业务的核算

企业从债权人那里筹集到的资金形成企业的负债，它表示债权人对企业资产的要求权即债权人权益。企业为了取得生产经营所需资金，可以向银行或金融机构借款，也可以向其他单位赊购材料、商品等，形成企业同其他单位之间的债权债务关系。其中企业负债的主要来源是向银行或其他金融机构的借款。这里只介绍向银行或其他金融机构借款的核算。企业向银行或其他金融机构的借款按照偿还期的长短分为短期借款和长期借款。

（一）短期借款的核算

短期借款是企业向银行或其他金融机构借入的还款期限在1年以内（包括1年）的各种借款。短期借款一般是企业为维持正常的生产经营所需要的资金而借入的，或者为抵偿某项债务而借入的。短期借款是企业的一项主要负债，其债权人一般为银行或其他金融机构。

1. 短期借款核算设置的账户

企业应设置"短期借款"账户，用来核算企业向银行或其他金融机构借入的期限在1年以下（含1年）的各种借款（借入的期限在1年以上的各种借款不在本账户核算）。该账户属负债类账户，其贷方登记借入的各种短期借款；借方登记归还的短期借款；期末余额在贷方，表示企业期末尚未归还的短期借款的本金。该账户应按债权人设置明细账，并按借款种类进行明细分类核算。其账户的结构如下：

借方	短期借款	贷方
短期借款本金的偿还（减少）	短期借款本金的取得（增加）	
	期末余额：短期借款本金结余额	

企业取得的短期借款必须按时归还本金并应按期支付利息。短期借款的利息支出属于企业在经营活动中为筹集资金而发生的一项耗费，在会计核算中应当直接计入当期财务费用，单独在"财务费用"账户中核算。由于短期借款利息的支付方式和支付时间不同，会计处理方法也不同。如果银行对企业的短期借款按月计收利息，或者虽然在借款到期收回本金时一并收回利息，但利息数额不大，企业可以在收到银行的计息通知或在实际支付利息时，直接将发生的利息费用计入当期损益（财务费用）；如果银行对企业的短期借款采取按季或半年等较长时间计收利息，或者是在借款到期收回本金时一并计收利息且数额较大的，企业对借款利息一般采用按月计提的方式计入各月的财务费用，待季度或半年等结息期终了或到期支付利息时一次性支付。平时计提的利息在"应付利息"账户中核算。因此为核算短期借款的利息还要设置"应付利息"、"财务费用"两个账户。其账户的结构如下：

借方	应付利息	贷方
利息的偿还（减少）	利息的计提（增加）	
	期末余额：已计提尚未偿还的利息	

借方	财务费用	贷方
发生的费用：利息支出	利息收入	
手续费	期末转入"本年利润"	
汇兑损失	账户的财务费用额	

2. 短期借款的核算

【例 4-7】 甲公司于 2011 年 7 月 1 日向银行借入一笔款项，金额 750 000 元，期限为 6 个月，年利率为 6%，所得款项已存入银行。

该项经济业务的发生，引起企业资产要素和负债要素发生变化。一方面企业的银行存款增加 750 000 元；另一方面企业的短期借款也增加 750 000 元。因此，该业务涉及企业的"银行存款"和"短期借款"两个账户。银行存款的增加应记入"银行存款"账户的借方，短期借款的增加则记入"短期借款"账户的贷方。会计分录为：

借：银行存款　　　　　　　　　　　　　　　　　　　750 000
　　贷：短期借款　　　　　　　　　　　　　　　　　　　750 000

【例 4-8】 承前例，假如上述甲公司取得的短期借款的利息按季度结算，计算本月短期借款利息 3 750 元（750 000 ×6%÷12）。（注：短期借款利息的计算公式为：短期借款利息＝借款本金×利率×时间）

该项经济业务的发生，引起费用要素和负债要素发生变化。一方面企业本月的财务费用增加 3 750 元；另一方面企业的应付利息也增加 3 750 元。因此，该业务涉及企业的"财务费用"和"应付利息"两个账户。财务费用的增加应记入"财务费用"账户的借方，计提利息费用的增加则记入"应付利息"账户的贷方。会计分录为：

借：财务费用　　　　　　　　　　　　　　　　　　　3 750
　　贷：应付利息　　　　　　　　　　　　　　　　　　　3 750

8 月份的利息计算和会计处理方法与 7 月份的相同。

【例 4-9】 2011 年 9 月 30 日甲公司收到银行的结息通知，第三季度的短期借款利息 11 250 元已从结算存款户中支付。

该项经济业务的发生，引起企业费用、负债和资产要素发生变化。一方面本月财务费用增加 3 750 元，计提的利息费用减少 7 500 元；另一方面银行存款减少 11 250 元。因此，该项业务涉及"财务费用"、"应付利息"和"银行存款"三个账户。财务费用的增加应记入"财务费用"账户的借方，计提利息费用的减少应记入"应付利息"账户的借方，银行存款的减少则记入"银行存款"账户的贷方。会计分录为：

借：财务费用　　　　　　　　　　　　　　　　　　　3 750
　　应付利息　　　　　　　　　　　　　　　　　　　7 500
　　贷：银行存款　　　　　　　　　　　　　　　　　　11 250

【例 4-10】 2011 年 12 月 31 日甲公司用银行存款 750 000 元偿还到期的短期借款。

该项经济业务的发生，引起企业资产要素和负债要素发生变化。一方面企业的银行存款减少 750 000 元，另一方面企业的短期借款也减少 750 000 元。因此，该业务涉及企业的"银行存款"和"短期借款"两个账户。银行存款的减少应记入"银行存款"账户的贷方，短期借款的减少则记入"短期借款"账户的借方。会计分录为：

借：短期借款　　　　　　　　　　　　　　　　　　　750 000
　　贷：银行存款　　　　　　　　　　　　　　　　　　　750 000

综上所述，短期借款的会计处理，涉及三个方面的问题：第一，取得贷款；第二，借款利息的计算；第三，归还贷款。企业取得短期借款本金时，借记"银行存款"账户，贷记"短期借款"账户；期末计算借款利息时，借记"财务费用"账户，贷记"银行存款"或"应付利息"账户；偿还借款本金、支付利息时，借记"短期借款"、"应付利息"等账户，贷记"银行存款"账户。

（二）长期借款的核算

长期借款是指企业向银行或其他金融机构借入的期限在1年以上的各种借款。一般而言，企业取得的长期借款主要用于机器设备、厂房等固定资产的购建。在会计核算中，关于长期借款利息费用的处理应分别不同的情况进行。若该项利息支出发生在所购建的固定资产达到预定可使用状态之前，应直接计入所购建的固定资产成本；若发生在所购建的固定资产达到预定可使用状态之后，则直接计入当期损益（财务费用）。会计上将借款费用计入资产价值的过程，称为借款费用的资本化；将借款费用直接计入当期费用的过程，称为借款费用的费用化。

1. 长期借款核算设置的账户

企业应设置"长期借款"账户，用来核算企业向银行或其他金融机构借入的期限在1年以上（不含1年）的各项借款。该账户属负债类账户，其贷方登记借入的各种长期借款的本金；借方登记归还的借款本金；期末余额在贷方，反映企业尚未偿还的长期借款的本金。"长期借款"账户应按贷款单位设置明细账，并按贷款种类进行明细核算。其账户的结构如下：

借方	长期借款	贷方
长期借款本金的偿还（减少）		长期借款本金的取得（增加）
		期末余额：长期借款本金的结余额

2. 长期借款的核算

【例4-11】 甲公司为购建一条新的生产线（工期2年），于2011年1月1日向银行借入期限为3年的借款，金额为5 000 000元，所得款项已存入银行。

该项经济业务的发生，引起企业资产要素和负债要素发生变化。一方面企业的银行存款增加5 000 000元；另一方面企业的长期借款增加5 000 000元。因此，该业务涉及企业的"银行存款"账户和"长期借款"账户。银行存款的增加应记入"银行存款"账户的借方，长期借款的增加则记入"长期借款"账户的贷方。会计分录为：

借：银行存款　　　　　　　　　　　　　　　　　　　　　　　　5 000 000
　　贷：长期借款　　　　　　　　　　　　　　　　　　　　　　　　5 000 000

【例4-12】 承上例，假如上述借款年利率8%，合同规定到期一次还本付息。计算确定2011年应由该工程负担的借款利息。

长期借款的利息计算方法与短期借款的利息计算方法相同，即2011年的利息为400 000元（5 000 000×8%）。由于该利息发生在固定资产建造工程交付使用前，属于资本化的借款费用，按规定应计入固定资产建造成本。所以，该项经济业务的发生，引起企业资产要素和负债要素发生变化。一方面企业的在建工程成本增加400 000元；另一方面企业的应付利息增加400 000元。因此，该业务涉及企业的"在建工程"账户和"应付利息"账户。在建工程的增加应记入"在建工程"账户的借方，应付利息的增加则记入"应付利息"账户的贷方。会计分录为：

  借：在建工程   400 000
    贷：应付利息   400 000

2012年的利息计算和会计处理方法与2011年相同。

【例4-13】 承前两例，假如甲公司在2013年12月31日归还到期的长期借款本息。

该项经济业务的发生，引起企业资产要素、费用要素和负债要素发生变化。一方面企业的银行存款减少6 200 000元；另一方面企业的长期借款减少5 000 000元，应付利息减少800 000元，财务费用增加400 000元。因此，该业务涉及企业的"银行存款"、"长期借款"、"应付利息"和"财务费用"四个账户。银行存款的减少应记入"银行存款"账户的贷方，长期借款的减少应记入"长期借款"账户的借方，应付利息的减少应记入"应付利息"账户的借方，财务费用的增加应记入"财务费用"账户的借方。会计分录为：

  借：长期借款   5 000 000
    应付利息   800 000
    财务费用   400 000
    贷：银行存款   6 200 000

因此，长期借款业务的会计处理也涉及三个方面的问题：第一，取得贷款；第二，借款利息的计算；第三，归还贷款。企业取得长期借款时，借记"银行存款"账户，贷记"长期借款"账户；计算利息时借记"在建工程"、"财务费用"等账户，贷记"应付利息"账户；偿还借款、支付利息时借记"长期借款"、"应付利息"、"财务费用"账户，贷记"银行存款"账户。

内容三 供应过程业务的核算

供应过程是为生产产品做准备的过程，为了生产产品，就要做好多方面的物资准备工作，如购置厂房、建筑物、机器设备、购入材料等。供应过程业务核算内容主要包括固定资产购置业务的核算和材料采购业务的核算两个方面。

一、固定资产购置业务的核算

（一）固定资产的含义

固定资产是指为生产商品、提供劳务、出租或经营管理而持有的、使用寿命超过一个会计年度的有形资产，包括房屋、建筑物、机器、机械、运输工具及其他与生产经营有关的设备、器具、工具等。

（二）固定资产入账价值的确定

固定资产一般应按取得时的实际成本（即原始价值）作为入账价值。固定资产取得时的实际成本是指企业单位购建固定资产达到预定可使用状态前所发生的一切合理、必要的支出。由于企业可以从各种渠道取得固定资产，不同渠道形成的固定资产，其价值构成的具体内容也不同，所以，固定资产取得时的入账价值应根据具体情况分别确定。企业外购的固定资产，其实际取得成本包括买价、进口关税和其他相关税费以及使固定资产达到预定可使用状态前所发生的可归属于该项资产的其他支出，如运输费、装卸费、保险费、安装费和专业人员服务费等。一般纳税人购入机器设备等固定资产时发生的增值税进项税不计入固定资产的成本，可以在销项税额中予以抵扣。

（三）固定资产购置业务核算设置的账户

企业应设置"固定资产"账户，用来核算企业固定资产的增减变动及其结果。该账户属于资产类，其借方登记增加的固定资产原始价值；贷方登记减少的固定资产原始价值；期末余额在借方，反映企业期末固定资产的账面原值。本账户应按固定资产的种类设置明细分类账户，进行明细分类核算。其账户的结构如下：

借方	固定资产	贷方
增加的固定资产原始价值		减少的固定资产原始价值
期末余额：固定资产的账面原值		

（四）固定资产购置业务的核算

企业购入的固定资产，有的不需要安装就可以投入使用，有的则需要经过安装调试后才能交付使用。如果企业购买的固定资产需要安装，则应先将该固定资产达到预定可使用状态前所发生的一切支出全部记入"在建工程"账户的借方，待固定资产安装完毕，交付使用，达到预定可使用状态时，再将已记入"在建工程"账户借方的金额作为固定资产的原始价值从其贷方转入"固定资产"账户的借方。因此，固定资产购入业务的核算应区分以下两种情况：

1．购入不需要安装的固定资产

【例4-14】甲公司购入不需要安装的设备一台，该设备的买价为300 000元，增值税税率为17%，购置过程中发生包装费5 000元，运输费10 000元，款项用银行存款支付。

此例中所购买的固定资产是一台不需要安装的设备，购买完成之后就意味着达到了预定使用状态，因此该设备的取得成本为366 000元（300 000+300 000×17%+5 000+10 000）。

该项经济业务的发生，引起企业资产和负债要素发生了增减的变化。一方面企业的固定资产增加315 000元，增值税进项税额的增加51 000元；另一方面企业的银行存款减少366 000元。因此，该业务涉及企业的"固定资产"账户、"应交税费——应交增值税（进项税额）"

账户和"银行存款"账户。固定资产的增加记入"固定资产"账户的借方;增值税进项税额的增加应记入"应交税费——应交增值税(进项税额)"账户的借方;银行存款的减少则应记入"银行存款"账户的贷方。会计分录为:

借:固定资产　　　　　　　　　　　　　　　　　　　　　315 000
　　应交税费——应交增值税(进项税额)　　　　　　　　　51 000
　　贷:银行存款　　　　　　　　　　　　　　　　　　　　366 000

2. 购入需要安装的固定资产

【例4-15】甲公司购入需要安装的设备一台,买价500 000元,税金85 000元,包装费5 000元,运杂费等10 000元,设备安装过程中发生安装费用共50 000元,款项均以银行存款支付,设备安装完毕交付使用。

该项经济业务的发生,引起企业资产和负债要素发生了增减的变化。该业务涉及企业的"在建工程"账户、"固定资产"账户、"应交税费——应交增值税(进项税额)"账户和"银行存款"账户。在建工程的增加记入"在建工程"账户的借方;在建工程的减少记入"在建工程"账户的贷方;固定资产的增加记入"固定资产"账户的借方;增值税进项税额的增加应记入"应交税费——应交增值税(进项税额)"账户的借方;银行存款的减少则应记入"银行存款"账户的贷方。有关会计记录如下:

(1)购入固定资产时:

借:在建工程　　　　　　　　　　　　　　　　　　　　　600 000
　　贷:银行存款　　　　　　　　　　　　　　　　　　　　600 000

(2)以存款支付安装费时:

借:在建工程　　　　　　　　　　　　　　　　　　　　　 50 000
　　贷:银行存款　　　　　　　　　　　　　　　　　　　　 50 000

(3)安装完毕交付使用时:

借:固定资产　　　　　　　　　　　　　　　　　　　　　650 000
　　贷:在建工程　　　　　　　　　　　　　　　　　　　　650 000

二、材料采购业务的核算

企业要进行正常的产品生产经营活动,除了具备基本的生产条件以外,还需要一定种类和数量的原材料,企业所需要的原材料通常都是向外单位采购来的。企业为采购一定种类和数量的材料而发生的各项耗费之和,即为该种材料的采购成本。对于制造企业来说,材料采购业务的核算内容主要有三个:一是确定材料的采购成本;二是核算与供应单位的款项结算情况;三是材料到达验收入库。

(一)材料采购成本的确定

按现行制度规定,制造企业材料采购成本包括以下几个方面:
(1)买价,即企业购入材料时实际支付给销货方的商品价款。

（2）附带成本，即企业在购入材料过程中所发生的与材料采购业务有关的各项支出。附带成本主要由以下内容构成：

① 运杂费，包括运输费、装卸费、保险费、包装费、仓储费等。

② 运输途中的合理损耗。

③ 入库前的挑选整理费，主要包括挑选整理过程中发生的工、费支出和必要的损耗，并减去回收的下脚废料价值。

④ 材料采购过程中应负担的其他费用。

（3）税金，即企业在材料采购过程中依法缴纳的各种流转税，如增值税、进口关税、进口消费税等。

目前，我国对企业缴纳的流转税是否计入材料采购成本采用了两种处理方法：一是计入材料成本。我们将计入资产价值的流转税，称为价内税，如进口关税、消费税等。二是不计入材料成本。我们将不计入资产价值的流转税，称为价外税，如增值税。此外，我国在增值税的处理上又区别增值税一般纳税人和小规模纳税人，并采用不同的税务处理办法。对于增值税一般纳税人来说，其当期应纳税额是按下列公式计算的：

$$当期应纳税额 = 当期增值税销项税额 - 当期增值税进项税额$$

其中，增值税销项税额，是指企业销售商品或提供劳务时向购买方收取的增值税；增值税进项税额，是指企业购入商品或劳务时向销货方或劳务提供方支付的增值税。为准确计算当期应纳税额，应单独设置会计账户核算增值税销项税额和进项税额。因此，增值税一般纳税人在材料采购中所支付的增值税进项税额，在符合税法规定的条件下，是不计入材料采购成本的，而单独设置账户进行核算。而对于增值税小规模纳税人则采用简便的计税方法，在材料采购过程中所支付的增值税直接计入材料成本。

综上所述，计入材料采购成本的税金包括按规定应计入成本的各种价内税和其他税金，以及增值税小规模纳税人支付的增值税。

例如，某工业企业为增值税小规模纳税企业，该企业购入甲材料 600 千克，每千克含税单价为 50 元，发生运杂费 2 000 元，运输途中发生合理损耗 10 千克，入库前发生挑选整理费用 200 元。则该批材料的入账价值即采购成本为 32 000 元。

又如，某企业为增值税一般纳税人，购入乙材料 50 千克，售价为每千克 1 200 元，增值税额为 10 200 元。另发生运杂费用 2 000 元，装卸费用 1 000 元，途中保险费用 1 800 元。原材料运抵企业后，验收入库原材料为 48 千克，运输途中发生合理损耗 2 千克。该原材料的入账价值即材料采购总成本为 64 800 元。

企业在材料采购业务中发生的应计入材料采购成本的附带成本和税金，又可合称为材料的采购费用。所以，企业材料采购成本可概括为由买价和采购费用构成。

上述各项凡能分清是某种材料负担的，可以直接计入该种材料的采购成本。凡不能分清某种材料负担的，应按材料的买价、重量、体积等比例，采用一定的方法分摊计入各种材料的采购成本中去。

【相关链接】增值税是以增值为课税对象，以销售额或营业额为计税依据，实行税款抵扣计税方式的一种税收。增值额是指企业于一定期间内，在商品生产、经营过程中创造的部分价值，即企业商品的销售收入，扣除其耗费的外购商品和劳务后的余额。现行的《中华人民共和国增值税暂行条例》是国务院1994年1月1日发布并实施的。

增值税的纳税人分为一般纳税人和小规模纳税人。一般纳税人的基本税率为17%，小规模纳税人适用征收率为4%或6%。

（二）材料采购的核算

1. 材料采购业务核算设置的账户

企业应设置以下账户核算材料采购业务：

（1）"材料采购"账户。用来核算企业购入材料的采购成本，反映和监督企业采购材料的结算和入库情况。该账户属于资产类账户，借方登记已支付货款或已开出、承兑商业汇票的所购材料的实际成本；贷方登记已验收入库而转入"原材料"等账户的实际成本；期末借方余额，反映已经付款或者已开出、承兑商业汇票，但材料尚未到达或尚未验收入库的在途材料成本。该账户应按供应单位和材料品种设置明细账，进行明细分类核算。其账户的结构如下：

借方	材料采购	贷方
购入材料的：买价、采购费用		结转验收入库材料的实际采购成本
期末余额：在途材料成本		

（2）"原材料"账户。用来核算企业库存的各种材料，包括原料及主要材料、辅助材料、外购半成品（外购件）、修理用备件（备品备件）、包装材料、燃料等的实际成本，反映和监督企业各种材料的收入、发出和结存情况。该账户属于资产类账户，借方登记外购、自制、投资者投入等已验收入库，或盘盈等原因而增加的原材料的实际成本；贷方登记企业领用、出售以及盘亏、毁损等原因而减少的原材料的实际成本；期末借方余额，反映企业库存原材料的实际成本。该账户应按材料的保管地点（仓库）、材料的类别、品种和规格等设置明细账（或材料卡片），进行明细分类核算。其账户的结构如下：

借方	原材料	贷方
验收入库材料实际成本的增加		库存材料实际成本的减少
期末余额：库存材料实际成本结存		

（3）"应付账款"账户。用来核算企业因购买材料、商品和接受劳务等而应付给供应单位的款项，反映和监督企业应付款项的增减变化和期末结存情况。该账户属于负债类账户，贷方登记因采购材料、接受劳务等而形成的应付给供应单位的款项；借方登记企业已偿还给供应单位的款项；期末贷方余额，反映企业尚未支付的应付账款。该账户应按供应单位设置明细账，进行明细分类核算。其账户的结构如下：

借方	应付账款	贷方
偿还应付供应单位款项（减少）	应付供应单位款项的增加	
	期末余额：尚未偿还的应付款	

（4）"应付票据"账户。用来核算企业购买材料、商品和接受劳务供应等而开出、承兑的商业汇票，包括银行承兑汇票和商业承兑汇票，反映企业应付票据的增减变化及结存情况。该账户属于负债类账户，贷方登记企业以承兑商业汇票抵付货款或应付账款时开出、承兑商业汇票的面值，以及企业于期末计算的应付利息；借方登记票据到期时支付本息而减少的票据账面数额；期末贷方余额，反映企业期末应付而尚未到期的应付票据本息。该账户应按供应单位设置明细账，进行明细分类核算。其账户的结构如下：

借方	应付票据	贷方
到期应付票据的减少（不论是否已经付款）	开出、承兑商业汇票的增加	
	期末余额：尚未到期商业汇票的结余额	

（5）"预付账款"账户。用来核算企业按照购货合同规定预付给供应单位的款项，反映企业预付账款的增减变化及结余情况。该账户属于资产类账户，借方登记企业因购货而预付的款项和补付的款项；贷方登记企业收到所购材料时的应付金额以及退回多付的款项；期末借方余额，反映企业实际预付的款项；期末贷方余额，反映企业尚未补付的款项。该账户应按供应单位设置明细账，进行明细分类核算。其账户的结构如下：

借方	预付账款	贷方
预付供应单位款项的增加	冲销预付供应单位的款项	
期末余额：尚未结算的预付款		

（6）"应交税费"账户。用来核算企业应缴纳的各种税费，如增值税、消费税、营业税、所得税、教育费附加等。该账户属于负债类账户，贷方登记企业按税法规定预计应缴的各种税费；借方登记企业实际缴纳的税费款；期末贷方余额，反映企业尚未缴纳的税费；期末如为借方余额，反映企业多缴或尚未抵扣的税金。该账户按企业应缴纳的税费项目设置明细账户，进行明细分类核算。其账户的结构如下：

借方	应交税费	贷方
实际缴纳的各种税金（增值税进项税额）	计算出的应缴而未缴的税金（增值税销项税额）	
期末余额：多缴的税费	期末余额：未缴的税费	

2. 材料采购业务的核算

由于企业采购材料时所采用的货款支付结算方式有多种,其账务处理也不一样,这里仅就三种情况进行叙述。

(1) 以银行存款结算货款。

该类经济业务的发生,主要引起企业资产要素和负债要素的增减变化。一方面企业的材料采购成本和增值税进项税额增加;另一方面企业的银行存款减少。因此,企业根据发票账单支付物资价款和运杂费时,按应计入材料采购成本的金额,借记"材料采购"账户,按支付的增值税进项税额,借记"应交税费——应交增值税(进项税额)"账户,按实际支付的价款,贷记"银行存款"账户。

【例4-16】2011年10月4日,甲公司从永道公司购甲、乙、丙三种材料,发票账单已到达企业,货款以银行存款支付。材料的买价为42 000元,增值税进项税额为7 140元。其中,甲材料2000千克,单价8元,合计16 000元;乙材料4000千克,单价5元,合计20 000元;丙材料1000千克,单价6元,合计6 000元;三项材料合计42 000元。

该项经济业务的发生,一方面使企业的材料采购成本增加42 000元,增值税进项税额增加7 140元;另一方面使企业的银行存款减少49 140元。材料采购成本的增加,应记入"材料采购"账户的借方;增值税进项税额的增加,应记入"应交税费——应交增值税(进项税额)"账户的借方;银行存款的减少,应记入"银行存款"账户的贷方。会计分录为:

```
借:材料采购——甲材料                    16 000
        ——乙材料                    20 000
        ——丙材料                     6 000
    应交税费——应交增值税(进项税额)     7 140
    贷:银行存款                          49 140
```

(2) 赊购或以商业汇票结算货款。

该类经济业务的发生,将引起企业资产要素和负债要素同时增加。一方面企业的材料采购成本和增值税进项税额增加;另一方面企业的应付账款或应付票据增加。因此,企业应按应计入材料采购成本的金额,借记"材料采购"账户,按增值税进项税额,借记"应交税费——应交增值税(进项税额)"账户,按应付账款金额或应付票据票面金额,贷记"应付账款"账户或"应付票据"账户。

【例4-17】2011年10月6日,甲公司从长安公司购入丁材料500千克,每千克15元,总买价为7 500元,增值税进项税额为1 275元,代垫运费为50元,货款尚未支付。

该项经济业务的发生,一方面使企业材料采购成本增加7 550元(500×15+50),企业的增值税进项税额增加1275元;另一方面企业的应付账款增加8 825元。材料采购成本的增加,应记入"材料采购"账户的借方;增值税进项税额的增加,应记入"应交税费——应交增值税(进项税额)"账户的借方;应付账款的增加,应记入"应付账款"账户的贷方。会计分录为:

```
借:材料采购——丁材料                     7 550
    应交税费——应交增值税(进项税额)     1 275
    贷:应付账款                           8 825
```

【例 4-18】仍承上例，假定甲公司开出、承兑商业汇票，面值 8 825 元，抵付该笔货款。

该项经济业务的发生，使企业应付票据增加 8 825 元。应付票据的增加应记入"应付票据"账户的贷方。所以，该项经济业务的会计分录应为：

借：材料采购——丁材料 7 500
　　应交税费——应交增值税（进项税额） 1 275
　贷：应付票据 8 825

（3）预付货款购入材料。

企业发生预付货款时，引起企业资产要素项目间的增减变化。一方面使企业的预付账款增加；另一方面又使企业的银行存款减少。预付账款的增加，应记入"预付账款"账户的借方；银行存款的减少，则记入"银行存款"账户的贷方。

企业收到已经预付货款的货物后，同样引起企业资产要素项目间的增减变化。即一方面企业的材料采购成本和增值税进项税额增加；另一方面企业的预付账款减少。预付账款的减少，应按发票账单上注明的应付金额，贷记"预付账款"账户。

【例 4-19】2011 年 10 月 8 日，甲公司为购入甲材料向长安公司预付货款 23 400 元，款项以银行存款支付。

该项经济业务的发生，使企业的预付账款增加 23 400 元，银行存款减少 23 400 元。因此，该项经济业务的会计分录应为：

借：预付账款 23 400
　贷：银行存款 23 400

【例 4-20】2011 年 10 月 20 日，甲公司收到长安公司发来的甲材料 2 000 千克，每千克 10 元，总买价为 20 000 元，增值税税款 3 400 元，长安公司代垫运费 1 000 元。该批材料的货款已于 8 日预付，代垫运费以银行存款另付。

该项经济业务的发生，一方面使企业的材料采购成本增加 21 000 元（20 000＋1 000），增值税进项税额增加 3 400 元；另一方面使企业的预付账款减少 23 400 元，银行存款减少 1 000 元。因此，该项经济业务的会计分录为：

借：材料采购——甲材料 21 000
　　应交税费——应交增值税（进项税额） 3 400
　贷：预付账款 23 400
　　银行存款 1 000

（4）材料采购费用的分摊。

【例 4-21】2011 年 10 月 10 日，甲公司以银行存款支付 10 月 4 日向永道公司购入的三种材料的运杂费 3 150 元。

该项经济业务的发生，使企业的资产要素项目间发生增减变化。一方面企业的材料采购成本增加 3 150 元；另一方面企业的银行存款减少 3 150 元。材料采购成本的增加应记入"材料采购"账户的借方，银行存款的减少应记入"银行存款"账户的贷方。但由于运杂费属于材料的采购费用，且该笔费用不能分清应归属于何种材料，所以，应选择适当的标准在甲、乙、丙三种材料间进行分摊，计入各材料的采购成本。具体分摊方法如下：

首先，计算采购费用的分摊率。计算公式为：

采购费用分摊率＝采购费用总额÷材料的总重量（或买价等）

其次，计算各种材料应分担的采购费用。计算公式为：

某种材料应分担的采购费用＝该材料的总重量（或买价等）×采购费用分摊率

依〖例4-21〗，假定该公司按材料的重量分摊运杂费用，则：

分摊率＝3150÷（2 000＋4 000＋1000）＝0.45（元/千克）
甲材料应分摊的采购费用＝2 000×0.45＝900（元）
乙材料应分摊的采购费用＝4 000×0.45＝1 800（元）
丙材料应分摊的采购费用＝1 000×0.45＝450（元）

该项经济业务的会计分录应为：

借：材料采购——甲材料　　　　　　　　　　　　　　　　　900
　　　　　　——乙材料　　　　　　　　　　　　　　　　　1 800
　　　　　　——丙材料　　　　　　　　　　　　　　　　　450
　　贷：银行存款　　　　　　　　　　　　　　　　　　　　3 150

假定从永道公司购入的三种材料未发生其他采购费用，则通过"材料采购"账户归集的三种材料的采购成本如表4-1所示。

表4-1　　　　　　　　　　　　材料采购成本计算表　　　　　　　　　　　　　单位：元

项目	甲材料（2000千克）		乙材料（4000千克）		丙材料（1000千克）	
	总成本	单位成本	总成本	单位成本	总成本	单位成本
买价	16 000	8.00	20 000	5.00	6 000	6.00
采购费用	900	0.45	1 800	0.45	450	0.45
采购成本	16 900	8.45	21 800	5.45	6 450	6.45

3．材料到达验收入库的核算

【例4-22】2011年10月12日，甲公司收到从永道公司购入的甲、乙、丙三种材料，并于当日全部验收入库。

企业购入材料运达企业，在验收入库后，将引起企业资产要素项目间的增减变化。即一方面企业的原材料增加；另一方面企业的材料采购成本减少。因此，企业应按实收材料的实际成本，借记"原材料"账户，贷记"材料采购"账户。

由表4-1可知，该项经济业务的发生，使企业的原材料增加45 150元（16900＋21 800＋6450），材料采购成本减少45 150元。原材料的增加应记入"原材料"账户的借方，材料采购成本的减少应记入"材料采购"账户的贷方。会计分录为：

借：原材料——甲材料　　　　　　　　　　　　　　　　　　16 900
　　　　　——乙材料　　　　　　　　　　　　　　　　　　21 800
　　　　　——丙材料　　　　　　　　　　　　　　　　　　6 450
　　贷：材料采购——甲材料　　　　　　　　　　　　　　　16 900
　　　　　　　——乙材料　　　　　　　　　　　　　　　　21 800
　　　　　　　——丙材料　　　　　　　　　　　　　　　　6 450

根据上述〖例4-16〗、〖例4-21〗、〖例4-22〗资料，登记甲、乙、丙三种材料的"材料采购"明细账，如表4-2、表4-3、表4-4所示。

表4-2　　　　　　　　　　　　　　　材料采购明细分类账

材料名称：甲材料　　　　　　　　　　　　　　　　　　　　　　　　　　　单位：元

年		凭证号数	摘要	借方			贷方
月	日			买价	采购费用	合计	
略		1	材料买价	16 000		16 000	
		2	运杂费		900	900	
		3	材料验收入库				16 900
			本期发生额	16 000	900	16 900	16 900

表4-3　　　　　　　　　　　　　　　材料采购明细分类账

材料名称：乙材料　　　　　　　　　　　　　　　　　　　　　　　　　　　单位：元

年		凭证号数	摘要	借方			贷方
月	日			买价	采购费用	合计	
略		1	材料买价	20 000		20 000	
		2	运杂费		1 800	1 800	
		3	材料验收入库				21 800
			本期发生额	20 000	1 800	21 800	21 800

表4-4　　　　　　　　　　　　　　　材料采购明细分类账

材料名称：丙材料　　　　　　　　　　　　　　　　　　　　　　　　　　　单位：元

年		凭证号数	摘要	借方			贷方
月	日			买价	采购费用	合计	
略		1	材料买价	6 000		6 000	
		2	运杂费		450	450	
		3	材料验收入库				6 450
			本期发生额	6 000	450	6 450	6 450

企业编制"材料采购成本计算表"的目的是为了计算购入材料的总成本和单位成本。表中的"总成本"资料可以从有关的明细账中直接转抄过来，"单位成本"应当根据实际情况计算取得，即用总成本栏目的各个数字除以购入材料的数量：

甲材料单位成本=16900÷2000=8.45（元）

乙材料单位成本=21800÷4000=5.45（元）

丙材料单位成本=6450÷1000=6.45（元）

内容四　生产过程业务的核算

制造企业的主要经济活动是生产符合社会需要的产品,企业要生产产品就要发生各种耗费,这些耗费可以统称为费用。费用按是否计入产品成本可以分为生产费用和期间费用。生产费用即企业为制造一定种类和一定数量的产品所支付的各项费用的总和。生产费用按其计入产品成本的方式的不同,可以分为直接费用和间接费用。一般将能够直接计入产品成本的生产费用,称为直接费用,包括直接材料、直接人工、其他直接支出,如生产产品所耗费的材料、生产工人工资等；将先归集、后分配计入产品成本的生产费用,称为间接费用,间接费用也叫制造费用,如生产车间管理人员工资、固定资产折旧等。这些费用构成产品的生产成本。期间费用是指本期发生、不能直接或间接计入产品成本、直接计入当期损益的各项费用,包括管理费用、销售费用和财务费用三项。这些费用不构成产品的生产成本。企业在产品生产过程中发生的各种费用以及这些费用的归集、分配和产品生产成本的计算,构成了生产过程业务核算的主要内容。

一、生产过程业务核算设置的账户

为正确核算企业发生的生产费用,正确计算各种产品实际生产成本,应设置以下账户。

（1）"生产成本"账户。该账户属于成本类账户,用于核算企业进行工业性生产,包括生产各种产品（如产成品、自制半成品等）、自制材料、自制工具、自制设备等所发生的各项生产费用。其借方登记企业产品生产过程中所发生的全部生产费用；贷方登记企业已经生产完成并已验收入库的产成品以及自制半成品的实际成本；期末余额在借方,反映企业尚未加工完成的各项在产品的成本。"生产成本"账户下设"基本生产成本"和"辅助生产成本"二级明细账户,按成本计算对象设置三级明细账户,并按成本项目设置专栏进行明细核算。其账户的结构如下：

借方	生产成本	贷方
发生的生产费用： （1）直接材料 （2）直接工资 （3）其他直接支出 （4）制造费用		结转完工验收入库产成品成本
期末余额：在产品成本		

（2）"制造费用"账户。该账户属于成本类账户,用于核算企业为生产产品和提供劳务而发生的各项间接费用,包括工资等职工薪酬、固定资产折旧费、修理费、办公费、水电费、机物料消耗、季节性和修理期间的停工损失等,不包括企业行政管理部门为组织和管理生产经营活动而发生的管理费用。该账户的借方登记企业为生产产品而发生的各项间接费用；贷方登记分配计入有关成本计算对象的制造费用；除季节性的生产性企业以外,该账户期末分

配结转后无余额。该账户按不同的车间、部门和费用项目进行明细分类核算。其账户的结构如下：

借方	制造费用	贷方
归集车间范围内发生的各项间接费用		期末分配转入"生产成本"账户的制造费用

（3）"库存商品"账户。该账户属于资产类账户，用来核算企业为销售而储存的各种商品，包括库存的外购商品、自制商品产品、存放在门市部准备出售的商品、发出展览的商品以及寄存在外库的商品等，反映库存商品的增减变化和期末结存情况。该账户的借方登记企业因购入、自制等原因而收入商品的实际成本；贷方登记企业因销售等原因而发出商品的实际成本；期末借方余额，反映企业各种库存商品的实际成本。该账户应按库存商品的种类、品种和规格设置明细账，进行明细分类核算。其账户的结构如下：

借方	库存商品	贷方
验收入库商品实际成本的增加		库存商品实际成本的减少
期末余额：库存商品实际成本结余		

生产过程业务核算还会涉及其他一些账户，将结合具体经济业务内容进行介绍。

二、生产过程业务核算

（一）生产费用的核算

1. 直接材料费用的核算

直接材料是指直接用于产品生产，并构成产品实体的原料、主要材料以及有助于产品形成的辅助材料等。企业在生产经营过程中领用的各种材料，应按照材料的具体用途，分别记入有关的成本类账户和费用类账户。即按领用材料的实际成本，借记"生产成本"、"制造费用"、"管理费用"、"销售费用"等账户，贷记"原材料"等账户。

【例4-23】甲公司生产A、B两种产品，2011年12月份耗用材料情况如表4-5所示。

表4-5　　　　　　　　　　　　　材料费用汇总分配表　　　　　　　　　　　　单位：元

项目	原材料	辅助材料	外购半成品	修理备件	合计
生产产品耗用	290 000	68 750	51 000		409 750
其中：A产品	97 500	20 000	16 750		134 250
B产品	192 500	48 750	34 250		275 500
车间耗用	12 250	20 750		7 000	40 000
合计	302 250	89 500	51 000	7 000	449 750

该项经济业务的发生，引起企业资产要素和费用要素均发生变化。一方面使企业的原材料减少449 750元；另一方面使企业的生产费用增加449 750元。生产费用增加，应按其用途分别归集。用于A产品和B产品生产，并构成其实体的材料费用的，作为直接费用，分别记入"生产成本——A产品"和"生产成本——B产品"账户的借方。车间发生的一般消耗性材料，属于间接费用，应记入"制造费用"账户的借方，原材料的减少应记入"原材料"账户的贷方。所以，该项经济业务应编制的会计分录为：

借：生产成本——A产品　　　　　　　　　　　　　　　134 250
　　　　　　——B产品　　　　　　　　　　　　　　　275 500
　　制造费用　　　　　　　　　　　　　　　　　　　　 40 000
　贷：原材料　　　　　　　　　　　　　　　　　　　　449 750

【例4-24】经营管理部门领用丁种材料5 000元，其中用于行政管理部门的2 100元，用于销售部门的2 900元。

该项经济业务的发生，一方面使企业的管理费用增加2 100元，销售费用增加2 900元；另一方面企业的原材料减少5 000元。管理费用和销售费用的增加，应分别记入"管理费用"和"销售费用"账户的借方，原材料的减少应记入"原材料"账户的贷方。会计分录为：

借：管理费用　　　　　　　　　　　　　　　　　　　　 2 100
　　销售费用　　　　　　　　　　　　　　　　　　　　 2 900
　贷：原材料　　　　　　　　　　　　　　　　　　　　 5 000

2. 直接人工费用的核算

（1）直接人工费用核算设置的账户。直接人工是指直接参加产品生产的工人工资以及按生产工人工资和一定比例计算提取的职工福利费。其中，工资是企业根据一定的原则和方法，按照劳动的数量和劳动质量支付给企业职工的劳动报酬。职工福利则是根据国家的规定，并按企业职工工资总额的一定比例（现行规定为14%）计算提取的用于企业职工福利方面的资金。直接人工费用是企业生产成本和劳动成本的重要组成部分。为核算企业应付给职工的工资及福利费等劳动报酬，企业应设置"应付职工薪酬"账户。

"应付职工薪酬"账户属于负债类账户，用于核算企业根据有关规定应付给职工的各种薪酬，包括工资、职工福利、社会保险费等。该账户的贷方登记企业发生的应付职工薪酬总额；借方登记企业实际发放的职工薪酬总额；期末余额在贷方，反映企业应付未付的职工薪酬。

（2）直接人工费用的核算。企业发生的应付职工薪酬，应区分人员的性质分别记入有关的成本费用账户。具体说来，生产人员的职工薪酬，应作为直接费用，计入产品的生产成本；车间管理人员的职工薪酬，应作为间接费用，先通过"制造费用"账户归集，然后分配计入产品的生产成本；管理部门人员、销售人员的职工薪酬，则直接计入当期的管理费用或销售费用。现举例说明。

【例4-25】2011年12月10日，甲公司开出现金支票从银行提取现金140 000元，准备发放工资。

该经济业务的发生，引起企业资产要素项目间的增减变化。一方面使企业的库存现金增加140 000元，应记入"库存现金"账户的借方；另一方面使企业的银行存款减少140 000

元，应记入"银行存款"账户的贷方。会计分录为：

借：库存现金　　　　　　　　　　　　　　　　　　　　　　　140 000
　　贷：银行存款　　　　　　　　　　　　　　　　　　　　　　　140 000

【例4-26】2011年12月10日，甲公司以现金140 000元支付职工工资。

该项经济业务的发生，引起企业资产要素和负债要素发生变化。一方面使企业的应付职工薪酬减少140 000元，应记入"应付职工薪酬"账户的借方；另一方面使企业的现金也减少140 000元，应记入"库存现金"账户的贷方。会计分录为：

借：应付职工薪酬　　　　　　　　　　　　　　　　　　　　　140 000
　　贷：库存现金　　　　　　　　　　　　　　　　　　　　　　　140 000

【例4-27】2011年甲公司12月份工资及福利分配情况如表4-6所示。

表4-6　　　　　　　　　　　工资及福利费汇总分配表　　　　　　　　　　单位：元

项目	应付职工工资	提取的职工福利费	合计
	（1）	（2）=（1）×14%	（3）=（1）+（2）
生产工人工资	100 000	14 000	114 000
其中：A产品	60 000	8 400	68 400
B产品	40 000	5 600	45 600
车间管理人员工资	40 000	5 600	45 600
合计	140 000	19 600	159 600

该项经济业务的发生，引起企业负债要素和费用要素发生变化。一方面，企业的应付职工工资增加140 000元，提取的应付福利增加19 600元；另一方面，企业的生产费用增加了159 600元。应付工资和应付福利的增加，应记入"应付职工薪酬"账户的贷方，产品生产工人的工资及福利应记入"生产成本"账户的借方，车间管理人员工资及福利应记入"制造费用"账户。会计分录为：

借：生产成本——A产品　　　　　　　　　　　　　　　　　　68 400
　　　　　　——B产品　　　　　　　　　　　　　　　　　　45 600
　　制造费用　　　　　　　　　　　　　　　　　　　　　　　45 600
　　贷：应付职工薪酬——工资　　　　　　　　　　　　　　　140 000
　　　　　　　　　　——职工福利　　　　　　　　　　　　　 19 600

3. 制造费用的核算

（1）制造费用核算设置的账户。制造费用是指直接用于产品生产，但不便于直接计入产品成本（如机器设备折旧费用），以及间接用于产品生产的各种费用（如机物料消耗、车间厂房折旧费用等）。为了完整地核算企业发生的制造费用，企业除了设置"制造费用"账户外，还应设置"累计折旧"账户。该账户属于资产类账户，反映企业固定资产因损耗而减少的价值。企业拥有的固定资产，可以在较长的使用期限内使用，并保持其原有的实物形态，而其价值却随着固定资产的损耗逐渐地转移到所生产的产品或所提供的劳务成本中去。这部分分期转移的价值，就是固定资产折旧。企业应当根据固定资产的性质和消耗方式，合理地确定固定资产的预计使用年限和预计净残值，并根据科技发展、环境及其他因素，选择合理的固定资产折旧方法。该账户贷方登记计提的固定资产折旧额；借方登记企业因出售、报废和毁损的固定资产而相应减少的固定资产折旧数额；期末余额在贷方，反映企业提取的固定资产折旧累计数。该账户只进行总分类核算，不进行明细分类核算。

（2）制造费用的核算。在材料费用和直接人工费用的核算中，均已涉及制造费用的核算。但制造费用除材料费用和直接人工费用外，还包括诸如固定资产折旧、办公费、水电费、劳动保护费等其他费用。下面举例说明其他有关制造费用的核算。

【例4-28】2011年12月31日，甲公司计提本月份车间使用厂房、机器设备等固定资产折旧费8 400元。

由于本例所计提的固定资产折旧是车间使用的固定资产，属于间接费用，应计入当期的产品生产成本，所以，该项经济业务的发生，将引起企业资产要素和费用要素发生变化。一方面累计折旧增加8 400元，也就是固定资产价值减少8 400元，应记入"累计折旧"账户的贷方；另一方面企业的间接生产费用增加8 400元，应记入"制造费用"账户的借方。会计分录为：

借：制造费用　　　　　　　　　　　　　　　　　　　　　　　　8 400
　　贷：累计折旧　　　　　　　　　　　　　　　　　　　　　　　　8 400

【例4-29】2011年12月10日，甲公司以银行存款3 000元支付车间固定资产修理费。

该项经济业务的发生，将引起企业资产要素和费用要素发生增减变化。一方面，企业的生产费用增加3 000元，应记入"制造费用"账户的借方；另一方面，企业的银行存款减少3 000元，应记入"银行存款"账户的贷方。会计分录为：

借：制造费用　　　　　　　　　　　　　　　　　　　　　　　　3 000
　　贷：银行存款　　　　　　　　　　　　　　　　　　　　　　　　3 000

【例4-30】2011年12月31日，甲公司计提车间租入固定资产租金1 200元。

由于该项固定资产为车间使用，因此该项租金费用应计入当期的产品生产成本。该经济业务的发生，将引起企业费用要素和负债要素发生变化。一方面，企业的生产费用增加1 200元，应记入"制造费用"账户的借方；另一方面，企业的计提费用也增加1 200元，应记入"其他应付款"账户的贷方。会计分录为：

借：制造费用　　　　　　　　　　　　　　　　　　　　　　　　1 200
　　贷：其他应付款　　　　　　　　　　　　　　　　　　　　　　　1 200

【例4-31】2011年12月31日，甲公司以银行存款支付生产车间的水电费1 800元。

因该项水电费用发生在生产车间，所以，应计入当期的生产成本。该项经济业务的发生，引起企业资产要素和费用要素发生变化。即一方面企业的生产费用增加1 800元，应记入"制造费用"账户的借方；另一方面企业的银行存款减少1 800元，应记入"银行存款"账户的贷方。会计分录为：

借：制造费用　　　　　　　　　　　　　　　　　　　　　　　　1 800
　　贷：银行存款　　　　　　　　　　　　　　　　　　　　　　　　1 800

（二）产品生产成本的计算

1. 产品生产成本计算的一般程序

一般地说，产品生产成本的计算和生产费用的核算是同时进行的，产品生产成本的计算过程，也就是生产费用的归集和分配过程，这一过程，按以下基本程序进行。

（1）确定成本计算对象。成本计算对象是生产费用的承担者，即归集和分配生产费用的对象。产品成本计算的对象，包括产品品种、产品批别和产品的生产步骤。企业应根据自身的生产特点和管理要求，选择合适的产品成本计算对象。

（2）确定成本项目。成本项目是生产费用按经济用途划分的项目。通过成本项目，可以反映成本的经济构成以及产品生产过程中不同的资产耗费情况。

（3）确定成本计算期。成本计算期是指成本计算的起止日期。成本计算期可以与会计报告期相同，也可以与产品生产周期相同。

（4）生产费用的审核。对生产费用进行审核，主要是确定各项费用是否应该开支，开支的费用是否应该计入成本。

（5）生产费用的归集和分配。生产费用归集和分配就是将应计入产品成本的各种要素费用在各有关产品之间，按照成本项目进行归集和分配。对能够直接确认承担对象的直接费用，直接计入该对象，不能直接确认承担对象的间接费用，分配计入各对象。间接费用的分配方法有多种，主要有按生产工人工资、生产工时、机器工时、耗用原材料的数量或成本、直接成本和产品产量等进行分配。企业应恰当选择间接费用的具体分配方法。分配方法一经确定，不得随意变更。其计算原理如下：

① 计算费用分配率：

$$费用分配率=费用总额 \div 分配标准之和$$

② 计算各种产品应负担的费用：

$$某产品应负担的费用=该产品分配标准 \times 分配率$$

【例4-32】假定某公司生产C、D两种产品，C产品耗用的生产工时为6 500小时，D产品耗用的生产工时为5 500小时，本月发生的制造费用总额为12 000元。制造费用的分配过程如下：

$$费用分配率=12\ 000 \div (6500+5500)=1（元/小时）$$

C产品应负担的制造费用=6 500×1=6 500（元）

D产品应负担的制造费用=5 500×1=5 500（元）

（6）计算完工产品成本和月末在产品成本。对既有完工产品又有月末在产品的产品，应将计入各该产品的生产费用，在其完工产品和月末在产品之间采用适当方法进行分配，求得完工产品成本和月末在产品成本。

完工产品成本和月末在产品成本的计算方法有多种，将在其他相关课程中学习，这里不作介绍。

2. 产品生产成本计算举例

仍以前述甲公司 2011 年 12 月份的经济业务为例，说明产品生产成本的计算过程。

【例 4-33】甲公司将 12 月份发生的制造费用全部记入"制造费用明细账"，如表 4-7 所示。该公司本月的制造费用，按生产工人工资比例进行分配。

表 4-7　　　　　　　　　　　　　　制造费用明细账　　　　　　　　　　　　　　单位：元

| 2011年 || 凭证号 | 摘要 | 借方 |||||||| 贷方 | 借或贷 | 余额 |
月	日			材料费	工资费	福利费	折旧费	修理费	租赁费	办公费	其他	合计			
12	31		材料费分配表（表 4-5）	40 000								40 000		借	40 000
12	31		工资及福利费分配表（表 4-6）		40 000	5 600						45 600		借	85 600
12	31		计提折旧费				8 400					8 400		借	94 000
12	31		摊销修理费					3 000				3 000		借	97 000
12	31		计提租金						1 200			1 200		借	98 200
12	31		支付车间办公费							1 800		1 800		借	100 000
12	31		本月费用合计	40 000	40 000	5 600	8 400	3 000	1 200	1 800		100 000		借	100 000
12	31		分配转出										100 000	平	0

① 分配本月发生的制造费用：

$$费用分配率 = 100000 \div (60000 + 40000) = 1$$

A 产品应负担的制造费用 = A 产品生产工人工资 × 费用分配率 = 60000 × 1 = 60000

B 产品应负担的制造费用 = A 产品生产工人工资 × 费用分配率 = 40000 × 1 = 40000

② 编制制造费用分配表，如表 4-8 所示。

表 4-8　　　　　　　　　　　　　　制造费用分配表　　　　　　　　　　　　　　单位：元

受益对象	工资总额	费用分配率	金额
A 产品	60 000		60 000
B 产品	40 000		40 000
合　计	100 000	1	100 000

将 A、B 产品应负担的制造费用计算确定后，应将制造费用全部转入产品生产成本。因此，该项经济业务的发生，引起企业费用要素项目间的增减变化。一方面，产品生产成本增加 100 000 元；另一方面，制造费用减少 100 000 元。产品生产成本增加，应记入"生产成本"账户的借方；制造费用的减少应记入"制造费用"账户的贷方。会计分录为：

借：生产成本——A产品　　　　　　　　　　　　　　　　　　　　　60 000
　　　　　　——B产品　　　　　　　　　　　　　　　　　　　　　40 000
　　贷：制造费用　　　　　　　　　　　　　　　　　　　　　　　　　　　100 000

在制造费用分配之前，企业已根据有关凭证编制了记账凭证，将生产经营过程中发生的各项直接费用记入生产成本明细账。制造费用分配之后，企业也应根据"制造费用分配表"及时编制记账凭证将各产品和劳务应负担的制造费用，记入生产成本明细账。至此，生产成本明细账归集出本月各产品的总生产成本（包括完工产品和在产品），然后采用一定的方法将其在完工产品和在产品间分配，即可计算出本月完工产品的成本和月末在产品成本。

【例4-34】12月31日，甲公司将本月发生的直接费用和分配的制造费用全部记入A、B产品明细账。各产品生产成本明细账如表4-9、表4-10所示。

表4-9　　　　　　　　　　　　　　　生产成本明细账

产品名称：A产品　　　　　　　　　　　　　　　　　　　　　　　　　　　　　单位：元

2011年		凭证号	摘要	借方（成本项目）				贷方	借或贷	余额
月	日			直接材料	工资及福利费	制造费用	合计			
12	31		领用材料	134 250			134 250		借	134 250
12	31		生产工人工资		60 000		60 000		借	194 250
12	31		生产工人福利费		8 400		8 400		借	202 650
12	31		分配制造费用			60 000	60 000		借	262 650
12	31		本月生产费用合计	134 250	68 400	60 000	262 650		借	262 650
12	31		本月结转					262 650	平	0

表4-10　　　　　　　　　　　　　　　生产成本明细账

产品名称：B产品　　　　　　　　　　　　　　　　　　　　　　　　　　　　　单位：元

2011年		凭证号	摘要	借方（成本项目）				贷方	借或贷	余额
月	日			直接材料	工资及福利费	制造费用	合计			
12	31		领用材料	275 500			275 500		借	275 500
12	31		生产工人工资		40 000		40 000		借	315 500
12	31		生产工人福利费		5 600		5 600		借	321 100
12	31		分配制造费用			40 000	40 000		借	361 100
12	31		本月生产费用合计	275 500	45 600	40 000	361 100		借	361 100
12	31		本月结转					361 100	平	0

【例4-35】甲公司12月份生产的A产品1000件全部完工，并已验收入库，B产品均未完工。该公司根据A产品生产成本明细账和A产品成本计算单（如表4-11所示）。结转A产品的生产成本。会计分录为：

借：库存商品——A产品　　　　　　　　　　　　　　　　　　　　　262 650
　　贷：生产成本——A产品　　　　　　　　　　　　　　　　　　　　　　262 650

表 4-11　　　　　　　　　　　　　　产品成本计算单

产品名称：A 产品　产量：1000 件　　　　　　　　　　　　　　　　　　　　　　单位：元

成本项目	本月生产费用合计	总成本	单位成本
直接材料	134 250	134 250	134.25
工资及福利费	68 400	68 400	68.4
制造费用	60 000	60 000	60
合计	262 650	262 650	262.65

（三）期间费用的核算

1. 销售费用的核算

（1）销售费用的内容及其账户设置。销售费用是指企业在销售商品和材料、提供劳务的过程中发生的各项费用，包括保险费、商品维修费、运输费、装卸费、包装费、保管费、展览费和广告费，以及为销售本企业商品而专设的销售机构（含销售网点、售后服务网点等）的职工薪酬、业务费、折旧费等经营费用。企业当期发生的销售费用，应直接计入当期损益，并在利润表中列示。

为核算企业在销售商品过程中发生的各项费用，企业应设置"销售费用"账户。该账户属于损益类账户，其借方登记企业在销售商品过程中发生的各项销售费用，贷方登记期末转入"本年利润"账户借方的数额，结转后本账户无余额。该账户应按费用项目设置明细账，进行明细分类核算。其账户的结构如下：

借方	销售费用	贷方
发生的销售费用（销售费用增加）		期末转入"本年利润"账户的销售费用额

（2）销售费用的核算。企业发生销售费用时，应按实际发生额，借记"销售费用"账户，贷记"库存现金"、"银行存款"、"应付职工薪酬"等账户。

【例 4-36】2011 年 12 月 10 日，甲公司销售部门领用甲材料一批，实际成本为 2 150 元。

该项经济业务的发生，引起企业费用要素和资产要素发生变化。一方面，企业的销售费用增加 2 150 元，应记入"销售费用"账户的借方；另一方面，企业的原材料减少 2 150 元，应记入"原材料"账户的贷方。会计分录为：

　　借：销售费用——材料费　　　　　　　　　　　　　　　　　　　　　　2 150
　　　　贷：原材料——甲材料　　　　　　　　　　　　　　　　　　　　　　　2 150

【例 4-37】2011 年 12 月 15 日，以银行存款支付广告费 5 000 元和应由本公司的销售机构负担的水电费 2 640 元。

该经济业务的发生，引起企业费用要素和资产要素发生变化。一方面，企业销售费用增加 5 000 元，应记入"销售费用"账户的借方；另一方面，企业的银行存款减少 7 640 元，应记入"银行存款"账户的贷方。会计分录为：

借：销售费用——广告费　　　　　　　　　　　　　　　　　　　　5 000
　　　　　　——水电费　　　　　　　　　　　　　　　　　　　　2 640
　　贷：银行存款　　　　　　　　　　　　　　　　　　　　　　　　7 640

【例 4-38】2011 年 12 月 20 日，以现金支付公司销售机构业务人员差旅费 800 元。

该经济业务的发生，引起企业费用要素和资产要素发生变化。一方面，企业的销售费用增加 800 元，应记入"销售费用"账户的借方；另一方面，企业的现金资产减少 800 元，应记入"库存现金"账户的贷方。会计分录为：

借：销售费用——差旅费　　　　　　　　　　　　　　　　　　　　800
　　贷：库存现金　　　　　　　　　　　　　　　　　　　　　　　　800

【例 4-39】2011 年 12 月 31 日，分配本月发放的职工工资，并计算应付的福利费。当月企业销售人员工资为 8 000 元，应付福利为 1 120 元。

该项经济业务的发生，引起企业费用要素和负债要素发生变化。一方面，企业的销售费用增加 9120 元（8 000＋1 120），应记入"销售费用"账户的借方；另一方面，企业的应付工资增加 8 000 元，应付福利增加 1 120 元，应分别记入"应付职工薪酬"账户的贷方。会计分录为：

借：销售费用——工资　　　　　　　　　　　　　　　　　　　　8 000
　　　　　　——职工福利　　　　　　　　　　　　　　　　　　　1 120
　　贷：应付职工薪酬——工资　　　　　　　　　　　　　　　　　8 000
　　　　　　　　　——职工福利　　　　　　　　　　　　　　　　1 120

【例 4-40】2011 年 12 月 31 日，计提本月公司销售部门使用的固定资产折旧费 2 000 元。

计提固定资产折旧业务的发生，将引起企业费用要素和资产要素发生变化。一方面，企业的销售费用增加 2 000 元，应记入"销售费用"账户的借方；另一方面，企业的固定资产价值减少 2 000 元，也就是企业的累计折旧增加 2 000 元，应记入"累计折旧"账户的贷方。会计分录为：

借：销售费用——折旧费　　　　　　　　　　　　　　　　　　　2 000
　　贷：累计折旧　　　　　　　　　　　　　　　　　　　　　　　2 000

该公司将本月发生的所有的销售费用记入"销售费用明细账"，如表 4-12 所示。

表 4-12　　　　　　　　　　　　　　销售费用明细账

年		凭证号	摘要	借方						贷方	借或贷	余额
月	日			材料费	工资费	福利费	折旧费	广告费	其他	合计			
12	31		领用材料	2 150						2 150		借	2 150
12	31		支付广告、水电费					5 000	2 640	7 640		借	9 790
12	31		支付差旅费						800	800		借	10 590
12	31		分配工资、福利费		8 000	1 120				9 120		借	19 710
12	31		计提折旧费				2 000			2 000		借	21 710
12	31		本月费用合计	2 150	8 000	1 120	2 000	5 000	3 440	21 710		借	21 710
12	31		本月结转								21 710	平	0

2. 管理费用的核算

（1）管理费用的内容及其账户设置。管理费用是指企业为组织和管理生产经营所发生的各项费用，包括企业董事会和行政管理部门在企业的经营管理中发生的，或由企业统一负担的公司经费（包括行政管理部门职工工资、修理费、物料消耗、低值易耗品摊销、办公费和差旅费等）、工会经费、待业保险费、劳动保险费、董事会费、聘请中介机构费、咨询费（含顾问费）、诉讼费、业务招待费、房产税、车船税、土地使用税、印花税、技术转让费、矿产资源补偿费、无形资产摊销、职工教育经费、研究与开发费、排污费、存货盘亏或盘盈（不包括应计入营业外支出的存货损失）、计提的坏账准备和存货跌价准备等。

为了核算企业组织和管理生产经营所发生的管理费用，应设置"管理费用"账户。该账户属于损益类账户，借方登记发生的各项管理费用，贷方登记期末转入"本年利润"账户借方的数额，结转后本账户无余额。该账户按费用项目设置明细账，进行明细分类核算。其账户的结构如下：

借方	管理费用	贷方
发生的管理费用		期末转入"本年利润"账户的管理费用

（2）管理费用的核算。当企业发生管理费用时，应按实际发生额，借记"管理费用"账户，贷记"库存现金"、"银行存款"、"应付工资"、"应付福利费"、"累计折旧"等账户。现举例说明管理费用的核算。假定甲公司2011年12月份发生的管理费用如下。

【例4-41】12月5日，企业行政管理部门以现金450元购买办公用品。

该项经济业务的发生，使企业的资产要素和费用要素发生变化。一方面，企业的管理费用增加450元，应记入"管理费用"账户的借方；另一方面，企业的库存现金减少450元，应记入"库存现金"账户的贷方。会计分录为：

借：管理费用——公司经费　　　　　　　　　　　　　　　450
　　贷：库存现金　　　　　　　　　　　　　　　　　　　　　　450

【例4-42】12月15日，以银行存款支付应由企业行政管理部门负担的水电费840元。

该项经济业务的发生，使企业的资产要素和费用要素发生变化。一方面，企业管理费用增加840元，应记入"管理费用"账户的借方；另一方面，企业银行存款减少840元，应记入"银行存款"账户的贷方。会计分录为：

借：管理费用——公司经费　　　　　　　　　　　　　　　840
　　贷：银行存款　　　　　　　　　　　　　　　　　　　　　　840

【例4-43】12月20日，以银行存款支付法律顾问费1 200元，业务招待费4 800元。

该项经济业务的发生，一方面使企业的管理费用增加6 000元，应记入"管理费用"账户的借方；另一方面企业的银行存款减少6 000元，应记入"银行存款"账户的贷方。会计分录为：

借：管理费用——咨询费　　　　　　　　　　　　　　　1 200
　　　　　　——业务招待费　　　　　　　　　　　　　　4 800

贷：银行存款 6 000

【例4-44】12月31日，分配本月发放的职工工资，并计算应付福利。企业行政管理人员工资为18 000元，应付福利为2 520元。

该项经济业务的发生，使企业的费用要素和负债要素发生变化。一方面，企业的管理费用增加20 520元，应记入"管理费用"账户的借方；另一方面，企业的应付工资增加18 000元，应付福利费增加2 520元，应记入"应付职工薪酬"账户的贷方。会计分录为：

借：管理费用——工资 18 000
　　　　——职工福利 2 520
　贷：应付职工薪酬——工资 18 000
　　　　　　　　——职工福利 2 520

【例4-45】12月31日，企业行政管理部门计提固定资产折旧费2 400元。

该项经济业务的发生，使企业的费用要素和资产要素发生变化。一方面，企业的管理费用增加2 400元，应记入"管理费用"账户的借方；另一方面，企业的累计折旧增加2 400元，应记入"累计折旧"账户的贷方。会计分录为：

借：管理费用——折旧费 2 400
　贷：累计折旧 2 400

【例4-46】12月31日，本月无形资产价值应摊销4 500元。

该项经济业务的发生，使企业的费用要素和资产要素产生变化。一方面，企业的管理费用增加9 000元，应记入"管理费用"账户的借方；另一方面，企业的无形资产价值减少9 000元，应记入"累计摊销"账户的贷方。会计分录应为：

借：管理费用——无形资产摊销 4 500
　贷：累计摊销 4 500

该公司将本月发生的管理费用全部记入"管理费用明细账"，如表4-13所示。

表4-13　　　　　　　　　　　　　　管理费用明细账

年		凭证号	摘要	借方							贷方	借或贷	余额
月	日			公司经费	工资	福利费	咨询费	业务招待费	无形资产摊销	折旧费	合计			
12	31		购买办公用品	450							450		借	450
12	31		支付水电费	840							840		借	1290
12	31		支付法律顾问费				1200				1200		借	2490
12	31		支付业务招待费					4800			4800		借	7290
12	31		分配工资、福利费		18000	2520					20520		借	27810
12	31		计提折旧费							2400	2400		借	30210
12	31		无形资产摊销						4500		4500		借	34710
12	31		本月费用合计	1290	18000	2520	3600	4800	4500		34710		借	34710
12	31		本月结转									34710	平	0

3. 财务费用的核算

(1) 财务费用的内容及其账户设置。财务费用是指企业为筹集生产经营所需资金等而发生的各项费用,包括利息支出(减利息收入)、汇兑支出(减汇兑收益)以及相关的手续费等。企业为购建固定资产的专门贷款所发生的借款费用,在固定资产达到预定使用状态前按规定应予资本化的部分,不包括在财务费用之中。

为核算企业发生的财务费用,企业应设置"财务费用"账户。该账户属于损益类账户,借方登记企业发生的财务费用,贷方登记企业发生的应冲减财务费用的利息收入、汇兑收益,以及期末转入"本年利润"账户借方的数额。结转后该账户期末无余额。该账户按费用项目设置明细账,进行明细分类核算。其账户的结构如下:

借方	财务费用	贷方
发生的费用:利息支出 手续费汇兑损失		利息收入期末转入"本年利润"账户的财务费用额

(2) 财务费用的核算。企业发生财务费用时,应借记"财务费用"账户,贷记"应付利息"、"银行存款"等账户。发生的应冲减财务费用的利息收入、汇总收益时,应借记"银行存款"等账户,贷记"财务费用"账户。现举例说明财务费用核算的账务处理。

【例4-47】假定甲公司2011年12月份发生的财务费用如下:12月20日,以银行存款支付本季度的短期借款利息3 500元,已知10月份和11月份各计提1 000元。

该项经济业务的发生,引起了企业费用、资产和负债要素均产生变化。一方面,企业的财务费用增加1 500元(3 500-1 000×2),应记入"财务费用"账户的借方;同时,企业的银行存款减少3 500元,应记入"银行存款"账户的贷方。会计分录为:

```
借:财务费用                           1 500
   应付利息                           2 000
   贷:银行存款                              3 500
```

【例4-48】12月22日,收到银行转来的结息通知,银行结付企业存款利息500元,并转为企业的银行存款。

该项经济业务的发生,使企业的资产要素和费用要素产生变化。一方面,企业的银行存款增加500元,应记入"银行存款"账户的借方;另一方面,企业的利息收入增加500元,按现行会计制度的规定,应冲减企业的财务费用,所以,应贷记"财务费用"账户。会计分录为:

```
借:银行存款                             500
   贷:财务费用                                500
```

【例4-49】12月25日,以银行存款支付银行转账结算手续费150元。

该项经济业务的发生,使企业的费用要素和资产要素产生变化。一方面,企业的财务费用增加150元,应记入"财务费用"账户的借方;另一方面,企业的银行存款减少150元,应记入"银行存款"账户的贷方。会计分录为:

借：财务费用　　　　　　　　　　　　　　　　　　　　　　　150
　　贷：银行存款　　　　　　　　　　　　　　　　　　　　　　　150

【例 4-50】12 月 31 日，计提企业本月的长期借款利息 7 500 元。该项长期借款用于企业生产线的购建，该生产线已于上月正式投产使用。

该项经济业务的发生，使企业的费用要素和负债要素产生变化。一方面，企业的财务费用增加 7 500 元，应记入"财务费用"账户的借方；另一方面，企业的应付利息增加 7 500 元，应记入"应付利息"账户的贷方。会计分录为：

借：财务费用　　　　　　　　　　　　　　　　　　　　　　7 500
　　贷：应付利息　　　　　　　　　　　　　　　　　　　　　　7 500

将本月发生的财务费用全部记入"财务费用明细账"。该公司"财务费用明细账"如表 4-14 所示。

表 4-14　　　　　　　　　　　　财务费用明细账

年		凭证号	摘要	借方				贷方			借或贷	余额
月	日			利息支出	汇兑损益	手续费	合计	利息收入	本月结转	合计		
12	31		付借款利息	1500			1500				借	1500
12	31		收到存款利息					500		500	借	1000
12	31		付银行手续费			150	150				借	1150
12	31		提长期借款利息	7500			7500				借	8650
12	31		本月费用合计	9000		150	9150	500		500	借	8650
12	31		本月结转						8650	9150	平	0

内容五　销售过程及利润形成和分配的核算

一、销售过程的核算

销售过程是制造企业生产经营过程的最后阶段。在销售过程中，企业一方面获得营业收入；另一方面要发生各种营业费用，如包装费、广告费、运输费等，同时按税法规定的税率缴纳营业税金和按规定缴纳有关费用。产品销售取得的收入，扣除增值税以外的税金及附加，补偿已销产品的销售成本后的余额，即为企业的营业利润或亏损。因此，确认和记录实现的营业收入、结转已销产品的成本、支付营业费用、计算营业税金及附加构成销售过程核算的主要内容。

（一）销售过程核算设置的账户

为核算企业在日常活动中所取得的各项收入，企业应设置以下账户。

（1）"主营业务收入"账户。该账户用于核算企业在销售商品、提供劳务以及让渡资产使用权等日常活动中所产生的收入。该账户属于损益类账户，贷方登记企业本期主营业务发生的，按照收入确认原则应确认的各项营业收入；借方登记企业本期发生的销货退回等应冲减的营业收入，以及期末转入"本年利润"账户贷方的数额；结转后本账户无余额。该账户按主营业务的种类设置明细账，进行明细分类核算。其账户的结构如下：

借方	主营业务收入	贷方
（1）销售退回等 （2）期末转入"本年利润"账户的净收入		实现的主营业务收入（增加）

（2）"应收账款"账户。该账户核算企业因销售商品、产品、提供劳务等，应向购货单位或接受劳务单位收取的款项。该账户属于资产类账户，借方登记企业发生应收账款的实际应收金额；贷方登记企业应收账款的实际收回金额，以及按规定予以转销的确认为坏账的应收账款；期末若为借方余额，反映企业尚未收回的应收账款；期末若为贷方余额，反映企业预收的账款。该账户按购货单位或接受劳务的单位设置明细账，进行明细核算。其账户的结构如下：

借方	应收账款	贷方
发生的应收账款（增加）		收回的应收账款（减少）
期末余额：应收未收款		期末余额：预收款

（3）"应收票据"账户。该账户用于核算企业因销售产品、提供劳务等而收到的商业汇票，包括银行承兑汇票和商业承兑汇票。该账户属于资产类账户，借方登记企业收到已开出、承兑的商业汇票的面值，以及带息应收票据在期末应计提的利息；贷方登记企业到期收回的应收票据和企业向银行办理贴现的应收票据的面值及计提的利息，以及因到期未收回应收票据而转入"应收账款"账户的面值及计提的利息；期末余额在借方，反映企业持有的商业汇票的票面价值和应计利息。其账户的结构如下：

借方	应收票据	贷方
本期收到的商业汇票的增加		到期（或提前贴现）票据应收款的减少
期末余额：尚未收回的票据应收款		

企业应当设置"应收票据备查簿"，逐笔登记每一应收票据的种类、号数和出票日期、票面金额、票面利率、交易合同号和付款人、承兑人、背书人的姓名或单位名称、到期日、背书转让日、贴现日期、贴现率和贴现净额、未计提的利息，以及收款日和收回金额、退票情况等资料，应收票据到期结清票款或退票后，应当在备查簿内逐笔注销。

（4）"预收账款"账户。该账户用于核算企业按照合同规定向购货单位预收的款项。该账户属于负债类账户，贷方登记企业根据合同向购货单位预收的款项，以及购货单位补付的款项；借方登记销售实现时，实现的收入和应缴的增值税销项税额，以及企业退回的购货单位多付的款项；期末贷方余额，反映企业向购货单位预收的款项；期末若为借方余额，则反映企业应由购货单位补付的款项。该账户按购货单位设置明细账，进行明细核算。其账户的结构如下：

借方	预收账款	贷方
预收货款的减少		预收货款的增加
期末余额：购货单位应补付的款项		期末余额：预收款的结余

注意：对于预收账款业务不多的企业，可以不单独设置"预收账款"账户，而将预收的款项直接记入"应收账款"账户，此时，"应收账款"账户就成为双重性质的账户。

（二）销售过程主要经济业务的核算

1. 产品销售收入的核算

企业销售产品，应按实际收到或应收的价款入账，即企业应按实际收到或应收的价款，借记"银行存款"、"应收账款"、"应收票据"等账户；按实现的营业收入，贷记"主营业务收入"账户；按增值税专用发票上注明的增值税额，贷记"应交税费——应交增值税（销项税额）"账户。

企业若采用预收货款方式销售产品，则应在收到购货单位预付的货款时，按实收货款，借记"银行存款"账户，贷记"预收账款"账户。待企业交付商品时，才能确认营业收入，即按企业应收的价款，借记"预收账款"账户，按实现的营业收入，贷记"主营业务收入"账户，按专用发票上注明的增值税额，贷记"应交税费——应交增值税（销项税额）"账户。

假定甲公司 2011 年 12 月份部分产品的销售业务如下。

【例 4-51】12 月 1 日，向北方公司销售 A 产品 50 件，每件售价 800 元，计 40 000 元，增值税销项税额为 6 800 元。产品已经发出，收到全部货款，并存入银行。

该项经济业务的发生，使企业的收入要素和资产、负债要素发生变化。一方面，企业的银行存款增加 46 800 元；另一方面，企业的营业收入增加 40 000 元，应记入"主营业务收入"账户的贷方，同时，企业增值税销项税额也增加 6 800 元，应记入"应交税费——应交增值税（销项税额）"账户的贷方。会计分录为：

借：银行存款 46 800
　　贷：主营业务收入 40 000
　　　　应交税费——应交增值税（销项税额） 6 800

【例 4-52】12 月 5 日，收到南方公司预付 A 产品的货款 40 000 元，并存入银行。

该项经济业务的发生，引起了企业资产和负债要素发生变化。一方面，企业的银行存款增加 40 000 元；另一方面，企业的预收账款增加 40 000 元，预收账款属于企业的负债，因此应记入"预收账款"账户的贷方。会计分录为：

借：银行存款 40 000
　　贷：预收账款——南方公司 40 000

【例 4-53】12 月 20 日，向南方公司发出 A 产品 50 件，每件售价 800 元，计 40 000 元，增值税销项税额6 800元。南方公司已预付40 000元,不足余款尚未收到。

该项经济业务的发生,使企业的收入要素和资产、负债要素均产生变化,即企业的营业收入增加40 000元,应贷记"主营业务收入"账户,企业的增值税销项税额增加6 800元,应贷记"应交税费——应交增值税(销项税额)"账户;另外,企业的预收账款减少40 000元,应借记"预收账款"账户的借方,但为简化核算,可将其并入"应收账款"账户的借方核算。会计分录为:

借:预收账款　　　　　　　　　　　　　　　　　　　　　　　　46 800
　　贷:主营业务收入　　　　　　　　　　　　　　　　　　　　　40 000
　　　　应交税费——应交增值税(销项税额)　　　　　　　　　　 6 800

如果甲公司于本月末还未收到南方公司的这笔欠款,则"预收账款"账户本月末应为借方余额6 800元,反映为该公司的应收账款。

【例4-54】12月15日,向北方公司销售A产品100件,每件售价800元,计80 000元,增值税销项税额为13 600元,产品已经发出,同时收到北方公司开出并承兑的商业汇票一张,面值为93 600元。

该项经济业务的发生,使企业的收入要素和资产、负债要素均产生变化,即企业的营业收入增加80 000元,企业的增值税销项税额增加13 600元,应分别贷记"主营业务收入"和"应交税费——应交增值税(销项税额)"账户,同时,企业应收的商业汇票增加93 600元,应记入"应收票据"账户的借方。会计分录为:

借:应收票据　　　　　　　　　　　　　　　　　　　　　　　　93 600
　　贷:主营业务收入　　　　　　　　　　　　　　　　　　　　　80 000
　　　　应交税费——应交增值税(销项税额)　　　　　　　　　　13 600

《企业会计准则——基本准则》规定,应当在确认产品销售收入、劳务收入等时,将已销售产品、已提供劳务的成本等计入当期损益。也就是说,当销售业务发生,确认了销售收入以后,应及时计算和结转已销产品的实际成本,并通过"主营业务成本"账户核算。

"主营业务成本"账户核算企业因销售产品等日常活动而发生的实际成本。该账户属于损益类账户,借方登记企业已销产品的实际成本;贷方登记期末转入"本年利润"账户借方的数额;结转后该账户无余额。该账户按主营业务的种类设置明细账,进行明细核算。其账户的结构如下:

借方	主营业务成本	贷方
发生的主营业务成本		期末转入"本年利润"账户的主营业务成本

当企业计算并结转已销产品的实际成本时,借记"主营业务成本"账户,贷记"库存商品"等账户。举例说明如下。

【例4-55】经计算,甲公司本月已销A产品的生产成本为52 530元(即200×262.65=52 530元)。

该项经济业务的发生,使企业的主营业务成本增加52 530元,企业的库存商品减少52 530

元。会计分录为：

借：主营业务成本　　　　　　　　　　　　　　　　　　　　　52 530
　　贷：库存商品　　　　　　　　　　　　　　　　　　　　　　　52 530

2. 其他业务收入的核算

企业在销售过程中，除了获得主营业务收入外，还会获得其他业务收入，如材料销售、代购代销、包装物出租等所取得的收入。为核算其他业务收入，应设置"其他业务收入"账户。该账户用于核算企业除主营业务收入以外的其他销售或其他业务的收入。该账户属于损益类账户，贷方登记企业本期其他业务发生的、按收入确认原则应确认为本期的各项收入；借方登记期末转入"本年利润"账户贷方的数额；结转后该账户无余额。该账户按其他业务的种类，如"材料销售"、"代购代销"、"包装物出租"等设置明细账，进行明细核算。其账户的结构如下：

借方	其他业务收入	贷方
期末转入"本年利润"账户的其他业务收入		其他业务收入的实现（增加）

企业取得其他业务收入时，按应确认的收入，贷记"其他业务收入"账户；按增值税专用发票上注明的增值税额，贷记"应交税费——应交增值税（销项税额）"账户；按实际收到或应收的金额，借记"银行存款"、"应收账款"等账户。

【例4-56】甲公司于2011年12月25日销售本公司外购的乙材料一批，价值20 000元，增值税销项税额为3 400元，货款已全部收回，并存入银行。

该项销售业务系企业的其他业务，其发生使企业的银行存款增加23 400元，应借记"银行存款"账户；增值税销项税额增加3 400元，应贷记"应交税费——应交增值税（销项税额）"账户；其他业务收入增加20 000元，应贷记"其他业务收入"账户。会计分录为：

借：银行存款　　　　　　　　　　　　　　　　　　　　　　　23 400
　　贷：其他业务收入　　　　　　　　　　　　　　　　　　　　　20 000
　　　　应交税费——应交增值税（销项税额）　　　　　　　　　　 3 400

同样的，当企业确认了其他业务收入以后，应及时计算和结转已销材料等的实际成本。其他业务成本是指企业除主营业务成本以外的其他销售或其他业务所发生的支出，包括销售材料、让渡资产使用权等而发生的相关成本、费用，以及相关税金及附加等。为核算企业其他经营活动所发生的支出，企业应设置"其他业务成本"账户。该账户属于损益类账户，借方登记企业其他销售的实际成本，以及企业发生的其他业务支出；贷方登记企业期末转入"本年利润"账户借方的数额；结转后该账户无余额。该账户按其他业务成本的种类设置明细账，进行明细核算。其账户的结构如下：

借方	其他业务成本	贷方
其他业务成本的发生（增加）	期末转入"本年利润"账户的其他业务成本	

【例 4-57】 2011 年 12 月 31 日，甲公司结转 12 月 25 日销售乙材料的实际成本为 1 800 元。

该项经济业务的发生，使企业的其他业务成本增加 1 800 元，应记入"其他业务成本"账户的借方，同时，企业的原材料减少 1 800 元，应记入"原材料"账户的贷方。会计分录为：

借：其他业务成本　　　　　　　　　　　　　　　　　　　　　1 800
　　贷：原材料——乙材料　　　　　　　　　　　　　　　　　　　　1 800

企业在销售活动过程中，除发生增值税外，还会负担其他一些税金及附加，包括营业税、消费税、城市维护建设税、资源税、土地增值税和教育费附加等。为核算企业在日常活动中应负担的税金及附加，企业应设置"营业税金及附加"账户。该账户属于损益类账户，借方登记企业经营活动发生的相关税费；贷方登记期末转入"本年利润"账户借方的数额；结转后该账户无余额。其账户的结构如下：

借方	营业税金及附加	贷方
按照计税依据计算出的营业税、消费税、城建税等	期末转入"本年利润"账户的营业税金及附加额	

当企业按规定计算出应由主营业务和其他业务负担的税金及附加时，借记"营业税金及附加"账户，贷记"应交税费"等账户。

【例 4-58】 2011 年 12 月 31 日，甲公司本月应缴的营业税为 20 000 元。

该项经济业务的发生，使企业的营业税金及附加增加 20 000 元，应记入"营业税金及附加"账户的借方；同时，企业应缴的营业税增加 20 000 元，应记入"应交税费——应交营业税"账户的贷方。会计分录为：

借：营业税金及附加　　　　　　　　　　　　　　　　　　　　20 000
　　贷：应交税费——应交营业税　　　　　　　　　　　　　　　　20 000

【例 4-59】 2011 年 12 月 31 日，以银行存款支付 A 产品广告费 2 000 元。

该项经济业务的发生，使企业的销售费用增加 2 000 元，应记入"销售费用"账户的借方；同时，企业的银行存款减少 2 000 元，应记入"银行存款"账户的贷方。会计分录为：

借：销售费用　　　　　　　　　　　　　　　　　　　　　　　　2 000
　　贷：银行存款　　　　　　　　　　　　　　　　　　　　　　　　2 000

【例 4-60】 2011 年 12 月 31 日，以现金支付销售部门业务费 500 元。

该项经济业务的发生，使企业的销售费用增加 500 元，应记入"销售费用"账户的借方，同时，企业的库存现金减少 500 元，应记入"库存现金"账户的贷方。会计分录为：

借：销售费用　　　　　　　　　　　　　　　　　　　　　　　500
　　贷：库存现金　　　　　　　　　　　　　　　　　　　　　　　　500

二、利润形成及分配的核算

（一）利润形成的核算

1. 利润及其构成

利润是指企业在一定会计期间的经营成果，利润包括收入减去费用后的净额以及直接计入当期利润的利得和损失等。直接计入当期利润的利得和损失指应当计入当期损益、会导致所有者权益发生增减变化的、与所有者投入资本或向所有者分配利润无关的利得或者损失。如投资收益、营业外收入、营业外支出等。企业的利润包括营业利润、利润总额和净利润。

（1）营业利润。营业利润是指企业在一定时期内从事日常的生产经营活动取得的利润，是企业利润的主要来源。计算公式为：

$$营业利润 = 营业收入 - 营业成本 - 营业税金及附加 - 销售费用 - 管理费用 - 财务费用 \pm 投资收益$$

其中：营业收入是指企业日常经营活动所取得的收入，包括主营业务收入和其他业务收入；营业成本是指企业为取得营业收入所付出的代价，包括主营业务成本和其他业务成本。

（2）利润总额。将企业的营业利润加上营业外收入减去营业外支出后的金额，即为企业的利润总额。计算公式为：

$$利润总额 = 营业利润 + 营业外收入 - 营业外支出$$

其中，营业外收入是指企业发生的与其生产经营活动无直接关系的各项收入，主要包括非流动资产处置利得、政府补助、盘盈利得、捐赠利得等；营业外支出，是指企业发生的与其生产经营活动无直接关系的各项支出，主要包括非流动资产处置损失、公益性捐赠支出、非常损失、盘亏损失等。企业的营业外收入与营业外支出的差额，即为营业外收支净额。

（3）净利润。净利润是指利润总额减去所得税费用后的金额。企业赚取利润后，应根据企业会计制度和税法有关规定，计提应计入当期损益的所得税费用。企业的利润总额减去所得税费用后的金额，即为企业的净利润。

2. 利润形成的核算

（1）利润总额形成的核算。从以上利润形成的计算公式可以看出，为核算企业的利润总额，除应正确核算企业取得的各项收入和发生的各项税费外，还应核算投资收益和营业外收支等。

投资收益是企业对外投资所得的收益或发生的损失，包括交易性金融资产、长期股权投资、持有至到期投资、可供出售金融资产等所取得的收益或发生的损失。为核算企业取得的投资收益或发生的投资损失，企业应设置"投资收益"账户。该账户属于损益类账户，借方登记企业确认的投资损失，以及期末转入"本年利润"账户贷方的投资收益净额；贷方登记企业确认的投资收益,以及转入"本年利润"账户借方的投资损失净额;期末结转后无余额。该账户按投资种类设置明细账,进行明细核算。其账户的结构如下:

借方 投资收益	贷方
(1) 发生的投资损失 (2) 期末转入"本年利润"账户的投资净收益	(1) 实现的投资收益 (2) 期末转入"本年利润"账户的投资净损失

由于投资收益的核算涉及交易性金融资产、长期股权投资、持有至到期投资、可供出售金融资产的核算,核算内容较为复杂,在此不进行详细介绍。下面仅举一例说明投资收益的核算原理。

【例4-61】2011年12月15日,甲公司将本公司持有的,作为交易性的债券一批出售,取得价款115 000元,并存入银行。该批债券的账面价值为100 000元。

该项经济业务的发生,使企业的银行存款增加115 000元,应记入"银行存款"账户的借方;企业交易性债券的账面价值减少100 000元,应记入"交易性金融资产"账户的贷方。另外,该批债券出售,使企业取得收益15 000元,应记入"投资收益"账户的贷方。会计分录为:

借:银行存款　　　　　　　　　　　　　　　　　　　　115 000
　　贷:交易性金融资产　　　　　　　　　　　　　　　　100 000
　　　　投资收益　　　　　　　　　　　　　　　　　　　 15 000

为核算企业发生的与其生产经营活动无直接关系的各项收支,企业应分别设置"营业外收入"和"营业外支出"账户。

"营业外收入"账户属于损益类账户,用于核算企业发生的与其生产经营活动无直接关系的各项营业外收入,本账户的贷方登记企业实际发生的营业外收入;借方登记期末转入"本年利润"账户贷方的数额;期末结转后无余额。该账户按收入项目设置明细账,进行明细核算。其账户的结构如下:

借方 营业外收入	贷方
期末转入"本年利润"账户的营业外收入	实现的营业外收入(增加)

"营业外支出"账户属于损益类账户,用于核算企业发生的与其生产经营活动无直接关系的各项支出。该账户的借方登记企业实际发生的营业外支出;贷方登记期末转入"本年利润"账户借方的数额;期末结转后无余额。该账户按支出的项目设置明细账,进行明细核算。其账户的结构如下:

借方 营业外支出	贷方
营业外支出的发生(增加)	期末转入"本年利润"账户的营业外支出

【例4-62】 2011年12月31日,甲公司清理长期无法支付的应付账款一笔,账面价值为3 000元,经批准转作企业的营业外收入。

该项经济业务的发生,使企业应付账款的账面价值减少3 000元,应记入"应付账款"账户的借方。同时,企业的营业外收入增加3 000元,应记入"营业外收入"账户的贷方。会计分录为:

借:应付账款　　　　　　　　　　　　　　　　　　　　　　　　3 000
　　贷:营业外收入　　　　　　　　　　　　　　　　　　　　　　　3 000

【例4-63】 2011年12月26日,甲公司经批准向希望工程捐赠现金,开出现金支票一张5 000元。

该项经济业务的发生,一方面使企业的银行存款减少5 000元,应贷记"银行存款"账户;另一方面使企业的营业外支出增加5 000元,应借记"营业外支出"账户。会计分录为:

借:营业外支出　　　　　　　　　　　　　　　　　　　　　　　　5 000
　　贷:银行存款　　　　　　　　　　　　　　　　　　　　　　　　5 000

为核算企业实现的利润(或发生的亏损),企业应设置"本年利润"账户。该账户属于所有者权益类账户,贷方登记期末由各收入类账户转入的当期实现或取得的各种收入或收益,以及年末结转的本年度实现的净亏损;借方登记期末由各成本费用类账户转入的各种费用、支出,以及年末结转的本年度实现的净利润。年度终了结转后,该账户无余额。因此,企业将当期发生的各项收入和费用全部登记入账后,于期末结出各损益类账户的贷方余额或借方余额,然后将所有收入类账户的贷方余额转入"本年利润"账户的贷方;将所有成本费用类账户的借方余额转入"本年利润"账户的借方;期末结转后各损益类账户无余额。此时"本年利润"账户若为贷方余额,即为企业当期实现的利润总额;若为借方余额,则反映为企业当期实现的亏损总额。"本年利润"账户的结构如下:

借方	本年利润	贷方
期末转入的各项支出: (1)主营业务成本 (2)营业税金及附加 (3)其他业务成本 (4)管理费用 (5)财务费用 (6)销售费用 (7)投资净损失 (8)营业外支出 (9)所得税费用		期末转入的各项收入: (1)主营业务收入 (2)其他业务收入 (3)营业外收入 (4)投资净收益
期末余额:累计亏损		期末余额:累计净利润

会计期末(月末或年末)结转各项收入时,借记"主营业务收入"、"其他业务收入"、"投资收益"、"营业外收入"等科目,贷记"本年利润"科目;结转各项支出时,借记"本年利润"科目,贷记"主营业务成本"、"营业税金及附加"、"其他业务成本"、"管理费用"、"财务费用"、"销售费用"、"营业外支出"、"所得税费用"等科目。如果"投资收益"科目反映

的为投资损失，则应进行相反的结转。

【例 4-64】甲公司 2011 年 12 月份所有收入账户和成本费用账户余额如表 4-15 所示。

表 4-15　　　　　　　　　　　收入、成本费用账户余额表　　　　　　　　　　　单位：元

账户名称	借方	贷方
主营业务收入		162 000
其他业务收入		20 000
投资收益		15 000
营业外收入		3 000
营业外支出	5 000	
主营业务成本	52 530	
营业税金及附加	20 000	
其他业务成本	1 800	
销售费用	27 110	
管理费用	36 810	
财务费用	8 650	

根据上述资料可做以下账务处理：

①将各项收入转入"本年利润"账户的贷方。会计分录为：

借：主营业务收入　　　　　　　　　　　　　　　　　　　　　　　　162 000
　　其他业务收入　　　　　　　　　　　　　　　　　　　　　　　　 20 000
　　投资收益　　　　　　　　　　　　　　　　　　　　　　　　　　 15 000
　　营业外收入　　　　　　　　　　　　　　　　　　　　　　　　　　3 000
　　贷：本年利润　　　　　　　　　　　　　　　　　　　　　　　　200 000

②将各项费用支出转入"本年利润"账户的借方。会计分录为：

借：本年利润　　　　　　　　　　　　　　　　　　　　　　　　　　151 900
　　贷：主营业务成本　　　　　　　　　　　　　　　　　　　　　　 52 530
　　　　营业税金及附加　　　　　　　　　　　　　　　　　　　　　 20 000
　　　　其他业务成本　　　　　　　　　　　　　　　　　　　　　　　1 800
　　　　销售费用　　　　　　　　　　　　　　　　　　　　　　　　 27 110
　　　　管理费用　　　　　　　　　　　　　　　　　　　　　　　　 36 810
　　　　财务费用　　　　　　　　　　　　　　　　　　　　　　　　　8 650
　　　　营业外支出　　　　　　　　　　　　　　　　　　　　　　　　5 000

结转后，即将本期发生的全部收入与全部费用支出都汇集于"本年利润"账户，将该账户的贷方发生额与借方发生额相比较，可计算确定出本公司 12 月份实现的利润总额为 48 100 元。

（2）净利润形成的核算。按照税法规定，企业的生产经营所得和其他所得应缴纳企业所得税，因此，企业实现利润后应按税法规定计算缴纳企业所得税。企业实际缴纳的或者按企业会计制度规定计算的应从本期损益中扣除的所得税，即为所得税费用。为核算该项费用，

企业应设置"所得税费用"账户。该账户属于损益类账户,用于核算企业确认的应当从当期利润总额中扣除的所得税费用。其借方登记本期应计入损益的应缴所得税;贷方登记企业于期末转入"本年利润"账户借方的金额;期末结转后无余额。

因此,企业应于期末(月末、季末或年末)计算出应从利润总额中减去的所得税费用,借记"所得税费用"账户,贷记"应交税费——应交所得税"账户。实际缴纳所得税时,按实际缴纳金额,借记"应交税费——应交所得税"账户,贷记"银行存款"账户。年度终了,企业将"所得税费用"账户的借方余额转入"本年利润"账户借方时,借记"本年利润"账户,贷记"所得税费用"账户。企业将当期的所得税费用转入"本年利润"账户后,"本年利润"账户的贷方余额,即为当期实现的净利润。

【例4-65】甲公司2011年12月份实现利润总额为48 100元,该公司本月未发生纳税调整事项,适用的企业所得税税率为25%。计算本月应纳所得税为12 025元(48 100×25%)。该项经济业务的发生,使企业的所得税费用增加12 025元,应记入"所得税费用"账户的借方,同时,企业的应缴所得税增加12 025元,应记入"应交税费——应交所得税"账户的贷方。会计分录为:

借:所得税费用　　　　　　　　　　　　　　　　　　　　12 025
　　贷:应交税费——应交所得税　　　　　　　　　　　　　　　　12 025

【例4-66】2011年12月31日,将本月发生的所得税12 025元转入"本年利润"账户。会计分录为:

借:本年利润　　　　　　　　　　　　　　　　　　　　　12 025
　　贷:所得税费用　　　　　　　　　　　　　　　　　　　　　　12 025

结转当期的所得税费用后,该公司12月份"本年利润"账户的贷方余额为36 075元(48 100−12 025),反映为该公司12月份实现的净利润。

净利润额形成过程的核算可用图4-2表示如下。

(二)利润分配的核算

1. 利润分配的顺序

企业取得净利润后应按以下顺序进行分配:
(1)按税后利润的10%提取法定盈余公积金。
(2)向投资者分配利润。其中,股份制企业向投资者分配利润时,按以下顺序进行:
①支付优先股股利;
②提取任意盈余公积金;
③支付现金股利。

2. 利润分配核算设置的账户

为核算企业的利润分配,应设置以下账户。

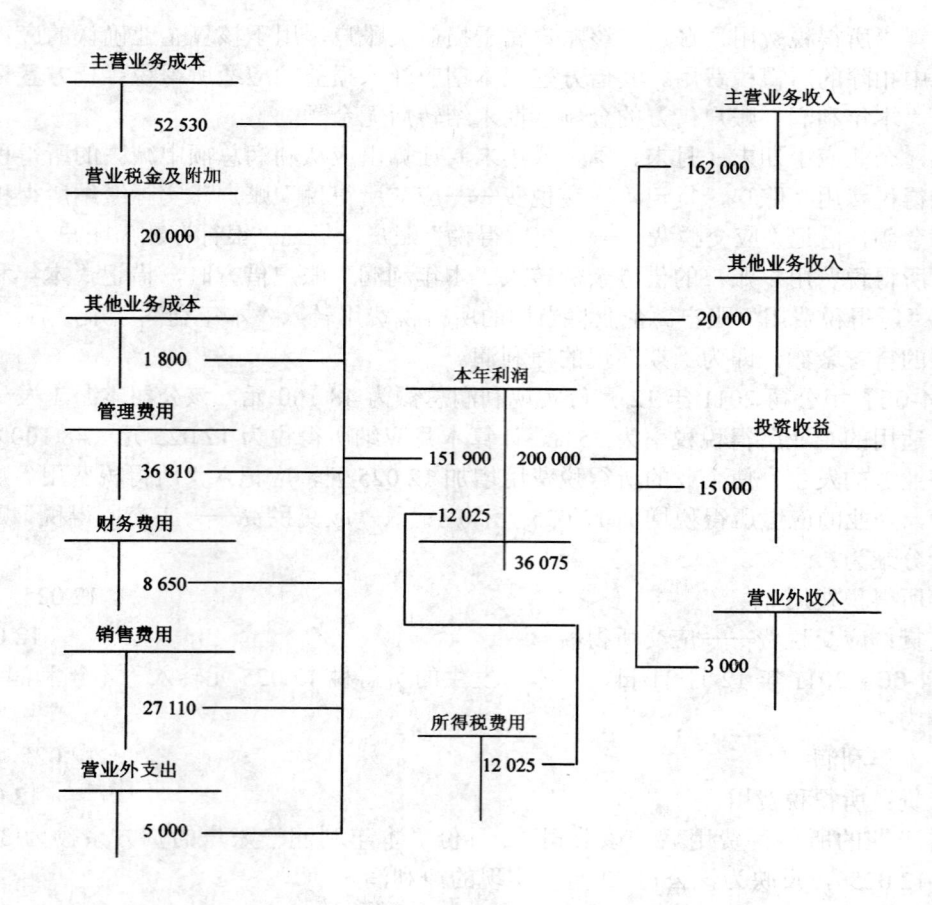

```
主营业务成本        主营业务收入
   52 530             162 000
营业税金及附加      其他业务收入
   20 000              20 000
其他业务成本   本年利润   投资收益
   1 800                 15 000
管理费用    151 900  200 000
   36 810               营业外收入
财务费用    12 025        3 000
   8 650      36 075
销售费用
   27 110   所得税费用
营业外支出    12 025
   5 000
```

图 4-2 净利润形成过程核算示意

（1）"利润分配"账户。该账户用来核算企业利润的分配（或亏损弥补）和历年利润分配（或亏损弥补）后的积存余额。该账户属于所有者权益类账户，借方登记已分配的利润，如提取的盈余公积、分配的股利等，以及年度终了由"本年利润"账户转入的本年度的亏损；贷方登记年度终了由"本年利润"账户转入的本年度实现的净利润；本账户年末余额，若在贷方，则反映为企业历年积存的未分配的利润；若在借方，则反映为企业历年积存的未弥补的亏损。其账户的结构如下：

借方　　　　　利润分配　　　　　贷方
已分配的利润额：　　　　　（1）盈余公积转入
（1）提取法定盈余公积　　（2）年末从"本年利润"账户转入
（2）应付优先股股利　　　　　的全年净利润
（3）应付普通股股利
年末转入的亏损
各期余额：已分配利润额
年末余额：未弥补亏损额　　期末余额：未分配利润

注意：企业对实现的净利润进行利润分配，意味着企业实现的净利润这项所有者权益的减少，本应在"本年利润"账户的借方进行登记，表示直接冲减本年已实现的净利润额。但是如果这样处理，"本年利润"账户的期末贷方余额就只能表示实现的利润额减去已分配的利润额之后的差额即未分配利润额，而不能提供本年累计实现的净利润额这项指标。而累计净利润指标又恰恰是企业管理上需要提供的一个非常重要的指标。因此，为了使"本年利润"账户能够真实地反映企业一定时期内实现的净利润数据，同时又能够通过其他账户提供企业未分配利润数据，在会计核算中，专门设置了"利润分配"账户，用以提供企业已分配的利润额。这样就可以根据需要，将"本年利润"账户的贷方余额即累计净利润与"利润分配"账户的借方余额即累计已分配的利润额相抵减，以求得未分配利润这项管理上所需要的指标。因而，对于"利润分配"账户，一定要结合"本年利润"账户加以深刻理解。

为反映企业的利润分配过程，企业在"利润分配"账户下设置"提取法定盈余公积"、"提取任意盈余公积"、"应付现金股利或利润"和"未分配利润"等明细账户，年度终了，企业应将本年度实现的净利润从"本年利润"账户的借方转入"利润分配——未分配利润"账户的贷方，或将本年度发生的亏损从"本年利润"账户的贷方转入"利润分配——未分配利润"账户的借方。此外，企业还将"利润分配"账户的其他明细账户的余额分别转入"利润分配——未分配利润"账户借方或贷方。结转后除"未分配利润"明细账户外，其他明细账户应无余额。至此，"未分配利润"明细账户的余额即为企业历年积存的未分配利润（或未弥补的亏损）。

（2）"盈余公积"账户。该账户用来核算企业从净利润中提取的盈余公积及其使用情况。该账户属于所有者权益类账户，贷方登记企业从净利润中提取的盈余公积；借方登记盈余公积的使用，如企业以盈余公积分配现金股利和利润、用盈余公积分配股票股利或转增资本等；期末余额在贷方，反映企业提取的盈余公积余额。其账户的结构如下：

借方	盈余公积	贷方
实际使用的盈余公积金（减少）	年末提取的盈余公积金（增加）	
	期末余额：结余的盈余公积金	

（3）"应付股利"账户。该账户用来核算企业经董事会或股东大会，或类似机构决议确定分配的现金股利或利润。该账户属于负债类账户，贷方登记企业根据通过的利润分配方案确定的应支付的现金股利或利润；借方登记实际支付的现金股利或利润；期末贷方余额，反映企业尚未支付的现金股利或利润。其账户的结构如下：

借方	应付股利	贷方
实际支付的利润或股利	应付未付的利润或股利	
	期末余额：尚未支付的利润或股利	

3．利润分配的核算

（1）提取法定盈余公积的核算。企业按规定提取法定盈余公积时，应按提取金额，借记"利润分配——提取法定盈余公积"账户，贷记"盈余公积——法定盈余公积"账户。

【例4-67】甲公司根据董事会通过的利润分配方案，按净利润的10%提取法定盈余公积300 000元（3 000 000×10%）。

该项经济业务的发生，使企业的所有者权益要素项目间发生增减变化。即企业提取的法定盈余公积增加300 000元，应记入"盈余公积"账户的贷方；同时，企业的利润分配额增加，也就是净利润减少300 000元，应记入"利润分配"账户的借方。会计分录为：

借：利润分配——提取法定盈余公积　　　　　　　　　　　　　　300 000
　　贷：盈余公积——法定盈余公积　　　　　　　　　　　　　　　300 000

（2）向投资者分配股利或利润。

企业根据利润分配方案向投资者分配股利或利润时，应按实际分配的现金股利或利润金额，借记"利润分配——应付普通股股利"账户，贷记"应付股利"账户。

【例4-68】根据利润分配方案，甲公司向投资者分配利润1 000 000元。

该项经济业务的发生，使企业的所有者权益要素和负债要素发生变化。即企业应向投资者支付的利润增加1 000 000元，应记入"应付股利"账户的贷方；同时，企业的利润分配额增加1 000 000元，应记入"利润分配——应付现金股利"账户的借方。会计分录为：

借：利润分配——应付现金股利　　　　　　　　　　　　　　　1 000 000
　　贷：应付股利　　　　　　　　　　　　　　　　　　　　　　1 000 000

（3）未分配利润的结转。年度终了，企业应将当年实现的净利润或亏损，转入"利润分配——未分配利润"账户。结转净利润时，按实际的净利润额，借记"本年利润"账户，贷记"利润分配——未分配利润"账户；结转亏损时，则按实际产生的亏损额，借记"利润分配——未分配利润"账户，贷记"本年利润"账户。

【例4-69】假定甲公司2011年度全年实现净利润3 000 000元，年末甲公司将本年度实现的净利润3 000 000元转入"利润分配——未分配利润"账户。会计分录为：

借：本年利润　　　　　　　　　　　　　　　　　　　　　　　3 000 000
　　贷：利润分配——未分配利润　　　　　　　　　　　　　　　3 000 000

如果是亏损则作相反的会计处理。

年末，企业还需将"利润分配"账户的其他明细账户的余额转入"利润分配——未分配利润"账户。账务处理主要为：借记"利润分配——未分配利润"账户，贷记"利润分配——提取法定盈公积、应付普通股股利"等账户。

【例4-70】12月31日，将"利润分配"账户的其他明细账户的余额转入"利润分配——未分配利润"账户。会计分录为：

借：利润分配——未分配利润　　　　　　　　　　　　　　　　1 300 000
　　贷：利润分配——提取法定盈余公积　　　　　　　　　　　　　300 000
　　　　　　　　——应付现金股利　　　　　　　　　　　　　　1 000 000

假定，甲公司本年度期初"利润分配——未分配利润"账户为贷方余额为1 500 000元，那么本年度结转未分配利润后，该账户的贷方余额为3 200 000元（1 500 000＋3 000 000－1 300 000），反映为该公司积存的未分配利润的余额。

项目五　会计核算依据——会计凭证

【开篇导读】

会计是记录企业发生的经济业务事项的，但会计记录是要有依据的。在会计核算中，我们把会计记录的依据统称为会计凭证。

内容一　会计凭证的概念及分类

一、会计凭证的概念

在会计对象的内容中我们了解到，会计是记录企业发生的经济业务的，具体表现为六个要素。企业每天都要发生大量的经济业务，如销售商品、购买原材料、发放工资等。这些发生的经济业务在实际工作中不是我们用语言来叙述的，而是需要有证据证明的，那么如何证明和记录这些经济业务的发生呢？在会计中是通过会计凭证来实现的。如企业本月用支票交了 25 000 元的广告费，如何证明呢？交款时取得的发票和转账支票的存根就可以证明；某日你去商场为单位买了 50 包打印纸，支付了 1 000 元现金，商场开给你的发票证明了这项经济业务的发生；黎明出差，从单位借款 2 000 元，黎明需要填写一张借款单，写清借款人所在的部门、借款事由、借款金额，经有关领导签字后就可到财会部门领钱，借款单就是这项业务发生的证明。支票、发票和借款单等都是相关经济业务发生的证明，会计上称为会计凭证，是会计记账的依据。

由此可见：会计凭证是记录经济业务，明确经济责任，并作为记账依据的一种具有法律效力的书面证明。

二、会计凭证的意义

填制和审核会计凭证是会计核算的基本方法之一，也是会计核算工作的起点和基础。正确填制和严格审核会计凭证，对完成会计工作任务，实现会计的职能具有重要意义。

（一）记录经济业务，提供记账依据

任何单位的任何一项经济业务发生后，首先都必须由有关部门和人员及时填制或取得会计凭证，如实地反映经济业务发生或完成的时间、经济业务的内容和数量，并且要经过严格审核，才能作为记账的依据。各单位发生每一项经济业务都必须通过会计凭证予以真实的反映，从而使会计凭证成为记录各单位经济业务活动的原始资料，并为各单位进行经济活动

分析和会计检查奠定了基础。

（二）明确经济责任，强化内部控制

由于经济业务发生后，都需要填制和取得会计凭证，有关人员也要根据各自的分工在会计凭证上签名或盖章，这样可以促使经办部门和人员提高责任感，在其职责范围内严格按制度办事，各负其责，发现问题便于检查、分清责任，从而能够加强岗位责任制。

（三）监督经济活动，控制经济运行

会计凭证记录和反映了经济业务的发生与完成情况等具体内容，通过对会计凭证的严格审核，可以检查每一笔经济业务是否真实、正确、合法、合理。由于会计凭证是经济业务的真实写照，不论企业发生了什么样的经济业务，都在凭证上进行了记载，因此，通过对会计凭证的审核，还可以检查每笔经济业务是否执行了计划和预算，是否符合有关政策、法令、制度的规定，有无铺张浪费和违法乱纪行为，充分发挥会计的监督作用。

三、会计凭证的种类

由于不同性质会计主体的经济业务不同，使用的会计凭证也不同，即使是同一会计主体，不同的经济业务，其使用的会计凭证也不一样。为了了解各种不同的会计凭证，以便在日常会计核算中，正确使用会计凭证，充分发挥会计凭证应有的作用，必须对会计凭证按照一定的标志进行分类。会计凭证一般按照填制的程序和用途不同，分为原始凭证和记账凭证。

> 【相关链接】2000年7月1日起实施的《会计法》第十四条规定：会计凭证包括原始凭证和记账凭证。办理本法第十条所列的经济业务事项，必须填制或者取得原始凭证并及时送交会计机构。
>
> 会计机构、会计人员必须按照国家统一的会计制度的规定对原始凭证进行审核，对不真实、不合法的原始凭证有权不予接受，并向单位负责人报告；对记载不准确、不完整的原始凭证予以退回，并要求按照国家统一的会计制度的规定更正、补充。
>
> 原始凭证记载的各项内容均不得涂改；原始凭证有错误的，应当由出具单位重开或者更正，更正处应当加盖出具单位印章。原始凭证金额有错误的，应当由出具单位重开，不得在原始凭证上更正。
>
> 记账凭证应当根据经过审核的原始凭证及有关资料编制。

内容二　原始凭证

一、原始凭证的概念

原始凭证就是指经济业务发生或完成时取得或填制的，用来证明经济业务的发生，明确经济责任，并作为记账依据的书面证明文件。换句话说，原始凭证就是指经济业务发生或完成时所取得的相关单据。例如，购买材料时由供货方开具的发票；支出款项由收款方开出的

收据；出差借款填写借款单；等等。发票、收据、借款单等都是原始凭证。单位发生任何经济业务，都必须取得或填制原始凭证，否则就没有办法证明经济业务的发生，也就没有办法记账。

二、原始凭证的分类

实际工作中，由于企业的经济业务多种多样，原始凭证有着不同的种类。

（一）按照来源不同分类

原始凭证按照来源不同分类，可分为外来原始凭证和自制原始凭证两种。

1. 外来原始凭证

外来原始凭证指在同其他单位或个人发生经济业务往来时，在经济业务发生或完成时，从其他单位或个人直接取得的原始凭证。如购买商品物资时从外单位取得的普通发票和增值税专用发票。如表5-1、表5-2所示。

2. 自制原始凭证

自制原始凭证指由本单位内部经办业务的部门和人员，在执行或完成某项经济业务时填制的、仅供本单位内部使用的原始凭证。如出差人员填写的借款单见表5-3。

表5-1　　　　　　　　　××市商业零售专用发票

发票联

付款单位：陆通轮胎厂　　　　　　　　　　　　　　　　　2011年6月25日

编号	商品名称	规格	单位	数量	单价	金额								
						百	十	万	千	百	十	元	角	分
	打印纸		包	50	20				1	0	0	0	0	0
小　写　金　额　合　计									¥	1	0	0	0	0	0
大写金额	人民币壹仟元整														

收款单位：××市百货公司盖章　　　　　　开票人：×××

第二联付款人收执

表 5-2　　　　　　　　　　　　　××省增值税专用发票

开票日期：　　　　　　　　　　　2011 年 7 月 20 日　　　　　　　　　　　No.4826754

购货单位	名称	星海百货公司				纳税人登记号				211000333777652					密码区				
	地址电话	大连市中山区联合路 10 号 0411—12345678				开户银行及账号				工行开发区支行 97—345678									

货物或应税劳务名称	计量单位	数量	单价	金　　额								税率%	税　　额						
				百	十	万	千	百	十	元	角	分		百	十	万	千	百	十	元	角	分
甲商品	件	5000	20		1	0	0	0	0	0	0	0	17			1	7	0	0	0	0	0
合计				¥	1	0	0	0	0	0	0	0			¥	1	7	0	0	0	0	0
价税合计（大写）壹拾壹万柒仟元整																	¥117 000.00					

销售单位	名称	辽宁顺达有限公司	纳税人登记号	1123867388737670
	地址电话	皇姑区怒江街 11 号	开户银行及账号	农业银行皇姑分理处 3—12587496
	备注			

收款人：×××　　　　　　　　　　　　　　　　　　　开票单位（未盖章无效）

表 5-3　　　　　　　　　　　　　　　借款单

2011 年 12 月 10 日

借款人	黎明	部门	采购部	职务	业务员
借款事由（用途）	到大连洽谈业务预借差旅费				
现金借款金额	（大写）贰仟元整		¥2 000.00		
借用转账支票			张	号码	
部门主管意见			同意		
领 导 审 批					

财务主管：×××　　　　会计：×××　　　　出纳：×××　　　　借款人：黎明

（二）按填制方法分类

原始凭证按照填制方法不同分类，可分为一次原始凭证、累计原始凭证和汇总原始凭证三种。

1．一次原始凭证

一次原始凭证是指在一张凭证上只反映一项经济业务或反映若干项同类经济业务，凭证填制手续是一次完成的各种原始凭证。例如，收料单、领料单、发票等都是一次原始凭证。收料单、领料单的格式如表 5-4、表 5-5 所示。

表 5-4   收料单

供货单位：广州南方化工公司   凭证编号：040
发票号码：0045   2011 年 12 月 12 日   收料仓库：1 号

材料编号	材料规格	材料编号	计量单位	数量		价格	
				应收	实收	单价	金额（元）
甲脂		012	公斤	5	5	70	350.00
备注					合计		￥350.00

仓库负责人：×××   记账：×××   仓库保管：×××   收料：×××

表 5-5   领料单

领料部门：甲车间   凭证编号：010
用　　途：生产 A 产品   2011 年 9 月 5 日   收料仓库：2 号

材料编号	材料规格	材料编号	计量单位	数量		价格	
				请领	实领	单价	金额（元）
5		棉纱	公斤	40	40	6	240.00
备注					合计		￥240.00

发料：×××   记账：×××   审批：×××   领料：×××

2．累计原始凭证

累计原始凭证指在一定时期内，在一张凭证上连续多次地记录发生的若干同类型经济业务的原始凭证。凭证的填制手续随着经济业务的发生在一张凭证上连续记载，直到期末才能完成。例如，限额领料单就是一种常见的累计原始凭证。限额领料单的格式如表 5-6 所示。

表 5-6   限额领料单

领料单位：××车间
产品名称：××产品   发料单位：1 号库
计划产量：200 台   单位消耗定额：0.5 千克/台   2011 年 11 月   料单编号：021

材料编号	材料名称	规格	计量单位	计划单价	领料限额	全月实用	
						数量	金额
1505	紫铜棒	30mm	kg	25.00	100	95	2375.00
领料日期	请领数量		实发数量		领料人签章	发料人签章	限额结余
5 月 5 日	20		20		李利	张红	80
5 月 10 日	30		30		李利	张红	50
5 月 15 日	15		15		李利	张红	35
5 月 20 日	20		20		李利	张红	15
5 月 25 日	10		10		李利	张红	5
合计	95		95				

供应部门负责人：×××   生产部门负责人：×××   仓库保管：×××

3. 汇总原始凭证

汇总原始凭证亦称原始凭证汇总表，是指对一定时期内反映相同经济业务内容的若干张原始凭证，经过汇总而重新编制的一种原始凭证。例如，月末根据月份内所有领料单编制的发料汇总表就是一种汇总原始凭证。其格式如表 5-7 所示。

表 5-7　　　　　　　　　　　　　　发出材料汇总表

2011 年 12 月 5 日　　　　　　　　　　　　　　　　　单位：元

会计科目		领料部门	原材料	燃料	合计
生产成本	基本生产车间	一车间	3 000	500	3 500
		二车间	2 000	600	2 600
		小计	5 000	1 100	6 100
	辅助生产车间	供电车间	500	200	700
		锅炉车间	400	100	500
		小计	900	300	1 200
制造费用		一车间	800	300	1 100
		二车间	600	200	800
		小计	1 400	500	1 900
合计			7 300	1 900	9 200

会计主管：×××　　　　　　　复核：×××　　　　　　　制表：×××

（三）按格式、使用范围分类

原始凭证按照格式、使用范围不同分类，可分为通用原始凭证和专用原始凭证。

1. 通用原始凭证

通用原始凭证指由有关部门统一印制、在一定范围内使用的具有统一格式和使用方法的原始凭证。如由中国人民银行统一制定的现金支票、转账支票，由税务部门统一规定的发货票等。现金支票、转账支票的格式如表 5-8、表 5-9 所示。

表 5-8

中国××银行现金支票存根		中国××银行现金支票										
支票号码 No2452787		出票日期（大写）贰零零陆 年 零壹 月 壹拾贰 日										
科　　目：							付款行名称：		绿林支行			
对方科目：		收款人：光明公司					出票人账号：405123456789					
签发日期 2006 年 1 月 12 日	本支票付款期十天	人民币	千	百	十	万	千	百	十	元	角	分
收款人：光明公司		（大写）叁拾万元整	¥	3	0	0	0	0	0	0	0	0
金　额：¥300 000.00		用途：备发工资　　　　　科目（借）										
用　途：备发工资		上款项请从我账户内支付　　对方科目（贷）										
备　注：		转账日期　　年　月　日										
单位主管　　会计 复核　　　　记账		出票人签章　　　　复核　　　　记账										

表5-9

中国××银行现金支票存根		
支票号码 No2452787		
科　目：		
对方科目：		
签发日期　2007年 10月 8日		
收款人：成林公司		
金　额：¥117 000.00		
用　途：购材料		
备　注：		
单位主管　　　会计		
复　核　　　　记账		

中国××银行转账支票

出票日期（大写）贰零零柒 年 壹拾月 零捌日

付款行名称：黄河支行

收款人：成林公司　　　出票人账号：485123456759

人民币	千	百	十	万	千	百	十	元	角	分
（大写）壹拾壹万柒仟元整	¥	1	1	7	0	0	0	0	0	0

用途：购材料　　　　　　　　　　科目（借）

上款项请从我账户内支付　　对方科目（贷）

　　　　　　　　　　　　　　转账日期　　年　月　日

出票人签章　　　复核　　　记账

本支票付款期十天

2．专用原始凭证

专用原始凭证是指一些单位内部，根据本单位管理要求设计的具有特定内容、格式和专门用途的原始凭证，如"借款单"、"收款收据"等。其格式如表5-10所示。

表5-10

收款收据

2011年12月13日

今收到　王力　交来

退回预借多余款

金额人民币（大写）柒佰陆拾元整　　　　　　¥760.00

主管：×××　　　　会计：×××　　　　出纳：×××

此外，原始凭证还可以按用途不同分为通知凭证、执行凭证和计算凭证三种。通知凭证是指要求、指示或命令企业进行某项经济业务的原始凭证，如"罚款通知书"、"付款通知书"等；执行凭证是用来证明某项经济业务已经发生或已经执行完毕的凭证，也被为证明凭证。如前述的"收料单"、"发货票"等；计算凭证是指根据其他原始凭证和有关会计核算资料而编制的原始凭证，也被称为手续凭证。计算凭证一般是为了便于以后记账和了解各项数据来源和产生情况而编制的，如"制造费用分配表"、"产品成本计算单"、"工资计算表"等。

应该注意的是，由于原始凭证是用来证明经济业务发生和完成情况的，并且是会计核算的最原始的依据,所以,凡是不能证明经济业务发生或完成的单据或凭证,都不是原始凭证,都不能作为会计核算的依据,如经济合同、车间填制的请购单等。

三、原始凭证的基本内容

由于企业的经济业务比较复杂,原始凭证记录的内容也多种多样,但是无论哪一种原始凭证,都必须说明有关经济业务的发生和完成情况,都必须明确有关经办人员和单位的经济责任。因此,各种原始凭证尽管格式不一,项目不一样,但都应该具备一些共同的基本内容。这些基本内容也称为原始凭证所具备的要素。原始凭证的基本内容必须具备以下内容:

(1) 原始凭证名称;
(2) 原始凭证填制的日期和编号;
(3) 填制原始凭证的单位名称或接受原始凭证的单位名称;
(4) 经济业务的内容;
(5) 有关经办人员签名或盖章等。

上述内容是一般的原始凭证都应具备的基本内容。在会计实际工作中,由于经济业务的多样性以及企业经营管理方面的需要,有些原始凭证,除了应具备上述各项基本内容外,还需要列入一些补充内容。例如,有的原始凭证需要注明与该笔经济业务有关的合同号码、结算方式、币别、汇率等,以便更加完整地反映经济业务。

四、原始凭证的填制

(一) 原始凭证的填制要求

原始凭证既是具有法律效力的证明文件,又是进行会计处理的依据和基础,为了保证原始凭证能够及时地、准确地、清晰地反映各项经济业务的真实情况,提高会计工作质量,填制原始凭证时必须遵循以下要求。

1. 填制及时、真实可靠

每一项经济业务发生或完成时,都要立即填制原始凭证,不得随意拖延,事后补制。同时,原始凭证所填列的经济业务内容和数字,必须真实可靠,符合经济业务的实际情况,不得弄虚作假。对于实物的数量、质量和金额,都要经过严格的审核,确保凭证内容真实可靠。

2. 内容完整、手续完备

原始凭证所要求填列的项目必须逐项填列齐全,不得遗漏和省略,尤其需要注意的是,年、月、日要按照经济业务发生的实际日期填写;名称要写全,不能简化;品名或用途要填写明确,不许含糊不清;有关人员的签章必须齐全。为了明确经济责任,从外单位取得的原始凭证,必须盖有填制单位的公章;从个人取得的原始凭证,必须有填制人员的签名或盖章;自制原始凭证必须有经办单位负责人及其指定人员的签名或盖章;对外开出的原始凭证,必须加盖本单位的公章;购买实物的原始凭证,必须有实物的验收证明;支付款项的原始凭证,必须有收款方的收款证明。

原始凭证的填制手续，必须符合内部牵制原则的要求。凡是填有大写和小写金额的原始凭证，大写与小写金额必须相等；发生销货退回时，除填制退货发票外，还必须有退货验收证明；退款的，必须取得对方的收款收据或开户行的汇款回单，不得以退货发票代替收据；职工出差借款的借据，必须附在记账凭证上，收回借款时，应另开收据或者退还借据副本，不得退还原借款借据。经上级有关部门批准办理的经济业务，应将批准文件作为原始凭证的附件，如果批准文件需要单独归档，应在凭证上注明批准机关名称、日期和文件字号。

3. 字迹清楚、书写规范

原始凭证要用蓝色或黑色笔填写，按规定填写，文字要简要，字迹要清楚，易于辨认，不得使用未经国务院公布的简化汉字。阿拉伯数字应当一个一个地写，不得连笔写。阿拉伯金额数字前面应当书写货币币种符号或者货币名称简写符号，如人民币符号"￥"、美元符号"$"。币种符号与阿拉伯金额数字之间不得留有空白。凡阿拉伯数字前写有币种符号的，数字后面不再写货币单位。所有以元为单位（其他货币种类为货币基本单位，下同）的阿拉伯数字，除表示单价等情况外，一律填写到角分；无角分的，角位和分位可写"00"，或者"—"；有角无分的，分位应当写"0"，不得用符号"—"代替。汉字大写数字金额如零、壹、贰、叁、肆、伍、陆、柒、捌、玖、拾、佰、仟、万、亿等，一律用正楷或者行书体书写。不得用0、一、二、三、四、五、六、七、八、九、十等简化字代替，不得任意自造简化字。大写金额数字到元或者角为止的，在"元"或者"角"字之后应当写"整"字或者"正"字，大写金额数字有分的，分字后面不写"整"或者"正"字。大写金额数字前未印有货币名称的，应当加填货币名称，货币名称与金额数字之间不得留有空白。阿拉伯数字中间有"0"时，汉字大写金额要写"零"字；阿拉伯数字金额中间连续有几个"0"时，汉字大写金额中可以只写一个"零"字；阿拉伯金额数字元位是"0"，或者数字中间连续有几个"0"、元位也是"0"但角位不是"0"时，汉字大写金额可以只写一个"零"字，也可以不写"零"字。

4. 顺序使用，不得涂改、刮擦、挖补

对反映收付款项或实物的凭证要顺序或分类编号，在填制时按照编号的次序使用，不得跳号。如果原始凭证已预先印定编号，在写坏作废时，应加盖"作废"戳记，妥善保管，不得撕毁。原始凭证有错误的，应当由出具单位重开或更正，更正处应当加盖出具单位印章。原始凭证金额有错误的，应当由出具单位重开，不得在原始凭证上更正。

（二）原始凭证的填制方法

各种凭证的内容和格式依据经济业务的要求而千差万别，原始凭证的填制方法和依据也不同。一般来讲，自制原始凭证，一部分是根据经济业务的执行和完成的实际情况直接填制的，如根据实际领用的材料名称和数量填制领料单等；另一部分自制原始凭证是根据账簿记录对某项经济业务加以归类、整理而重新编制的。例如，月末计算产品成本时，根据"制造费用"账户本月借方发生额，填制"制造费用分配表"，将本月发生的制造费用，按照一定的分配标准，摊配到有关产品成本中去。另外，自制的汇总原始凭证是根据若干张反映同

类经济业务的原始凭证定期汇总填列。外来原始凭证是由其他单位或个人在办理经济业务时根据发生的经济业务填制的。原始凭证的具体填制方法见表 5-1 至表 5-10 所示。

五、原始凭证的审核

从原始凭证的定义和包括的基本内容可以看到,原始凭证在记录经济业务方面的重要性,会计的功能就是记录经济业务,而经济业务的发生是由原始凭证证明的,如果原始凭证失真,记录的会计信息也就毫无意义。

对单位的会计人员来说,原始凭证必须经过严格、认真的审核,才能作为记账的依据。这是保证会计记录真实、正确,充分发挥会计监督作用的重要环节。原始凭证审核一般包括形式审核和实质审核两方面。

(一)形式审核

形式审核就是对原始凭证的外表进行的审核,看原始凭证的填写是否完整,所记载的各项目是否正确,各项目的填写是否符合要求。

(二)实质审核

实质审核包括两方面的内容:

一是审核原始凭证所反映的经济业务,是否符合国家有关规定的要求,有无违反财经制度和财经纪律的情况。

二是审核原始凭证所代表的经济业务是否真实,包括凭证日期是否真实、业务内容是否真实、数据是否真实等。或者说,原始凭证本身是真实的还是虚假的。这一审核一般只能凭借审核人的检验判断,特殊情况下,比如出现贪污违纪行为时,还可以向对方单位询证以确定原始凭证的真实性。

会计人员在审核原始凭证时,应视不同情况,采取相应的措施。对内容不完整、书写不清楚的原始凭证,会计人员应及时退回,请其补办手续或进行更正;对于那些歪曲事实、伪造等弄虚作假的原始凭证,会计人员应予以扣留,并及时上报主管。

内容三 记账凭证

一、记账凭证的概念

原始凭证告诉我们发生了什么经济业务;会计分录告诉我们一项经济业务发生后,应该到哪些账户中去记录,记录的方向是什么,记录的金额是多少。会计分录是会计人员对原始凭证中记录的经济业务进行分析并根据借贷记账法的记账原理编制而成的,有了会计分录我们就可以记账。那么会计分录写在哪里呢?我们不能随便用一张纸来写,在实际工作中,它是写在一些具有固定和规范格式的表格中,如表 5-11、表 5-12、表 5-13、表 5-14 所示。会计上将这些具有固定和规范格式的表格称为记账凭证。记账凭证是会计凭证的一种,它是记账的直接依据。

由此可见，记账凭证是本企业的会计人员根据审核无误的原始凭证，按照经济业务的内容加以归类、整理，并据以确定账户名称、记账方向和金额（确定会计分录）后所填制的作为登账依据的会计凭证。

表5-11　　　　　　　　　　　　　　　收款凭证

借方科目：银行存款　　　　　　　××××年××月××日　　　　　　　　　收字第×号

摘要	贷方科目		金额										记账符号
	总账科目	明细科目	千	百	十	万	千	百	十	元	角	分	
收回乙公司前欠货款	应收账款	乙公司			1	5	0	0	0	0	0	0	
	合计金额				1	5	0	0	0	0	0	0	

会计主管：　　　　　记账：　　　　　稽核：　　　　　制单：　　　　　出纳：

表5-12　　　　　　　　　　　　　　　付款凭证

贷方科目：库存现金　　　　　　　××××年××月××日　　　　　　　　　付字第×号

摘要	借方科目		金额										记账符号
	总账科目	明细科目	千	百	十	万	千	百	十	元	角	分	
用现金购买办公用品	管理费用	办公费						3	0	0	0	0	
	合计金额							3	0	0	0	0	

会计主管：　　　　　记账：　　　　　稽核：　　　　　制单：　　　　　出纳：

表5-13　　　　　　　　　　　　　　　转账凭证

　　　　　　　　　　　　　　　　　××××年××月××日　　　　　　　　　转字第×号

摘要	借方		贷方		金额									记账符号
	总账科目	明细科目	总账科目	明细科目	千	百	十	万	千	百	十	元	角	分	
生产领材料	生产成本	A	原材料	甲			1	0	0	0	0	0		
合计							1	0	0	0	0	0			

会计主管：　　　　　记账：　　　　　审核：　　　　　制单：

表 5-14　　　　　　　　　　　　　转账凭证

××××年××月××日　　　　　　　　　　　　　　　字第×号

摘要	会计科目		借方金额	贷方金额	记账符号
	总账科目	明细科目			
资本公积转增资本	资本公积		1 0 0 0 0 0 0	1 0 0 0 0 0 0	
		实收资本			
合　计			1 0 0 0 0 0 0	1 0 0 0 0 0 0	

会计主管：　　　　　　记账：　　　　　　审核：　　　　　　制单：

二、记账凭证的分类

根据记录的经济业务内容的不同，记账凭证有不同的种类。

（一）按记录内容分类

记账凭证按其记录经济业务的内容不同分类，可分为专用记账凭证和通用记账凭证。

1. 专用记账凭证

（1）收款凭证。收款凭证是用来记录货币资金收入业务的记账凭证（格式如表 5-11 所示）。由于货币资金收入业务包括现金收入业务和银行存款收入业务，所以收款凭证又分为现金收款凭证和银行存款收款凭证。根据现金收入业务的原始凭证编制的收款凭证，称为现金收款凭证；根据银行存款收入业务的原始凭证编制的收款凭证，称为银行存款收款凭证。收款凭证的借方科目是主科目，分别为库存现金科目或银行存款科目。

（2）付款凭证。付款凭证是用来记录货币资金付出业务的记账凭证（格式如表 5-12 所示）。由于货币资金付出业务包括现金付出业务和银行存款付出业务，所以付款凭证又分为现金付款凭证和银行存款付款凭证。根据现金付款业务的原始凭证编制的付款凭证，称为现金付款凭证；根据银行存款付款业务的原始凭证编制的付款凭证，称为银行存款付款凭证。付款凭证的贷方科目为主科目，分别为库存现金科目或银行存款科目。

（3）转账凭证。转账凭证是用来记录非货币资金收付的其他业务的记账凭证（格式如表 5-13、表 5-14 所示）。凡是不涉及现金收付和银行存款收付的其他业务，称为转账业务，应据此编制转账凭证。

2. 通用记账凭证

通用记账凭证是既可以反映收付款业务，又可以反映转账业务的记账凭证（格式如表 5-15、表 5-16 所示）。实际工作中，对于经济业务简单或收付款业务不多的单位可使用这种通用格式的记账凭证。

表 5-15　　　　　　　　　　　　　通用记账凭证

××××年××月××日　　　　　　　　　　　　　凭证编号：××

摘 要	借 方		贷 方		金 额	记账符号
	总账科目	明细科目	总账科目	明细科目		
用存款还欠款	应付账款		银行存款		2 0 0 0 0 0 0	
合　　　计					￥2 0 0 0 0 0 0	

会计主管：　　　　　　记账：　　　　　　审核：　　　　　　制单：

表 5-16　　　　　　　　　　　　　通用记账凭证

××××年××月××日　　　　　　　　　　　　　凭证编号：××

摘 要	会计科目		借方金额	贷方金额	记账符号
	总账科目	明细科目			
用存款还欠款	应付账款		2 0 0 0 0 0 0		
	银行存款			2 0 0 0 0 0 0	
合　　　计			￥2 0 0 0 0 0 0	￥2 0 0 0 0 0 0	

会计主管：　　　　　　记账：　　　　　　审核：　　　　　　制单：

（二）按编制方法分类

记账凭证按其编制的方式不同分类，可分为单式记账凭证和复式记账凭证两种。

1．单式记账凭证

它是指每一张记账凭证只填列经济业务所涉及的一个会计科目及其金额的记账凭证。填列借方科目的称为借项凭证，填列贷方科目的称为贷项凭证。某项经济业务涉及几个会计科目，就编制几张单式记账凭证。单式记账凭证反映内容单一，便于分工记账，便于按会计科目汇总，但一张凭证不能反映每一笔经济业务的全貌，不便于检验会计分录的正确性（格式如表 5-17、表 5-18 所示）。

表 5-17　　　　　　　　　　　借项记账凭证

对方科目：银行存款　　　　　××××年××月××日　　　　　　　　　编号：1-1/2

摘要	一级科目	二级或明细科目	金额	记账
从银行提现金	库存现金			

会计主管：　　　　　记账：　　　　　稽核：　　　　　出纳：　　　　　制单：

表 5-18　　　　　　　　　　　贷项记账凭证

对方科目：库存现金　　　　　××××年××月××日　　　　　　　　　编号：1-2/2

摘要	一级科目	二级或明细科目	金额	记账
从银行提现金	银行存款			

会计主管：　　　　　记账：　　　　　稽核：　　　　　出纳：　　　　　制单：

2. 复式记账凭证

它是将每一笔经济业务所涉及的全部会计科目及其发生额均在同一张记账凭证中反映的一种凭证。它是实际工作中应用最普遍的记账凭证。上述收款凭证、付款凭证和转账凭证，以及通用记账凭证均为复式凭证。复式凭证全面反映了经济业务的账户对应关系，有利于检查会计分录的正确性，但不便于会计岗位上的分工记账。

此外，记账凭证还可以按其是否经过汇总，可分为汇总记账凭证和非汇总记账凭证。汇总记账凭证是根据许多同类的单一记账凭证定期加以汇总而重新编制的记账凭证。目的是简化登记总分类账的手续。汇总记账凭证又可按其反映经济业务的内容分类，分为汇总收款凭证、汇总付款凭证、汇总转账凭证和记账凭证汇总表（科目汇总表）。详细内容可见项目八"账务处理程序"。

非汇总记账凭证是根据原始凭证编制，只反映某项经济业务会计分录的记账凭证。前面介绍的收、付、转凭证，通用记账凭证，均是非汇总记账凭证。

三、记账凭证的基本内容

和原始凭证一样，记账凭证种类繁多，格式各异，但各种记账凭证的作用都在于对原始凭证进行整理，编制会计分录，为记账提供依据。因此，不论哪一种记账凭证，都必须具备以下基本内容或要素：

（1）记账凭证的名称，如"收款凭证"、"付款凭证"、"转账凭证"；
（2）填制记账凭证的日期；
（3）记账凭证的编号；
（4）经济业务的内容摘要；
（5）经济业务所涉及的会计科目（包括一级科目、二级科目和明细科目）及其记账方向；

（6）经济业务的金额；
（7）记账标记；
（8）所附原始凭证张数；
（9）会计主管、记账、审核、出纳、制单等有关人员签章。

四、记账凭证的填制

（一）记账凭证的填制依据

填制记账凭证是会计核算工作的重要环节。总的来说，记账凭证应当根据经过审核的原始凭证及有关资料填制。具体地说，记账凭证可以根据每一张原始凭证单独地填列；也可以根据反映同类经济业务的若干张原始凭证汇总填列；或者直接根据汇总原始凭证填制；另外，用于调整、结账和更正错误的记账凭证可以根据有关账簿记录填制。

（二）记账凭证的填制方法

这里仅介绍专用记账凭证和通用记账凭证的填制方法。

1. 专用记账凭证的填制方法

（1）收款凭证的填制方法。收款凭证是根据有关现金和银行存款收入业务的原始凭证填制的。在收款凭证左上方固定设置"借方科目"，它只能填列"库存现金"或"银行存款"科目。在凭证内所反映的贷方科目栏，应填入与收入现金或银行存款相对应的一级科目和二级科目或明细科目，其金额数就是"库存现金"或"银行存款"科目借方金额合计数。具体见表5-11。

（2）付款凭证的填制。付款凭证是根据有关现金和银行存款付款业务的原始凭证填制的。在付款凭证左上方固定设置"贷方科目"，它只能填列"库存现金"或"银行存款"科目。在凭证内所反映的借方科目栏，应填入与支出现金或银行存款相对应的一级科目和二级科目或明细科目，其金额数就是"库存现金"或"银行存款"科目贷方金额合计数。具体见表5-12。

对于现金和银行存款之间相互转化的业务，如将现金存入银行，或从银行存款中提现金，这两笔业务的特点是每一种业务的发生都既涉及收款又涉及付款，如果同时编制收款凭证和付款凭证，并按两张凭证分别记入现金和银行存款账户，就会造成重复记账。因此，为避免重复记账，在实际工作中，对现金和银行存款之间相互转化的业务，统一规定只填制一张付款凭证，而不填收款凭证。

（3）转账凭证的填制。转账凭证是根据转账业务的原始凭证填制的。转账凭证中一级科目和二级科目或明细科目应分别填列应借、应贷的会计科目；发生的金额应填在相应的金额栏内，且合计数相等。具体见表5-13、表5-14。

2. 通用记账凭证的填制方法

通用记账凭证的填制方法与转账凭证相同。其填列的依据是经审核无误的原始凭证或汇总原始凭证。具体见表5-15、表5-16。

(三) 记账凭证填制的要求

(1) 内容完整。即记账凭证应该包括的内容都要具备。应该注意的是：以自制的原始凭证或者原始凭证汇总表代替记账凭证使用的，也必须具备记账凭证所应有的内容。

(2) 正确编制会计分录并保证借贷平衡。必须根据国家统一会计制度的规定和经济业务的内容，正确使用会计科目和编制会计分录，记账凭证借方和贷方的金额必须相等，合计数必须计算正确。

(3) 除结账和更正错误的记账凭证外，记账凭证必须附有原始凭证并注明所附原始凭证的张数。所附原始凭证张数的计算，一般以原始凭证的自然张数为准。与记账凭证中的经济业务记账有关的每一张证据，都应当作为记账凭证的附件。如果记账凭证中附有原始凭证汇总表，则应该把所附的原始凭证和原始凭证汇总表的张数一起计入附件的张数之内。但报销差旅费的零散票券，可以粘贴在一张纸上，作为一张原始凭证。一张原始凭证如涉及几张记账凭证，可以将该原始凭证附在一张主要的记账凭证后面，在其他记账凭证上注明该主要记账凭证的编号或者附上该原始凭证的复印件。

(4) 连续编号。即记账凭证应当连续编号。这有利于分清会计事项处理的先后顺序，便于记账凭证与会计账簿之间的核对，确保记账凭证的完整；记账凭证编号的方法有多种，可以按现金收付、银行存款收付和转账业务三类分别编号，也可以按现金收入、现金支出、银行存款收入、银行存款支出和转账五类进行编号，或者将转账业务按照具体内容再分成几类编号。各单位应当根据本单位业务繁简程度、人员多寡和分工情况来选择便于记账、查账、内部稽核、简单严密的编号方法。无论采用哪种编号方法，都应该按月顺序编号，即每月都从1号编起，顺序编至月末。一笔经济业务需要填制两张或者两张以上记账凭证的，可以采用分数编号法编号，如某会计事项属于本月第2号经济业务，涉及的会计科目需要填制3张记账凭证，就可以编成2-1/3号、2-2/3号、2-3/3号。

(5) 填制记账凭证时如果发生错误，应当重新填制。已经登记入账的记账凭证在当年内发现错误的，可以用红字注销法进行更正。在会计科目应用上没有错误，只是金额错误的情况下，也可以按正确数字同错误数字之间的差额，另编一张调整记账凭证。发现以前年度的记账凭证有错误时，应当用蓝字填制一张更正的记账凭证。

(6) 记账凭证填制完经济业务事项后，如有空行，应当在金额栏自最后一笔金额数字下的空行处至合计数上的空行处划线注销。

五、记账凭证的审核

正确编制记账凭证，是正确记账的前提。为了保证记账凭证的正确性，记账凭证编制后，必须有专人对记账凭证进行严格的审核。记账凭证审核的主要内容包括以下几项：

(1) 记账凭证是否附有原始凭证；所附原始凭证的内容是否与记账凭证的内容相符。

(2) 根据原始凭证反映的经济内容所作的应借应贷会计科目的对应关系是否正确，借贷金额是否相等。

（3）记账凭证格式中规定项目是否都已填列齐全，有关人员是否都已签名或盖章等。

在会计实务中，对记账凭证要重视填制和审核，如果记账凭证出现错误，会影响会计信息的质量。经审核发现记账凭证有错误，或者不符合要求，应查清原因，要求填制人员重新填写，或按照规定的方法更正，只有经过审核无误的记账凭证，才能据以记账。

内容四　会计凭证的传递与保管

一、会计凭证的传递

会计凭证的传递是指从原始凭证的填制或取得时开始，经过填制、稽核、记账，直到归档保管为止，在本单位内部有关职能部门和人员之间的传递路线、传递时间和处理程序。

各种会计凭证所记载的经济业务不同，因此，应当为各种会计凭证规定一个合理的传递程序，即一张会计凭证填制后应交到哪个部门、哪个岗位，由谁接办业务手续，应在多长时间内办理完毕等。如凭证有一式数联的，还应规定每一联传到哪几个部门、什么用途等。这样既能够及时、真实地反映监督各项经济业务的发生和完成情况，为经济管理提供可靠的经济信息；又便于有关部门和个人分工协作，相互牵制，加强岗位责任制，实行会计监督。

正确组织会计凭证的传递，对于提高会计核算的及时性，正确组织经济活动，加强经济责任，实行会计监督，具有重要意义。

正确、合理的组织会计凭证的传递，应注意以下几点基本要求：

（1）各单位应根据经济业务的特点、机构设置和人员分工情况，明确会计凭证填制的联数和传递程序，既要保证会计凭证经过必要的环节进行处理和审核，又要避免会计凭证在不必要的环节停留，使有关部门和人员及时了解情况，掌握资料并按规定手续进行工作。

（2）会计凭证的传递时间，应考虑各部门和有关人员的工作内容和工作量在正常情况下完成时间，明确规定各种凭证在各个会计环节上停留的最长时间，不能拖延和积压会计凭证，以免影响会计工作的正常秩序。一切会计凭证的传递和处理，都应在报告期内完成，不允许跨期；否则，将影响会计核算的准确性和及时性。

（3）会计凭证传递过程中的衔接手续，应该做到既完备、严密，又简便易行。凭证的收发、交接都应按一定的手续制度办理，以保证会计凭证的安全和完整。

（4）会计凭证的传递程序、传递时间和衔接手续明确后，可制成凭证流转图，制定凭证传递程序，规定凭证传递的路线、环节，在各环节上的时间、处理内容及交接手续，使凭证传递工作有条不紊，迅速有效地进行。

二、会计凭证的保管

如前所述，会计凭证是记录经济业务、明确经济责任的证明文件，又是登记账簿的依据，所以，它是重要的经济档案和历史资料。任何企业在完成经济业务手续和记账之后，必须按规定建立立卷归档制度，形成会计档案资料，妥善保管，以便日后随时查阅。

会计凭证在记账后，应定期（每天、每旬或每月）进行分类管理，并将各种记账凭证按照编号顺序，连同所附原始凭证折叠整齐，加具封面、封底装订成册，并在装订线上加贴封签。在封面上应写明单位名称、年、月份、凭证的起讫日期，记账凭证的种类、起讫号码，以及记账凭证和原始凭证的张数，并在封签处加盖会计主管的骑缝图章。如果采用单式记账凭证，在整理装订时，必须保持会计分录的完整，并按凭证号的顺序转订成册，不得按科目归类装订。

各种经济合同、存出保证金收据及涉外文件等重要的原始凭证，以及各种需要随时查阅和退回的单据，应另编目录，单独登记保管，并在有关记账凭证和原始凭证上相互注明日期和编号。如果某些记账凭证所附的原始凭证过多，可以单独装订保管，在封面注明所属记账凭证的日期、编号、种类，同时在有关的记账凭证上注明"附件另订"和原始凭证的名称、编号，以便查找。

会计人员必须做好会计凭证的保管工作，严格防止会计凭证错乱不全或丢失损坏。原始凭证不得外借，其他单位因特殊原因需要借阅原始凭证时，应持有单位正式介绍信，经会计主管人员或单位领导人批准，必要时，可以提供复印件。向外单位提供原始凭证复件时，应当专设登记簿登记，同时提供人员和收取人员要共同签名盖章。装订成册的会计凭证，应指定专人保管，年度终了，要移交财会档案室登记归档。

从外单位取得的原始凭证如有遗失，应当取得原开出单位盖有公章的证明，并注明原来凭证的号码、金额和内容等，由经办单位会计机构负责人、会计主管人员和单位领导人批准后，才能代作原始凭证。如果确实无法取得证明的，如火车、轮船、飞机票等凭证，由当事人写出详细情况，由经办单位会计机构负责人、会计主管人员和单位领导人批准后，代作原始凭证。

会计凭证的保管期限和销毁手续，必须严格执行会计制度的有关规定。对一般的会计凭证应分别规定保管期限，对重要的会计凭证，如涉及外事和重要业务资料，必须长期保管。未到规定保管期的会计凭证，任何人不得随意销毁。对保管期满需要销毁的会计凭证，必须开列清单，经本单位领导审批，报上级主管部门批准后，才能销毁。

项目六　会计核算的载体——会计账簿

【本章导读】

原始凭证是经济业务发生的最原始的证明，记账凭证是用会计语言将发生的经济业务应记入的会计内容进行了归类、整理和记录。但记账凭证所提供的会计信息是零散的、分散的，仅仅通过记账凭证无法快速准确地了解企业的财务状况，因此，我们必须借助会计账簿来对会计凭证进行归类和整理，来连续、系统、全面地记录和反映企业的有关经济业务的信息。

内容一　会计账簿概述

一、会计账簿的概念

会计账簿（简称账簿）是以会计凭证为依据，对全部经济业务进行全面、系统、连续地记录和核算的簿籍。它是由具有一定格式的账页组成。

各单位在发生经济业务之后，都必须取得或填制会计凭证，从而证明该项经济业务的完成情况和明确经济责任，这是会计核算工作的起点。但由于会计凭证数量多，格式不一，资料分散，每张凭证一般只能反映个别经济业务的内容。为了全面、系统、连续地反映一个单位在一定时期内某一类和全部经济业务增减变动情况，给经济管理提供完整而系统的会计核算资料，就需要把会计凭证所记载的大量分散的资料加以归类整理，登记到有关的账簿中去。因此，账簿是积累、贮存经济活动情况的数据库。每个单位都必须设置和登记账簿。

值得说明的是，账簿与账户有着密切的联系。账户是根据会计科目开设的，账户存在于账簿的每一账页中；账簿是账户的存在形式和载体，开设账户是在账簿的账页中进行的。

二、会计账簿的意义

设置和登记账簿是会计工作的一项重要环节，对保证会计工作的质量，提供真实、准确的会计信息具重要的意义。

（一）设置和登记账簿，能全面反映各会计要素变动和结果

通过设置和登记账簿，可以全面、系统、连续的记录和反映各项资产、负债、所有者权益增、减变动情况及归属和结果，为改善经营管理，合理运用资金，保护投资者利益提供总括和明细的资料。同时，为正确计算收入、费用和利润提供可靠的依据，有利于企业单位考核经营成果和财务状况，促进依法经营，遵守财经法规，进一步提高经济效益。

（二）设置和登记账簿，能保护各项财产物资的安全和完整

通过设置和登记账簿，可以随时了解和掌握各项财产物资的增减变化，将有关账簿的账面结存数与实存数进行核对，监督检查账实是否相符。同时，借助于账簿的记录，可以监督各项财产物资的妥善保管，防止损失浪费，揭露贪污盗窃行为，保护财产安全完整。

（三）设置和登记账簿，能提供编制会计报表的信息和资料

通过设置和登记账簿，为定期编制财务报告提供系统的数据资料。账簿记录资料的质量高低，是企业、单位编制财务报告的重要保证，只有完整、系统、真实、可靠的会计资料才成为财务报告的资料来源。同时，这些资料又可以作为企业、单位编制财务计划，进行财务分析的依据。

三、会计账簿的内容

由于管理的要求不同，所设置的账簿也不同，各种账簿所记录的经济业务也不同，其种类、格式多种多样，但各种账簿都应具备以下基本要素：

（1）封面：标明记账单位和账簿的名称。

（2）扉页：标明账簿的启用日期和截止日期、页数、册数；账簿启用和经管账簿人员一览表，会计主管人员签章，以及账户目录等。格式见表6-1。

表6-1　　　　　　　　　账簿启用和经管人员一览表

单位名称		账簿页数	
账簿名称		账簿册数	
账簿编号		启用日期	
记账人员		会计主管	
经管人员		接　管			移　交		
职别	姓名	年	月	日	签章	年	月	日	签章

（3）账页：是账簿的主体，用于记载经济业务发生时间和金额。账页的基本内容包括：①账户名称（总分类账户、二级账户或明细账户）；②日期栏；③凭证种类和号数栏；④摘要栏（简要说明所记录经济业务的内容）；⑤金额栏（记录经济业务引起账户的发生额和余额增减变动的数额）；⑥总页次和分页次栏等。

四、会计账簿的种类

账簿的种类繁多，不同的账簿，其用途、形式、内容和登记方法都不相同。为了便于更

好地掌握账簿的使用方法，发挥账簿的作用，有必要了解账簿的分类。

账簿分类的标准一般有三种。

（一）按用途分类

会计账簿按用途可划分为序时账簿、分类账簿和备查账簿三种。

1．序时账簿

序时账又称日记账。它是按照经济业务的发生和完成的时间顺序，逐日逐笔进行登记的账簿。在古代会计中也把它称为"流水账"。序时账又分为两种，一种是用来登记全部经济业务事项的，称为普通日记账。普通日记账是将企业每天发生的所有经济业务，不论其性质如何，按其时间先后序顺，登记入账。其格式见表6-2。另一种是用来记录某一类经济业务的，称为特种日记账。特种日记账是按经济业务的性质单独设置的账簿，它只把特定项目按经济业务发生或完成的先后顺序登记入账，反映其详细情况。在实际工作中，应用比较广泛的是特种日记账。如"现金日记账"和"银行存款日记账"。其格式见表6-3、表6-4。

表6-2　　　　　　　　　　　　　　　普通日记账　　　　　　　　　　　　　　单位：元

2011年		凭证号数	摘要	会计科目	金额		过账
月	日				借方	贷方	
12	1	略	收回欠款	银行存款	20 000		
				应收账款		20 000	
	2		从银行提现金	库存现金	500		
				银行存款		500	
	3		采购材料	原材料	18 000		
				应付账款		18 000	

表6-3　　　　　　　　　　　　　　　现金日记账　　　　　　　　　　　　　　单位：元

2011年		凭证		摘要	对方科目	收入	付出	结余
月	日	种类	号数					
5	1			月初余额				800
	2	银付	2	提取现金备用	银行存款	200		1 000
	5	现付	1	王明预借差旅费	其他应收款		400	600
	10	现收	1	零星销售产品	主营业务收入	300		900
	15	现付	2	职工刘力报销医药费	应付职工薪酬		100	800
	20	现付	3	将现金送存银行	银行存款		300	500
	31			本月发生额及月末余额		500	800	500

表 6-4　　　　　　　　　　　　　银行存款日记账　　　　　　　　　　　　　单位：元

2011年		凭证		摘要	结算凭证		对方科目	收入	付出	结余
月	日	种类	号数		种类	号数				
5	1			月初余额							60 000
	1	银付	1	付材料款			材料采购		10 000	50 000
	2	银付	2	提取现金	略	略	库存现金		200	49 800
	15	银收	1	销售收入			主营业务收入	30 000		79 800
	20	现付	3	现金送存银行			库存现金	300		80 100
	25	银付	3	支付水电费			管理费用		2 000	78 100
	31			本月发生额及月末余额				30 300	12 200	78 100

2. 分类账簿

这是对全部经济业务按照总分类账户和明细分类账户进行分类登记的账簿。分类账簿按其反映内容详细程度不同，可分为总分类账簿和明细分类账簿。

（1）总分类账。总分类账是按照总分类账户分类登记全部经济业务的账簿。总括地反映和记录经济活动情况。

总分类账的格式一般较简单，应用较广的是设置借方、贷方、余额三栏式的订本账，其格式见表6-5。

表 6-5　　　　　　　　　　　　　　　总分类账

账户名称：原材料　　　　　　　　　　　　　　　　　　　　　　　　　　　　单位：元

2011年		凭证		摘要	借方	贷方	借或贷	余额
月	日	种类	号数				
5	1			期初余额			借	14 000
	3	转	1	收入甲材料	8 000		借	22 000
	4	转	2	领用甲材料		5 000	借	17 000
	8	转	3	收入乙材料	4 000		借	21 000
	10	转	4	领用乙材料		6 000	借	15 000
					本期发生额及期末余额	12 000	11 000	借	15 000

（2）明细分类账。明细分类账是分类登记某一类经济业务详细情况的账簿，是总分类账的明细记录。它既可反映有关资产、负债、所有者权益、收入、费用、利润等价值变动情况，又可反映资产等实物量的增减情况。明细账以货币为主要计量单位，同时辅助以实物量度计量。

明细账的格式，应根据它反映经济业务的特点，以及实物管理的不同要求来设计。一般有三栏式、数量金额式和多栏式等多种。

①三栏式明细分类账。这种明细账的格式与三栏式总账的格式相同，只设有借方、贷方和余额三个金额栏，不设数量栏。它主要适用于进行金额核算的债权、债务账户，如应收账

款、应付账款、短期借款、应交税费等往来结算账户明细分类账。其格式见表6-6。

表6-6　　　　　　　　　　　　　　应付账款明细账

账户名称：××单位　　　　　　　　　　　　　　　　　　　　　　　　　　　　单位：元

2011年		凭证		摘要	借方	贷方	借或贷	余额
月	日	种类	号数					
5	1			期初余额			贷	3 000
	13	转	1	购料欠款		20 000	贷	23 000
	20	转	2	偿还货款	10 000		贷	13 000
	31			本期发生额及期末余额	10 000	20 000	贷	13 000

②数量金额式明细分类账。这种明细账的格式是在收入、支出、结存三栏式内，再分别设置数量、单价、金额等栏目。它主要适用于既需反映金额，又需反映实物数量的财产物资账户，如原材料、库存商品等物资的明细分类账。其格式见表6-7。

表6-7　　　　　　　　　　　　　　原材料明细分类账

类别：　　　　　　　　　　　　　　　　　　　　　　　　　　　　　　　材料编号：

品名或规格：　　　　　　　　　　计量单位：　　　　　　　　　　储备定额：

2011年		凭证	摘要	收入			发出			结存		
月	日			数量	单价	金额	数量	单价	金额	数量	单价	金额
5	1		月初余额							50	150	7 500
	4		收入材料	20	150	3 000				70	150	10 500
	10		车间领用				30	150	4 500	40	150	6 000
			本期发生额及期末余额	20	150	3 000	30	150	4 500	40	150	6 000

③多栏式明细分类账。这种明细账的格式是根据经济业务的特点和经营管理的需要，在一张账页内按某一总账科目的明细项目分设若干专栏，集中反映该类经济业务的详细资料。它适用只记金额，不记数量，而且在管理上需要了解其构成内容的收入、费用、利润账户，如生产成本、制造费用、管理费用、主营业务收入、本年利润等账户。其格式见表6-8。

表6-8　　　　　　　　　　　　　　生产成本明细分类账

2011年		凭证	摘要	借方				贷方	借或贷	余额
月	日			直接材料	直接人工	制造费用	合计			
			生产领料	50 000			50 000		借	50 000
			分配工资		44 000		44 000		借	94 000
			分配制造费用			30 000	30 000		借	124 000
			结转产品成本					124 000	平	0
			合计	50 000	44 000	30 000	124 000	124 000	平	0

在实际工作中，成本费用类明细账，可以只按借方发生额设置专栏，贷方发生额较少，可在借方有关栏内用红字登记，表示应从借方发生额中冲减。其格式见表6-9。

表6-9　　　　　　　　　　　　　管理费用明细分类账

单位：元

2011年		凭证	摘要	借方						
月	日			办公费	工资	折旧费	差旅费	税金	……	合计
			支付办公费	5 000						5 000
			分配工资		30 000					30 000
			计提折旧			600				600
			报销差旅费				2 500			2 500
			支付印花税					100		100
			结转管理费用	5 000	30 000	600	2 500	100		38 200

3. 备查账簿

这是对某些在序时账簿和分类账簿等主要账簿中未能记载的经济事项进行补充登记的账簿。它可以为某些经济业务的内容提供必要的参考资料，如应收票据备查簿（记录已贴现的商业承兑汇票）、租入固定资产登记簿（记录经营租入固定资产）、受托加工材料登记簿等。备查账簿的登记无须根据会计凭证，也没有固定格式，可由各单位根据需要进行设置。

（二）按形式分类

账簿按外表形式分类可划分为订本账、活页账和卡片账三种。

1. 订本账

订本账是在未启用前把一定数量的账页固定装订在一起，并进行连续编号的账簿。订本账可以避免账页散失或被抽换，因此，一般用于比较重要的账簿，如"现金日记账"、"银行存款日记账"和"总分类账"等。但这种账簿不能根据需要增减账页，不便于分工记账，也不便于计算机打印记账。

2. 活页账

活页账是一种将所需零散账页存放在账夹中，可以随时取放的账簿。由于账页并不固定装订在一起，同一时间可以由若干会计人员分工记账，在年终使用完后，必须将其整理归类装订成册，按一定类别统一编号，妥善保管。一般明细账都采用活页账。但由于账页容易造成散失和抽换，因此，要加强平时的管理监督。

3. 卡片账

卡片账是将卡片作为账页，存放在卡片箱内保管的账簿。它实际上是一种活页账，除了具有一般活页账的优、缺点外，不需要每年更换，可以跨年使用。适用于"固定资产明细账"、"低值易耗品明细账"等。它一般在实物保管、使用部门使用。

(三)按账页格式分类

账簿按所使用的账页格式不同分为三栏式账、多栏式账、数量金额式账三种。

1. 三栏式账

三栏式账页一般采用"借方"、"贷方"、"余额"三栏作为基本结构,用以反映某项会计要素的增加、减少(转销)和结余的情况。三栏账适于只需要进行金额核算的经济业务,如总账及债权、债务等分类账适用于这种格式。

2. 多栏式账

多栏式账页的基本结构也采用"借方"、"贷方"、"余额"三栏,但是根据所反映的经济业务的特点和管理的要求,在"借方"、"贷方"栏下面分别设置若干专栏,以详细记录具体经济业务的不同指标或项目。多栏式账页适用于需要进行分项目具体反映的经济业务。如"管理费用"、"制造费用"等明细账适用于这种格式。

3. 数量金额式账

数量金额账页的基本格式也同样采用"借方"、"贷方"、"余额"三栏,但在每栏下面再分设"数量"、"单价"、"金额"三个小栏目,以具体反映这三者之间的关系。数量金额式账页适用于既需要金额核算又需要数量核算的经济业务。如"原材料"、"库存商品"等明细账采用这种格式。

内容二 会计账簿的设置与登记

一、会计账簿的登记规则

(1)准确完整。登记账簿时,应将会计凭证的日期、编号、经济业务摘要、金额和其他有关资料逐项记入账内,做到数字准确、摘要简明清楚、登记及时。

(2)注明记账符号。账簿登记完毕,应在记账凭证的"记账"栏内注明账簿的页数或作出"√"符号,表示已记账,以免重登、漏登,也便于查阅、核对、并签名或盖章。

(3)书写留空。账簿中书写的文字或数字上面要留有适当空格,不要写满格,一般应占格距的1/2,一旦发生错误,也有修改的空间。

(4)登记账簿时必须使用蓝黑墨水或者碳素墨水书写,不得使用圆珠笔(银行的复写账簿除外)或者铅笔书写。

(5)红色墨水只能用于制度规定的以下情形:根据红字冲账的记账凭证,冲销错误记录;在不设借贷等栏的多栏式账页中,登记减少数;在三栏式账户的余额栏前,未印明余额方向的,在余额栏内登记负数余额;根据国家统一会计制度的规定可以用红字登记的其他会计记录。

（6）顺序连续登记。各种账簿按页次顺序连续登记，不得跳行隔页。如果发生跳行、隔页，应当将空行、空页划线注销，或者注明"此行空白"、"此页空白"字样，并由记账人员和会计主管人员签章。

（7）结出余额。凡需要结出余额的账户，结出余额后，应当在"借或贷"等栏内写明"借"或者"贷"等字样，以示余额的方向。没有余额的账户，应当在"借或贷"等栏内写"平"字，并在余额栏内"元"位上用"θ"表示。

（8）过次承前。每一账页登记完毕结转下页时，应当结出本页合计数及余额，写在本页最后一行和下页第一行有关栏内，并在摘要栏内注明"转（过）次页"和"承前页"字样，也可以将本页合计数及金额只写在下页第一行栏内，并在摘要栏内注明"承前页"字样。

（9）不得刮擦涂改。如账簿记录发生错误，不得刮、擦、挖补或用褪色药水更改字迹，而应采用规定的方法更正。

二、会计账簿的设置与登记

（一）设置账簿的原则

会计账簿的设置、账簿格式的选择，一般应遵循下列原则。

1. 统一性原则

各单位应当按照国家统一会计制度的规定和本单位的实际需要设置账簿。所设置的账簿应能全面反映本单位的各项经济事项，满足经营、管理的需求，并为对外提供各种会计信息奠定基础。

2. 科学性原则

会计账簿的设置要组织严密、层次分明，账簿之间要相互衔接、相互补充、相互制约，能清晰地反映各账户之间的对应关系，满足单位内部管理需求的各种总括、明细、完整、系统的会计数据、资料。

3. 实用性原则

会计账簿的设置要从企业、单位实际出发，根据规模、业务量的大小和管理水平的高低，会计机构和会计人员的配备等多方面综合考虑。既防止账簿过于繁杂，又不能过于简化，考虑人力物力的节约，力求避免重复和遗漏。一般来讲规模大、业务复杂、会计人员较多、分工较细的单位，账簿设置可以细一些。对于业务简单、规模小、会计人员少的单位，账簿设置可以简化一些。

4. 合法性原则

各单位必须依据会计有关法规设置会计账簿。依法设账，在我国会计实际工作中是一个比较薄弱的环节，一些单位不设账，或者设账外设账，私设小金库，造假账等现象比较严重，损害了国家和社会公众的利益，干扰了正常的经济秩序。我国的《会计法》中对依法设账作出了明确的规定，这充分地说明了依法设账的重要性。

（二）会计账簿格式的选择

前面介绍的各种不同格式的账簿，其用途不同，各企业、单位在设置会计账簿时，应根据所要记录的不经济内容，选择不同格式的账簿。特别是在新建企业、单位，会计人员要面临着如何选择不同格式的账簿，来设置会计账簿的问题，只有科学、合理地选择和设置会计账簿，才能满足本企业、单位经营、管理的需求。

对比较重要的会计账簿，如"总账"、"现金存款日记账"、"银行存款日记账"等，为了保证其安全，应采用订本账。同时，在格式上应选用三栏式账页。

对于反映债权、债务经济业务的各种往来账，为了便于方便增、减账页，应采用活页账，同时，在格式上应选用三栏式账页。

对于反映财产物资增减变化经济业务的各种会计账簿，为了全面反映数量、单价、金额的不同指标，应采用活页账，同时，在格式上应选用数量金额式账页。

对于反映备查记录辅助经济业务，如"应收票据"、"租入固定资产"明细账，应采用备查账，同时，根据需要分别应选用不同格式的账页。

对于在管理需要长时期记录内容更具体、详细，并可以随时存取，便于日常查阅经济业务的，如"固定资产"、"低值易耗品"明细账，应采用卡片账。

（三）会计账簿的设置与登记

在实际工作中，如何选用和设置科学、合理、符合管理需要的会计账簿，是会计人员应掌握的基本技能，也是会计实践工作经验总结的体现。下面主要介绍几种常见账簿的设置和登记方法。

1. 日记账的设置与登记方法

日记账分为普通日记账的特种日记账两种。

（1）普通日记账的设置和登记方法。普通日记账是将全部经济业务，按照每天经济业务完成时间的先后顺序，逐笔进行登记。普通日记账一般只设"借方"、"贷方"两个金额栏，分别记录各种经济业务应记入的账户名称及借、贷方的金额，也称两栏式日记账，或分录簿。格式如表6-10所示。

在会计发展的初级阶段，由于交易和事项不多，人们只需要根据每天发生的交易或事项，逐笔地登记这种日记账，以反映每天业务的金额，然后根据日记账上的数额逐日地过入各有关总账。采用普通日记账，可以逐日反映交易或事项的发生或完成情况。但由于只有一本日记账，不便于分工记账，也不能归类反映交易或事项的发生或完成情况，因而，取而代之的是特种日记账。

（2）特种日记账的设置和登记方法。特种日记账是专门用来登记某一类经济业务的日记账，它是由普通日记账的进一步发展。其作用主要是：汇总登记同一类交易或事项，然后根据汇总数过入分类账，减少登记分类账的工作量，便于会计人员分工记账，从而提高工作效率。常用的特种日记账主要有现金日记账和银行存款日记账。现将"现金日记账"和"银行存款日记账"的设置和登记方法说明如下。

①现金日记账的设置和登记方法。现金日记账是用来序时登记现金收付款业务的日记账。现金日记账一般采用三栏式账页格式。三栏式现金日记账,在同一账页上分设"收入"、"支出"和"结余"三栏。为了清晰地反映现金收、付业务的具体内容,在"摘要"栏后,还应设"对应科目"专栏,登记对方科目名称。以便随时检查、核对与现金收、付业务相关的对应会计科目。

表 6-10　　　　　　　　　　　　　普通日记账　　　　　　　　　　　　　　　单位:元

2011年		凭证号数	摘要	会计科目	金额		过账
月	日				借方	贷方	
3	1	略	收回欠款	银行存款	3 800		
				应收账款		3 800	
	2		从银行提现金	库存现金	500		
				银行存款		500	
	3		采购材料款未付	原材料	2 000		
				应付账款		2 000	
	6		偿还银行借款	短期借款	1 000		
				银行存款		1 000	

现金日记账通常由出纳人员根据审核后的现金收款凭证、现金付款凭证或将从银行提取现金的银行付款凭证,序时逐日逐笔登记。每次收、付现金后,随时结出账面余额,每日结出的账面余额后,应与库存现金实存额核对相符。三栏式现金日记账格式及登记方法见表 6-11。

表 6-11　　　　　　　　　　　　　现 金 日 记 账

年		凭证号	摘要	对方科目	收入								支出								核对号	余额							
月	日				十万	万	千	百	十	元	角	分	十万	万	千	百	十	元	角	分		十万	万	千	百	十	元	角	分

当企业规模较大，货币资金收付款业务较多时，为简化过账手续，现金日记账的格式就要采用多栏式。多栏式现金日记账，把"收入"、"支出"分别按对应科目设置若干专栏。收入按应贷科目设置，支出按应借科目设置。每日终了，应分别计算现金收入、支出的合计数及账面结存余额，并与实存现金核对相符。其格式如表6-12、表6-13所示。

表6-12　　　　　　　　　　现　金　收　入　日　记　账

年		凭证号	摘要	贷方科目				收入合计
月	日			银行存款	应收账款	其他应收款	……	

表6-13　　　　　　　　　　现　金　支　出　日　记　账

年		凭证号	摘要	借方科目				支出合计
月	日			银行存款	应付账款	其他应付款	……	

②银行存款日记账的设置和登记方法。银行日记账是由出纳人员根据审核后的银行收款凭证、银行付款凭证或将现金存入的现金付款凭证，序时逐日逐笔登记银行收、付业务的账簿。每次收、付银行存款后，随时结出余额，定期结出的账面余额后，应与银行对账单对账，以验证企业银行存款日记账的记录是否正确。银行存款日记账分为三栏式和多栏式两种。

三栏式银行存款日记账格式及登记方法与现金日记账基本相同，但由于银行存款收付，都银行结算方式相关，故增设"结算凭证—种类、编号"栏。不再重述。

多栏式银行存款日记账，一般在实际工作中，为了避免账页过长，将其分为"银行收入日记账"和"银行支出日记账"（格式略）。

2. 分类账设置与登记方法

通过日记账，人们可以了解一定时期特种交易或事项或者全部交易或事项的发生情况，但是日记账不能提供每类交易或事项发生情况的资料，因此还必须设置分类账簿。分类账簿是账簿体系的主干。会计记账的主要目的，是确定每一科目的借贷总额及其余额，而分类账就是将记账凭证内各会计分录所记业务，按相同科目予以汇总，它的最终结果为编制会计报表和加强管理提供有关资产、负债、所有者权益、成本费用及损益的总括的和详细的资料。分类账按其所提供会计资料的详细程度不同，分为总分类账和明细分类账两种。

（1）总分类账的设置和登记。

总分类账是按照一级会计科目设置，用以记录全部经济业务情况，提供总括会计资料的账簿。总分类账能够提供全面、系统、连续的经济业务，同时也是编制会计报表的重要依据，各企业、单位必须设置。由于只能需提供货币计量单位的价值变化，因此，总分类账一般采用三栏式订本账。其格式如表6-14所示。

总　账

表 6-14

会计科目：银行存款

2011年		凭证号	摘要	借方金额	贷方金额	借或贷	余额
月	日			十万千百十元角分	十万千百十元角分		十万千百十元角分
1	1		期初余额			借	2 8 3 3 0 0 0 0
1	15	略	汇总登记	2 4 0 0 0 0 0 0	7 8 7 8 0 0 0 0	借	4 4 4 5 2 0 0 0
1	31		汇总登记	1 5 5 0 0 0 0 0	1 2 2 0 0 0 0 0	借	4 7 7 5 2 0 0 0

总分类账的登记方法是根据企业、单位采用不同的会计核算组织程序不同而有所区别。概括地讲，登记总账的方法有三种：一种是直接根据记账凭证逐笔登记；另一种是将记账凭证定期汇总后登记，即根据汇总记账凭证登记；还有一种是根据科目汇总表登记。具体登记方法将在项目八账务处理程序中详细介绍。

（2）明细分类账的设置和登记。明细分类账是根据总账所属的明细科目设置的，用以记录某一类经济业务明细核算资料的分类账。每一个企业除现金和银行存款可不再设置明细分类账外，一般来说，各种财产物资、债权、债务、收入和成本费用等有关总分类账下都应设置明细分类账。明细账的格式主要是根据所反映的经济业务的特点，以及实物管理的不同要求来选择确定。各种明细账的登记方法，应根据本单位业务量的大小和经营管理的需要，以及所记录的交易或事项的内容而定，可以根据原始凭证或原始凭证汇总表登记的，也可以根据记账凭证逐笔登记。

下面分别介绍不同格式的明细账的设置和登记方法。

①三栏式明细账的设置和登记。三栏式明细账的格式与总分类账格式相同，即账页只设有借方、贷方和余额三个金额栏，不设数量栏。它一般适用于反映只需要金额核算，不需要进行数量核算的经济业务。如"应收账款"、"应付账款"等明细账。下面举例说明"应收账款"明细账的格式和登记方法（见表6-15）。

表6-15 **应收账款明细账**

会计科目：应收账款　　　　　　　　　　　　　明细科目：华盛公司

2011年		凭证号	摘要	借方	贷方	借或贷	余额
月	日						
1	1		期初余额			借	4 000 000
1	5	略	收回货款		2 000 000	借	2 000 000
1	12		销售商品	3 500 000			5 500 000
1	13		更正××号凭证		200 000		5 700 000

②数量金额式明细账的设置和登记。数量金额式明细账在收入、支出和结存（或借方、贷方和余额）栏内，再增设数量、单价、金额栏，分别记录实物、金额的增、减变动情况。它适用于既需要反映金额，又需要反映数量的各种财产物资科目。如"原材料"、"库存商品"等明细账。下面举例说明"原材料"明细账的格式和登记方法（见表6-16）。

表6-16 **原材料明细账**

材料名称：A材料　　　　　　　　　　　　最高存量：略
材料规格：略　　　　　　　　　　　　　　最低储量：略
计量单位：公斤　　　　　　　　　　　　　存放地点：1号库

2011年		凭证号	摘要	借方			贷方			余额		
				数量	单价	金额	数量	单价	金额	数量	单价	金额
1	1		期初余额							500	20	10 000
	5	略	购入	100	20	2 000				600	20	12 000
	12		领用				200	20	4 000	400	20	8 000
	31		领用				200	20	4 000	200	20	4 000
			本月合计	100	20	2 000	400	20	8 000	200	20	4 000

③多栏式明细账的设置和登记。多栏式明细账是根据经济业务的特点和管理的需要，在同一账页内通过按项目设置若干个专栏，集中反映某一经济业务详细资料的。它适用于费用、

成本、收入和成果等明细分类核算。如"生产成本"、"制造费用"、"管理费用"等明细账。下面举例说明"生产成本"明细账的格式和登记方法（见表6-17）。

表6-17

管理费用明细分类账

会计科目：管理费用　　　　　　　　　　　细目：　　　　　　　　　　　子目：

2011年		凭证号	摘要	借方发生额				贷方发生额	余额
月	日			办公费	水电费	保险费	差旅费	转出	
1	5	略	付办公费	3 000					3 000
1	7		付水电费		5 000				8 000
1	15		付保险费			28000			36 000
1	31		结转费用					36 000	
1	31		本月合计	3 000	5 000	28 000		36 000	0

【相关链接】会计账簿与会计凭证、会计报表一样，都是重要的经济档案，必须按照国家的有关规定加强保管，做好会计档案的管理工作。会计档案管理是一项技术、政策性都很强的工作，为此，财政部和国家档案管理局，发布了《会计档案管理办法》。

财政部、国家档案局制定的《会计档案管理办法》第五条规定：会计档案是指会计凭证、会计账簿和财务报告等会计核算专业材料，是记录和反映单位经济业务的重要史料和证据。具体包括：

1. 会计凭证类：原始凭证，记账凭证，汇总凭证，其他会计凭证。
2. 会计账簿类：总账，明细账，日记账，固定资产卡片，辅助账簿，其他会计簿。
3. 财务报告类：月度、季度、年度财务报告，包括会计报表、附表、附注，其他财务报告。
4. 其他类：银行存款调节表，银行对账单，其他应当保存的会计核算专业资料，会计档案移交清册，会计档案保管清册，会计档案销毁清册。

内容三　账项调整、对账和结账

一、账项调整

所谓账项调整，就是在会计期末，按照权责发生制的要求，确定本期的应得收入和应负担的费用，并据以对账簿记录的有关账项作出必要调整的会计处理方法。

应用前面介绍的记账方法，一般我们应该在经济业务发生时将发生的经济业务全部登记入账，并保证其正确性。但是企业日常发生的经济业务中，对收入和费用的记账时间有些特殊，由于各种原因，经常使经济业务的发生时间与收入和费用的发生时间产生不一致。因此，在每一会计期末，企业都要根据实际情况，按照权责发生制，合理确定本期应计的收入和应计的费用。也就是说，必须对账簿中已记录的账项进行调整。

采用权责发生制，在会计期末要确定本期的收入和费用，就要根据账簿的记录对企业的应计收入、应计费用、预收收入和预付费用等进行账项调整。

（一）应计收入

企业在本期已向其他单位或个人提供商品或劳务，或财产物资使用权，理应获得属于本期的收入，但由于尚未完成结算过程，或延期付款等原因，致使本期的收入款项尚未收到，如应收金融机构的存款利息、应收的销售货款等。依据权责发生制的原理，凡属于本期的收入，不管其款项是否收到，都应作为本期收入，并于期末将未收到的款项调整入账。

企业存入银行的款项是计息的，通常银行存款利息按季结算。如果将利息收入作为结算期的收入处理，会使各期的收入不均衡，而且不符合权责发生制的原则。因此，按权责发生制的原则结算时，每个季度各个月份企业在银行存款的利息总收入要估算入账。

【例6-1】A公司在本年度的1月份，将闲置的仓库租给B公司，租期半年，租金6 000元，租金在1月底尚未收到。从权责发生制角度看，因其提供了财产物资使用权，1月份应确认的租金收入。其会计处理如下：

借：其他应收款　　　　　　　　　　　　　　　　　　　　　　　1 000
　　贷：其他业务收入——租金收入　　　　　　　　　　　　　　　　1 000

再如，企业的存款利息收入随着时间的流逝，每月都会发生，也即每月都有利息收入，但银行结算利息手续是在每季度末进行。为了正确反映企业各会计期的收入，可将每月份存款已获得的利息予以调整入账。对于利息收入，应单独设置一个"利息收入"账户予以反映。但在我国实际工作中，将利息收入记入"财务费用"账户，发生利息费用时记入"财务费用"账户的借方；反之，发生利息收入时，冲减"财务费用"账户，记入"财务费用"账户的贷方。收入增加的同时，资产也相应增加，将增加的应收利息记入"应收利息"账户的借方。

【例6-2】A公司1月末，估计本月份银行存款利息收入100元。这笔账项调整的会计处理如下：

借：应收利息　　　　　　　　　　　　　　　　　　　　　　　　　100
　　贷：财务费用　　　　　　　　　　　　　　　　　　　　　　　　100

等到一季度末，根据银行结出的存款利息，应借记"银行存款"账户，贷记1~2月份记入"应收利息"账户的利息收入总额，将涉及此业务的"应收利息"账户结平，其差额直接记入"财务费用"账户的贷方。这样，季度末最后月份，就不需再对利息收入单独进行期末账项调整。当然，季度末，也可同1月份一样，先作利息收入调整分录，然后根据银行结出的存款利息，借记"银行存款"账户，贷记"应收利息"账户。如果利息收入的应计数与实际数不符，差额可在季度末的应计入账数中进行调整。

（二）应计费用

企业本期已耗用，或本期已收益的支出，理应归属为本期发生的费用。由于这些费用尚未支付，故在日常的账簿记录中尚未登记入账，如应付银行借款利息支出等。凡属于本期的费用，不管其款项是否支付，都应作为本期费用处理。期末应将那些属于本期费用，而尚未支付的费用调整入账。

企业从银行借入的款项是有偿使用的须支付利息。通常银行借款利息是按季结算的，每个季度的最后一个月结算借款利息。但整个季度内企业都从贷款中受益，按权责发生制的原则，应负担借款利息。因此，每个季度的各个月份应支付的借款利息要估算入账。企业每月末都要对利息费用进行账项调整。预提的利息费用，应记入"财务费用"账户的借方。同时，设置"应付利息"账户，将应付而未付的费用记入"应付利息"账户贷方。"应付利息"账户是一个负债类账户，它的贷方余额表示的是应付而未付的利息费用。

【例 6-3】月末，A 公司估算本月份利息费用为 100 元，预提入账。其会计处理如下：

借：财务费用　　　　　　　　　　　　　　　　　　　　　　100
　　贷：应付利息　　　　　　　　　　　　　　　　　　　　　100

等实际支付利息费用时，借记"应付利息"账户，贷记"银行存款"账户，其差额记入"财务费用"账户。

固定资产作为企业一项资本性的支出，一般先期支付数额较大，但受益期较长，固定资产的使用寿命有的长达十几年。将固定资产的购置支出（即原始成本），转化为费用的过程，在会计上称为折旧。固定资产折旧，是指在固定资产使用寿命内，按照确实的方法对应计折旧额进行系统分摊。

折旧费用的发生，可以意味固定资产账面价值的减少，应记入"固定资产"科目的贷方，但是，为了保留企业固定资产的原始投资规模或生产能力等会计信息，通过设置"累计折旧"科目来进行反映。会计期末计提固定资产折旧时，借记相关费用科目的同时，贷记"累计折旧"账户，期末"累计折旧"账户的余额表示已提折旧的累计数额。与"固定资产"账户的余额（原始价值）相抵，表示固定资产的净值。

【例 6-4】月末，A 公司计算本月份折旧费用为 9 800 元，其中：管理部门应负担的折旧费 3 000 元，车间应负担的折旧费 6 000 元，销售部门应负担的折旧费 800 元。其会计处理如下：

借：管理费用　　　　　　　　　　　　　　　　　　　　　3 000
　　制造费用　　　　　　　　　　　　　　　　　　　　　6 000
　　销售费用　　　　　　　　　　　　　　　　　　　　　　800
　　贷：累计折旧　　　　　　　　　　　　　　　　　　　9 800

（三）预收收入

本期已收款入账，因尚未向付款单位提供商品或劳务，或财产物资使用权不属于本期收入的预收款项，是一种负债性质的预收收入。在计算本期收入时，应该将这部分预收收入进行账项调整。

预收收入既然不属于或不完全属于本期收入,也就不能直接全部记入有关的收入科目,应通过负债类的"预收账款"科目予以核算。待确认为本期收入后,再从"预收账款"科目转入有关的收入科目。

企业采用经营租赁方式出租暂时闲置的固定资产,预收出租固定资产的租金。固定资产的租金收入,是承租固定资产的单位支付给出租固定资产单位的使用报酬。预收6个月的租金,就是转让固定资产6个月使用权的报酬。预收1年的租金,就是转让固定资产1年使用权的报酬。显然,不应该把预收的出租固定资产的租金收入全部计入收到租金的那个月份的收入中,而应该按照固定资产出租期分月计入各月份的收入中。出租固定资产的租金收入在"其他业务收入"科目内核算。

【例6-5】某单位年初收到承租固定资产单位交来的全年固定资产租金收入24 000元,并已存入银行。会计处理如下:

预收全年固定资产租金收入,并已存入银行,应根据收到的金额借记"银行存款"科目,贷记"预收账款"科目。在每月末账项调整时,把该月应得的租金收入从"预收账款"账户的借方转入"其他业务收入"账户的贷方。

即收到租金时:
  借:银行存款   24 000
    贷:预收账款   24 000
每月末:
  借:预收账款   2 000
    贷:其他业务收入   2 000

【例6-6】某2011年1月20日,企业根据合同规定预收购货单位的购货款50 000元,款已到入账。2月10日将部分价值30 000元的货物发出,并根据收入确认原则确认为收入(假设不考虑增值税)。会计处理如下:

1月20日收到货款时:
  借:银行存款   50 000
    贷:预收货款   50 000
2月10日确认收入时:
  借:预收账款   30 000
    贷:主营业务收入   30 000

(四)预付费用

本期已付款入账,但应由本期和以后各期分别负担的费用,在计算本期费用时,应该将这部分费用进行调整。

预付的各项支出不属于或不完全属于本期费用,就不能直接全部记入本期有关费用账户,应根据摊销期的长短分别先记入资产类的"待摊费用"或"长期待摊费用"账户。

"待摊费用"科目核算企业已经发生但应由本期或以后各期负担的分摊期限在1年以内的各项费用。如保险费等。

"长期待摊费用"科目科目核算企业已经发生但应由本期或以后各期负担的分摊期限在 1 年以上的各项费用。如以租赁方式租入固定资产发生的改良支出等。

发生这类费用时,先记入这两个科目,月末进行账项调整,将相关费用记入相应的费用成本类账户。

【例 6-7】某企业营销部 2011 年 1 月 10 日支付为租入营业大厅发生的装修费用 36 000 元,预计在 3 年进行平均摊销,2011 年 12 月 31 日摊销当年的费用。其会计处理如下:

2011 年 1 月 10 日支付修理费时:

  借:长期待摊费用   36 000
    贷:银行存款   36 000

2011 年 12 月 31 日摊销应由本期负担的费用时:

  借:销售费用   12 000
    贷:长期待摊费用   12 000

二、对账

(一)对账的原因

在日常会计填制凭证和登记账簿时,往往会因各种原因,比如财产物资本身的自然属性和自然条件会引起损耗或损益,或由于人为因素造成记账、算账错误等,造成账簿记录与实际库存物资、货币资金、往来款项等不相符。为了保证会计记录的正确性,必须定期进行账簿记录的核对、检查,保证其正确完整。

对账,就是在会计期间(月份、季度、中期、年终)结束时,将账簿记录的有关数字与会计凭证,各种财产物资以及各账户之间的有关数字进行相互核对的工作。

对账包括日常核对和定期核对。日常核对是指对日常编制的会计分录所做的核对,如发现差错,在记账之前或记账时就进行更正。定期核对一般在月末、季末、年末于结账之前进行,以查验记账工作是否正确和账实是否相符。

(二)对账的内容

对账的主要内容包括以下三个方面。

1. 账证核对

账证核对是将各种账簿记录与有关会计凭证相互核对。这种核对主要是在日常编制凭证和记账过程中进行。必要时,也可以采用抽查核对和目标核对的方法进行。核对的重点是凭证所记载的业务内容、金额和分录是否与账簿中的记录一致。若发现差错,应重新对账簿记录和会计凭证进行复核,直到查到错误的原因为止,以保证账证相符。

2. 账账核对

账账核对是对各种账簿之间的有关数字进行核对。账账核对包括:①总分类账各账户的借方期末余额合计数与贷方期末余额合计数核对相符；②明细分类账各账户的余额合计数与有关的总分类账的余额核对相符；③日记账的余额与总分类账各账户的余额核对相符；④会计部门各种财产物资明细分类账的期末余额与保管或使用部门的财产物资明细分类账的期末余额核对相符。

3. 账实核对

账实核对就是将账簿记录与各种财产物资、货币资金、债权债务等的实有数相互核对。账实核对具体包括：①现金日记账账面余额与库存现金相互核对；②银行存款日记账账面余额与银行各账户的银行对账单相互核对；③各种材料物资明细账账面余额与材料物资实存数额相互核对；④各种应收、应付款项明细账账面余额与有关的债权、债务单位相互核对，保证账实相符。

（三）对账的方法

对账的内容不同，对账的方法也有区别，一般的核对方法如下。

1. 账证核对的方法

账证核对通常采用的方法是将账簿记录与据以记账的会计凭证逐笔核对。由于这种核对方法的工作量很大，所以一般只在发生差错或查找差错原因等时采用。

2. 账账核对的方法

账账核对根据不同情况采用不同的方法：
（1）总分类账之间的核对。检查各总分类账户的登记是否正确，应通过编制总分类账户试算平衡表的方法进行。
（2）总分类账户和明细分类账户之间的核对。检查总分类账户和明细分类账户的登记是否正确，将总分类账户的相应数字与所属明细分类账户的本期发生额或余额相加之和直接进行核对，总分类账和日记账之间的核对也可以采用这种方法。

3. 账实核对的方法

账实核对是将账簿记录的各种财产物资、货币资金、债权债务等的期末余额与实存数额的核对，一般是通过财产清查的方法进行的。财产清查是会计核算的专门方法之一，其具体内容将在项目七中进行介绍。

三、错账的查找与更正

通过上面的对账，可能会发现会计核算中存在差错，因此应该查找错账的原因，并进行更正。

（一）记账差错的种类

日常记账工作中会出现各种各样的差错，有书写上的文字或数字的笔误、确认计量上的错误、计算上的错误等。

常见的会计记录上的会计差错主要有以下两种情况：一是由于记账凭证错误所引起的错账，这类错误是记账凭证中使用的会计科目和所记金额发生错误；或汇总记账凭证在汇总时发生漏汇、重汇和错汇而出现的错误。二是记账的错误，在记账时由于出现了记反方向、数字错位、数字颠倒等。

（二）查找错误的方法

对上述错账的查找一般有两种方法。

1. 个别检查法

所谓个别检查法就是针对错账的数字错误进行检查的方法。这种检查方法适用于记反方向、数字错位和数字颠倒等造成的错账。常用的方法有差数法、倍数法和9除法三种。

差数法就是首先确定错账的差数，再根据差数去查找错误的方法。这种方法对于查找漏记账比较方便。

倍数法也称2除法，这种方法是将记错账的数字除以2，得出的数就是记反方向的数字。这种方法对于查找由于数字记反方向而产生的错账。

9除法就是先算出借方与贷方的差额，再除以9，得出和数就可能是记错位的原数。这种方法适用于数字错位和数字颠倒。

2. 全面检查法

全面检查法就是对一定时期的账目进行全面核对检查的方法。具体又分为顺查法和逆查法。

顺查法就是按照记账的顺序，从原始凭证、记账凭证到明细账、总账以及余额表等的全过程从头到尾的检查，直至找到错误为止。

逆查法就是与记账方向相反，首先检查科目余额表数字的计算是否正确，其次检查各账户的登记、计算是否正确，再其次核对各账簿记录与记账凭证是否相符，最后再检查记账凭证与原始凭证是否相符。

（三）错账更正的方法

查找出错账后，不能随意更改，必须使用规定的错账更正的方法进行更正。错账原因不同，其采用的更正方法也不尽相同。常见的错账更正方法有划线更正法、红字更正法、补充登记法（又称补充更正法）三种。

1. 划线更正法

划线更正法适用于在记账中或结账前，记账凭证正确，只是在记账时发生的文字或数字笔误或计算上的错误。这种方法的具体操作过程是，先将错误文字或数字全部画一条红线予以注销，使原来的字迹仍然清晰可见，然后在红线上方的空白处，用蓝黑墨水做出正确记录，并由记账人员在更正处盖章。

【例6-8】会计人员在记账过程中由于笔误,1月8日将收回18 000.00元的销货款,误记为10 000.00元。更正方法见表6-18。

表6-18

应收账款明细账

会计科目:应收账款　　　　　　　　　　　明细:恒真公司

2011年		凭证号	摘要	借方 十万千百十元角分	贷方 十万千百十元角分	借或贷	余额 十万千百十元角分
月	日						
1	1		期初余额			借	1 8 0 0 0 0 0
1	5	略	销售商品	3 5 6 9 0 0 0		借	5 3 6 9 0 0 0
1	8		收回货款		1 8 0 0 0 0 0 1 0 0 0 0 0 0	借	3 5 6 9 0 0 0 4 3 6 9 0 0 0
1	9		收回货款		2 5 0 0 0 0 0		1 0 6 9 0 0 0 1 8 9 0 0 0

注:在更正处加盖章。

2. 红字更正法

红字更正法适用于记账以后,发现记账凭证中所使用的会计科目名称或所记金额大于应记金额,而导致账簿记录的错误。这种方法的具体操作过程是,先用红字填制一张与原错误记账凭证完全相同的记账凭证,在摘要栏注明"更正××号凭证的错误",并用红字登记入账,以便将原错误冲销,然后再用蓝字填制一张正确的记账凭证,重新据以登记入账。

【例6-9】企业采购材料一批,货款及增值税合计11 700元,材料已验收入库,货款已支付。编制的记账凭证为:

借:原材料　　　　　　　　　　　　　　　　　　　　　　　　　11 700
　　贷:银行存款　　　　　　　　　　　　　　　　　　　　　　　　　11 700

更正时,填制一张红字记账凭证,并据以登记入账:

借:原材料　　　　　　　　　　　　　　　　　　　　　　　　　11 700
　　贷:银行存款　　　　　　　　　　　　　　　　　　　　　　　　　11 700

再填制一张蓝字记账凭证,并据以登记入账:

借:原材料　　　　　　　　　　　　　　　　　　　　　　　　　10 000
　　应交税金——应交增值税(进项税)　　　　　　　　　　　　　1 700
　　贷:银行存款　　　　　　　　　　　　　　　　　　　　　　　　　11 700

在账簿中的具体更正方法见表6-19。

表6-19

原材料总账

会计科目：原材料

2011年		凭证号	摘要	借方 十万千百十元角分	贷方 十万千百十元角分	借或贷	余额 十万千百十元角分
月	日						
1	1		期初余额			借	5 8 0 0 0 0 0
1	3	略	购料	1 1 7 0 0 0 0		借	6 9 7 0 0 0 0
1	5		领料		8 0 0 0 0 0	借	6 1 7 0 0 0
1	6		注销××号凭证	1 1 7 0 0 0 0		借	5 0 0 0 0 0 0
			更正××号凭证	1 0 0 0 0 0 0		借	6 0 0 0 0 0 0

【例6-10】采购员张叙出差回来报销旅差费5 000.00元，交回结余现金200.00元。编制的记账凭证为：

借：管理费用　　　　　　　　　　　　　　　　　　　　　5 200
　　现金　　　　　　　　　　　　　　　　　　　　　　　　200
　　贷：其他应收款——张叙　　　　　　　　　　　　　　　　5 400

更正时：填制一张红字记账凭证，并据以登记入账：

借：管理费用　　　　　　　　　　　　　　　　　　　　　5 200
　　现金　　　　　　　　　　　　　　　　　　　　　　　　200
　　贷：其他应收款——张叙　　　　　　　　　　　　　　　　5 400

再填制一张蓝字记账凭证，并据以登记入账：

借：管理费用　　　　　　　　　　　　　　　　　　　　　5 000
　　现金　　　　　　　　　　　　　　　　　　　　　　　　200
　　贷：其他应收款——张叙　　　　　　　　　　　　　　　　5 200

或：借：管理费用　　　　　　　　　　　　　　　　　　　　200
　　　贷：其他应收款——张叙　　　　　　　　　　　　　　　200

在账簿中的更正方法见表6-20。

3. 补充登记法

补充登记法适用于记账凭证中所用会计科目无误，对应关系也正确，只是所记错误金额小于正确金额。这种方法的具体操作过程，将少记金额用蓝字填制一张记账凭证，在摘要栏注明"补记××号凭证少记金额"，并据以记账，补充原少记的金额。

红字更正法和补充登记法，无论是记账前还是记账后发现的错账，都可以使用。

表 6-11　　　　　　　　　　　**其他应收款明细账**

会计科目：其他应收款　　　　明细：张叙

2011年		凭证号	摘　要	借　方									贷　方									借或贷	余　额							
月	日			十万	万	千	百	十	元	角	分		十万	万	千	百	十	元	角	分			十万	万	千	百	十	元	角	分
1	1		期初余额																			借			5	2	0	0	0	0
1	3	略	报销差旅费											5	4	0	0	0	0		贷				2	0	0	0	0
1	8		更正××号凭证												2	0	0	0	0		平									0
9																														

【例 6-11】企业收到上个月华盛公司的销货款 22 000.00 元，已存入银行。编制记账凭证为：

　　借：银行存款　　　　　　　　　　　　　　　　　　　　　　　　　20 000
　　　　贷：应收账款——华盛公司　　　　　　　　　　　　　　　　　　　20 000

更正时，填制一张蓝字记账凭证，并据以登记入账：

　　借：银行存款　　　　　　　　　　　　　　　　　　　　　　　　　 2 000
　　　　贷：应收账款——华盛公司　　　　　　　　　　　　　　　　　　　 2 000

在账簿中的更正方法见表 6-15。

以上三种方法是对当年内发现填写记账凭证或登记账簿错误而采用的更正方法，如果发现以前年度记账凭证中有错误（指会计科目和金额）并导致账簿登记出现差错，应当用蓝字填制一张更正的记账凭证。

【相关链接】财政部颁发的《会计基础工作规范》第六十二条规定："账簿记录发生错误，不准涂改、挖补、刮擦或者用药水消除字迹，不准重新抄写，必须按照下列方法进行更正：（1）登记账簿时发生错误，应当将错误的文字或数字用划红线注销，但必须使原有的字迹仍可以辨认；然后在划线处上方填写正确的文字或者数字，并由记账人员在更正处盖章。（2）由于记账凭证错误而使账簿记录发生错误，应当按更正的记账凭证登记账簿。"

四、结账

结账就是在把一定会计期间内所发生的经济业务全部登记入账的基础上，对账簿记录所做的结束工作。企业的经济活动是持续不断的，为总结某一会计期间的经济活动情况，考核企业的经营成果，编制会计报表，必须在会计期间终了时进行结账。

（一）结账的内容

通常包括两个方面：一是结算各种损益类账户，并据以计算确定本期损益，将经营成果在账面上揭示出来；二是结算各资产、负债和所有者权益账户，分别结出本期发生额合计和余额，并将期末余额转为下期的期初余额，以分清上、下期的会计记录。

在结账前，应先检查本期内所发生的经济业务是否均已填制或取得了会计凭证，并据以登记入账。不能为赶编会计报表而提前结账，把本期发生的经济业务延至下期，在完成账项调整、对账工作之后，可以进行结账。

1. 收入、费用类账户的结账

为了确认本期的利润（或亏损），期末要结出各种收入、费用类账户的本期发生额和余额，然后将这类账户的余额结转至"本年利润"账户，在"本年利润"账户中计算出本期利润（或亏损）。经过上述结转后，各种收入、费用类账户即予以结平，没有余额。

2. 资产、负债和所有者权益类账户的结账

资产、负债和所有者权益类账户的结账工作，主要是结出各账户的本期发生额和期末余额。

（二）结账的方法

（1）月结时，应在该月最后一笔经济业务下面划一条通栏单红线，在红线下"摘要"栏内注明"本月合计"或"本期发生额及余额"字样，在"借方"栏、"贷方"栏和"余额"栏分别填入本月合计数和月末余额，同时在"借或贷"栏内注明借贷方向。然后在这一行下面再划一条通栏单红线，以便与下月发生额划清。

（2）季结在每季度的最后一个月进行，方法与月结相同。

（3）年结在第四季度的季结后进行，方法与月结大致相同，区别在于第二条通栏单红线改成通栏双红线，以示封账。

（4）年度结账后，总账和日记账应该更换新账，明细账一般也应该更换。但有些明细账，如固定资产明细账等可以连续使用，不必每年更换。

年终时，有余额的账户，要将其余额结转下年，只在摘要栏注明"结转下年"字样结转金额不再抄写；在下一会计年度新建有关会计账户的第一行余额栏内填写上年结转的余额，并在摘要栏注明"上年结转"字样。

项目七　财产清查

【开篇导读】

在企业里，进行账面上的核对虽然能够保证账簿记录的正确性，但很难保证处处物资的账存数额与实存数额的一致。事实上，造成财产账实不符的原因有很多，为了保证会计核算资料的真实客观性，也为了确保财产物资的完整，企业必须在账簿的基础上，定期或不定期的进行全面或局部的财产清查。

内容一　财产清查概述

一、财产清查的概念和作用

（一）财产清查的概念

财产清查是指通过对货币资金、实物资产和往来款项的盘点或核对，确定其实存数，查明账存数与实存数是否相符的一种专门方法。

一切企业和行政、事业等单位的各项财产物资的增减变动和结存情况，都通过设置账户、复式记账、填制和审核会计凭证以及登记账簿等会计核算方法，全面、连续、系统地反映在各种账簿当中，并通过对账，做到了证证相符、账证相符和账账相符，保证了账簿记录的正确性。但是，账簿记录的正确性还不能说明账簿记录的客观真实性。在实际工作中，由于种种原因，可能会使财产物资的账面结存数与实际结存数发生差异，即账实不符。造成账实不符的原因主要有以下几个方面：

（1）在收、发财产物资时，由于计量、检验不准而发生了品种上、数量上的差错，如应该发出甲材料却发出了乙材料，应发出 10 千克却发出 9 千克。

（2）在财产保管过程中发生自然损耗或升溢，如汽油自然挥发、砂糖受潮增重等。

（3）在财产物资增减变动时漏办了入账手续，如收、发料时没有填制"收料单"或"发料单"。

（4）因管理不善和工作人员失职而发生的财产损失，如材料、产品损坏、霉烂、变质等。

（5）因营私舞弊、贪污盗窃等非法行为而发生的财产物资损失。

（6）因风、水、火等自然灾害或非常事件造成财产毁损。

（7）因未达账项而引起的数额不符等。

（二）财产清查的作用

实际工作中存在着许多账实不符的情况，为了正确掌握各项财产的真实情况，保证账实相符，必须在账簿记录的基础上，运用财产清查方法，查明账实不符的原因及数量，以便明确责任，调整账簿记录，做到账实相符。财产清查的重要作用，概括起来有以下几个方面。

1. 保证会计资料的客观真实性

通过财产清查，可以确定各项财产物资的实存数，将其与账存数进行核对，以查明是否相符，确定账实差异，及时调整账面数据，从而保证会计资料的客观真实性。

2. 保护企业、事业单位财产的安全完整

通过财产清查，可以查明各项财产物资的保管情况，有无因管理不善造成财产物资损坏、丢失、霉烂变质等，有无因制度不健全造成不法分子的营私舞弊、贪污盗窃等情况，以便针对存在的问题，采取相应措施，改善管理，建立健全各项管理制度，加强经济责任制，保护企业、事业单位财产物资的安全与完整。

3. 挖掘财产物资潜力，加速资金周转

通过财产清查，可以查明各项财产物资的储备和利用情况。对于储备过多、长期积压不用的物资，要按规定及时处理；对于不配套的物资，应及时补缺配套，形成生产能力，或者调剂给其他单位使用等，从而做到合理储备，物尽其用，减少资金占压，加速资金周转，提高资金使用的经济效益。

4. 建立、健全有关财产物资的收发保管制度

通过财产清查，可以查明有关财产在验收、保管、报废等环节存在的问题，特别是因规章制度不够健全而产生的，应有针对性的逐步建立和健全财产物资的收发保管制度，完善岗位责任，明确责任。

5. 加强应收账款的管理，减少坏账损失

通过财产清查，检查、核对往来账项检查各项债权、债务的结算是否遵守财经纪律和结算制度，促使各单位自觉遵守财经纪律，及时结清债权、债务，减少坏账损失的发生。

由此可见，财产清查是加强会计监督、发挥会计作用的一种重要的核算方法。《会计法》明确要求："各单位应当定期将会计账簿记录与实物、款项及有关资料相互核对，保证会计账簿记录与实物及款项的实有数额相符、会计账簿记录与会计凭证的有关内容相符、会计账簿之间相对应的记录相符、会计账簿记录与会计报表的有关内容相符。"

二、财产清查的种类

财产清查可按不同的标准进行分类，主要有按照清查的对象和范围分类以及按照清查的时间分类两种。

（一）按清查对象和范围分类

按照清查的对象和范围，分为全面清查和局部清查

1. 全面清查

全面清查是指对一个单位的所有财产进行全面、彻底的盘点和核对。全面清查的对象一般包括固定资产，材料，在产品，半成品，库存商品，在建工程，现金，银行存款，长、短期借款，各种往来款项，在途物资，委托或受托加工物资，保管的材料、商品，租入、租出固定资产等。

全面清查内容多、范围广，一般在以下几种情况下，需要进行全面清查：一是年终决算前为确保年度会计报表的真实性，要进行一次全面清查；二是单位撤销、合并或改变隶属关系以及开展全面的资产评估、清产核资时，要进行一次全面清查，以摸清家底，准确核定资金，明确责任；三是中外合资、国内联营时要进行全面的财产清查；四是单位主要领导人调离工作时，要进行全部清查。

2. 局部清查

局部清查是根据需要对一部分财产进行的清查，一般在下述情况下进行：一是对流动性大的物资除了年底清查外，每月还要轮流盘点或重点抽查；二是对各种贵重物资每月都应清查盘点一次；三是对银行存款和银行借款，每月要同银行核对一次；四是对库存现金每日终了由出纳员自行清点一次；五是对往来款项，每年至少要与对方核对一次。

（二）按清查时间分类

按照清查的时间，分为定期清查与不定期清查

定期清查是指按规定的时间对一个单位的全部或部分财产所进行的清查。这种清查通常是在月末、季末、年末结账时进行，其目的在于保证会计核算资料的真实、正确。

不定期清查是指事先并不规定清查时间，而是根据需要所做的临时性清查。这种清查从范围上看，可以是全面清查，也可以是局部清查。它主要在以下情况下进行：一是更换财产物资和现金保管人员时，要对其保管的财产进行清查，以分清经济责任；二是上级主管部门、财税机关、开户银行以及审计部门要对本单位进行会计检查时，应按要求进行清查；三是发生非常灾害和意外损失时，要对有关财产进行清查，以查明损失情况。

（三）按清查的执行单位分类

财产清查按照清查的执行单位，可分为内部清查和外部清查。

内部清查是由企业自行组织清查工作小组所进行的财产清查工作。多数的财产清查都属于内部清查。

外部清查是由上级主管部门、审计机关、司法部门、注册会计师根据国家的有关规定或情况的需要对企业所进行的财产清查，如注册会计师对企业报表进行审计，审计、司法机关

对企业在检查、监督中所进行的清查工作等。

三、财产清查前的准备工作

财产清查是改善经营管理和加强会计核算的重要手段，也是一项涉及面广、工作量大、非常复杂细致的工作。它不仅涉及有关物资保管部门，而且要涉及各车间和各个职能部门。为了做好财产清查工作，使其发挥应有的积极作用，在进行全面清查以前，必须充分做好准备工作，包括组织准备和业务准备两方面内容。

（一）组织准备

为了能使财产清查工作顺利进行，在进行财产清查前要根据财产清查工作的实际需要组建财产清查专门机构，由主要领导负责，会同财会部门，财产管理、财产使用等有关部门配合进行清查，以保证财产清查工作在统一领导下，分工协作，圆满完成。

（二）业务准备

为了使财产清查工作顺利进行，清查之前必须做到以下几点：清查之前必须把有关账目登记齐全，结出余额，并且核对清楚，做到账证相符，账账相符，为财产清查提供准确、可靠的账存数；清查之前必须对所要清查的财产物资进行整理、排列，标注标签（品种、规格、结存数量等），以便在进行清查时与账簿记录核对；清查前必须按国家标准计量校正各种度量衡器具，减少误差；准备好各种空白的清查盘存报告表。

内容二　财产清查的方法

为了实施财产清查工作，应组成清查小组，制订清查计划，准备好计量器具和各项登记表册等。会计人员要做好账簿登记工作，做到账证相符、账账相符，财产物资管理部门要做好财产物资的入账工作，整理、排放好各项财产物资，准备接受清查。不同的财产物资，其清查方法也有所不同，财产物资的清查方法可分为两类。

一、清查财产物资实存数的方法

这类方法主要是从数量方面对财产物资进行清查，有实地盘点法和技术推算法两种。

实地盘点法是通过实地清点或用计量器具确定各项财产物资的方法。这种方法适用于各项实物财产物资的清查。

技术推算法是通过技术推算法确定有关财产物资的方法。这种方法是通过量方、计尺等方法确定有关财产物资实有数量，一般适用于那些大量成堆或难以逐一清点其数量的财产，如堆存的煤或油罐中的油等。

二、清查财产物资金额的方法

这类方法主要是从金额方面对财产物资进行清查，包括账面价值法、评估确认法、协商议价法、查询核实法等。

账面价值法是根据账面价值确定财产物资价值量的方法。这种方法根据各项财产物资的实有数量和账面价值（单位价值）确定财产物资的价值，适用于结账前所进行的财产清查。

评估确认法是根据资产评估的价值确定财产物资价值量的方法。这种方法根据资产的特点，由专门的评估机构依据资产评估方法，对有关的财产物资进行评估，以评估确认的价值作为财产物资的价值，适用于企业改组、隶属关系改变、联营、单位撤销、清产核资等情况。

协商议价法是根据涉及资产利益的有关各方，按照互惠互利、公平市价的原则，以达成的协议价确定财产物资价值量的方法。这种方法以协商议价作为财产物资的价值，适用于企业联营投资等情况。

查询核实法是依据账簿记录，以一定的查询方式，核查财产物资、货币资金、债权债务数量及其价值量的方法。这种方法根据查询结果进行分析，以确定有关财产物资、货币资金、债权债务的实物数量和价值量，适用于债权债务、委托代销、委托加工、出租出借的财产物资以及外埠临时存款等。

三、财产清查的具体方法

（一）现金的清查

现金的清查是通过采用实地盘点的方法来确定库存现金的实存数，然后再与库存现金日记账的账面余额核对，以查明账实是否相符及盈亏情况。

盘点时，出纳人员必须在场，如果发现盘盈、盘亏，必须当场会同出纳人员核实清楚。现金的清查，除了查明账实是否相符之外，还要注意有无违反现金管理制度的情况，如有无挪用现金和以"白条"充抵现金的现象，现金的库存数额是否超过银行核定的限额等。

清查结束后，应填写"现金盘点报告表"，并由盘点人和出纳人员签名或盖章。"现金盘点报告表"既是反映现金实存额，用以调整账簿记录的原始凭证，也是分析账实发生差异原因、明确经济责任的重要依据。"现金盘点报告表"的一般格式见表7-1。

表7-1　　　　　　　　　　　现金盘点报告表

年　月　日

实存金额	账存金额	对比结果		备注
		盘盈	盘亏	

盘点人：　　　　　　　　　　　　　　　　　　出纳员：

(二)银行存款的清查

银行存款的清查,采用核对法,即将开户银行定期送来的对账单与本单位的银行存款日记账逐笔进行核对,以查明账实是否相符。在与银行核对账目之前,应先详细检查本单位银行存款日记账的正确性和完整性,然后再与开户银行送来的对账单逐笔核对,确定双方记账的正确性。开户银行送来的对账单,详细地记录了企业银行存款的增加额、减少额和结余额。但由于办理结算手续和凭证传递的原因,即使本单位和银行的账没有记错,银行对账单上的存款余额常常也会与本单位银行存款的账面余额不一致。银行存款日记账与开户银行转来的对账单不一致的原因有两个方面:一是双方或一方记账有错误;二是存在未达账项。

所谓未达账项,是指由于双方记账时间不一致而发生的一方已经登记入账,而另一方因尚未接到有关凭证而未登记入账的款项。这种差异是常有的,也是正常的。

未达账项具体有以下四种情况:

(1)企业已收款入账,银行尚未收款入账。如企业已将销售产品收到的支票送存银行,对账前银行尚未入账的款项。

(2)企业已付款入账,银行尚未付款入账。如企业开出支票购货,根据支票存根已登记银行存款的减少,而银行尚未收到支票,未登记银行存款减少。

(3)银行已收款入账,企业尚未收款入账。如银行收到外单位采用托收承付结算方式购货所付的款项,已登记入账,而企业尚未收到银行通知而未入账的款项。

(4)银行已付款入账,企业尚未付款入账。如银行代企业支付的购料款,已登记企业银行存款的减少,而企业因未收到凭证尚未入账的款项。

对上述未达账项应通过编制"银行存款余额调节表"进行检查核对,如没有记账错误,调节后的双方余额应相等。

"银行存款余额调节表"的编制方法,一般是在企业的账面余额和银行存款对账单余额的基础上,分别补记对方已记账而本单位尚未记账的账项金额,然后验证经调节后双方余额是否相等。如果相等,表明双方记账正确,没有记账错误;否则,就表明记账有误,应进一步查明原因,予以更正。下面举例说明"银行存款余额调节表"的编制方法:

【例 7-1】某企业 2011 年 9 月 30 日银行存款日记账的余额为 54 000 元,银行转来对账单的余额为 83 000 元。经逐笔核对,发现以下未达账项:

①企业送存转账支票 60 000 元,并已登记银行存款增加,但银行尚未记账。

②企业开出转账支票 45 000 元,但持票单位尚未到银行办理转账,银行尚未记账。

③企业委托银行代收某公司购货款 48 000 元,银行已收妥并登记入账,但企业尚未收到收款通知,尚未记账。

④银行代企业支付电话费 4 000 元,银行已登记企业银行存款减少,但企业未收到银行付款通知,尚未记账。

根据上述资料编制"银行存款余额调节表",如表 7-2 所示。

表 7-2　　　　　　　　　　　　　　银行存款余额调节表　　　　　　　　　　　单位：元

项目	金额	项目	金额
企业银行存款日记账余额	54 000	银行对账单余额	83 000
加：银行已收、企业未收款	48 000	加：企业已收、银行未收款	60 000
减：银行已付、企业未付款	4 000	减：企业已付、银行未付款	45 000
调节后的存款余额	98 000	调节后的存款余额	98 000

从编制的"银行存款余额调节表"可以看出，在双方记账都不发生错误的前提下，调整后的存款余额应该相等，该数额就是企业银行存款的实有数额。如果调整后的存款数额仍不相等，表明双方在记账方面存在错误，应进一步查明错账的原因，并及时进行更正。

值得注意的是，由于未达账项不是错账、漏账，因此，不能根据调节表（不是原始凭证）做任何账务处理，双方账面仍保持原有的余额，待收到有关凭证之后（即由未达账项变成已达账项），再与正常业务一样进行处理。

（三）存货的清查

存货的清查，是指对商品、原材料、在产品、产成品、低值易耗品、包装物等的清查。由于存货的种类繁多，形态各异，而且体积重量、价值高低、存放方式也都不一样，所以，存货的清查方法也不同。存货的清查方法通常有实地盘点法和技术推算法两种。

存货清查的程序应按下列步骤进行：

首先，要由清查人员协同材料物资保管人员在现场对材料物资采用上述相应的清查方法进行盘点，确定其实有数量，并同时检查其质量情况。

其次，对盘点的结果要如实地登记在"盘存单"上，并由盘点人员和实物保管人员签章，以明确经济责任。盘存单的一般格式见表 7-3。它既是记录实物盘点结果的书面证明，又是反映材料物资实有数的原始凭证。

表 7-3　　　　　　　　　　　　　　　　盘存单

单位名称：　　　　　　　　　存放地点：　　　　　　　　　　　　　　　编号：
财产类别：　　　　　　　　　盘点时间：

序号	名称	规格	计量单位	盘点数量	单价	金额	备注

盘点人：（签章）　　　　　　　　　　　　保管人：（签章）

"盘存单"内的实物序号、计量单位和单价，应与账簿记录相同。"盘存单"一式三份，一份由盘点人员留存备查，一份交实物保管人保存，一份交财会部门与账簿记录相核对。最后，根据"盘存单"和相应的材料物资账簿的记录情况填制"账存实存对比表"。其一般格式见表7-4。"账存实存对比表"是一个重要的原始凭证,它是调整账簿记录的原始依据,也是分析账存数和实存数发生差异的原因,确定经济责任的原始证明材料。

表7-4　　　　　　　　　　　　　　　实存账存对比表

序号	名称	规格	计量单位	单价	实存		账存		盘盈		盘亏		备注
					数量	金额	数量	金额	数量	金额	数量	金额	

盘点人：(签章)　　　　　　　　　　　　保管人：(签章)

(四) 固定资产的清查

固定资产是企业开展经营活动的物质基础,在企业的资产总额中占有很大的比重,其清查每年至少应进行一次。

固定资产清查的要求是：首先,应查明固定资产的实物是否与账面记录相符,严防出现固定资产的丢失情况；其次,要查明固定资产在保管、维护保养及核算上存在的问题,保证企业固定资产核算的正确性；最后,还要清查固定资产的使用情况,如发现长期闲置、封存或使用率不高、结构不合理、生产能力不均衡等的情况,应及时反映给有关方面,做出处理,保证其合理、有效地使用。

固定资产的清查通常也采用实地盘点的方法,将固定资产明细账上的记录情况与固定资产实物逐一核对,包括明细账上所列固定资产的类别、名称、编号等。如清查中发现固定资产盘亏或毁损情况,还要查明该项固定资产的原值、已提折旧额等；如发现固定资产盘盈,要对其估价,以确定盘盈固定资产的重置价值、估计折旧等,并编制固定资产盘亏、盘盈报告单。该报告单的格式、内容见表7-5。

表7-5　　　　　　　　　　　固定资产清查盘盈、盘亏报告单

固定资产编号	固定资产名称	固定资产规格及型号	盘盈			盘亏			毁损			原因
			数量	重置价值	累计折旧	数量	原价	已提折旧	数量	原价	已提折旧	
处理意见	审批部门			清查小组						使用保管部门		

盘点人：(签章)　　　　　　　　　　　　保管人：(签章)

（五）往来款项的清查方法

往来款项主要包括各种应收款、应付款、预收款及预付款等。往来款项的清查一般采用发函询证的方法进行核对。在保证往来账户记录完整正确的基础上，编制"往来款项对账单"，寄往各有关往来单位。对方单位核对后退回，盖章表示核对相符，如不相符由对方单位另外说明。据此编制"往来款项清查报告单"，注明核对相符与不相符的款项，对不符的款项按有争议、未达账项、无法收回等情况归类合并，针对具体情况及时采取措施予以解决。

内容三　财产清查结果的处理

一、财产清查结果的处理

财产清查的结果，不外乎三种情况：一是账存数与实存数相符；二是账存数大于实存数，财产物资发生短缺，出现盘亏；三是账存数小于实存数，财产物资发生溢余，出现盘盈。

除第一种结果即账实相符外，对财产清查中出现的盘盈、盘亏，都必须按照国家的法律、法规和国家统一的会计制度的规定，财会部门都应当及时进行账务处理，在账簿中予以反映，以确保账实相符。在实际工作中，财产清查结果的账务处理分两步进行。

（一）审批之前的处理

在报经有关部门审批前，应根据"清查结果报告表"、"盘点报告表"等已经查实的数据资料，编制记账凭证，记入有关账簿，使账簿记录与实际盘存数相符，同时根据企业的管理权限，将处理建议报股东大会或董事会，或经理（厂长）会议或类似机构批准。

（二）审批之后的处理

将财产清查的结果报经有关部门批准后，根据发生差异的原因和性质以及审批的意见，进行差异处理，调整账项。

为了正确反映和监督财产物资的盘盈、盘亏及处理情况，在会计上应设置和运用"待处理财产损溢"账户。

"待处理财产损溢"账户是资产类账户，用以核算各种财产的盘盈、盘亏和毁损及其处理情况。借方登记待处理财产的盘亏、毁损数和转销已批准处理的盘盈数；贷方登记待处理财产的盘盈数和转销已批准处理的盘亏和毁损数。处理前若为借方余额，反映企业尚未处理的各种财产的净损失；若为贷方余额，则表示尚未处理的各种财产的净溢余；期末，处理后应无余额。该账户应设置"待处理固定资产损溢"和"待处理流动资产损溢"两个明细账户，进行明细分类核算。

对于盘盈的财产物资，批准处理前，借记有关盘盈财产科目，贷记"待处理财产损溢"科目；批准处理后，借记"待处理财产损溢"科目，贷记"管理费用"、"营业外收入"等科目。

对于盘亏的财产物资，批准处理前，借记"待处理财产损溢"科目，贷记有关盘亏财产科目；批准处理后，借记"管理费用"、"营业外支出"等科目，贷记"待处理财产损溢"科目。

二、货币资金、实物资产、往来账清查结果处理

（一）现金清查结果处理

发现现金短缺或盈余时，除了设法查明原因外，还应及时根据"现金盘点报告表"进行账务处理。当现金短缺时，借记"待处理财产损溢"科目，贷记"库存现金"科目，待查明原因后，应根据批准的处理意见，进行转账处理。举例说明如下。

【例7-2】某企业某日进行现金清查，发现现金长款100元，编制如下会计分录：

借：库存现金　　　　　　　　　　　　　　　　　　　　　100
　　贷：待处理财产损溢——待处理流动资产损溢　　　　　　　100

若经反复核查，未查明原因，报经批准作营业外收入处理，编制如下会计分录：

借：待处理财产损溢——待处理流动资产损溢　　　　　　　100
　　贷：营业外收入　　　　　　　　　　　　　　　　　　　100

【例7-3】某企业某日进行现金清查发现现金短款80元，编制如下会计分录：

借：待处理财产损溢——待处理流动资产损溢　　　　　　　80
　　贷：库存现金　　　　　　　　　　　　　　　　　　　　80

若经检查，属于出纳员的责任，应由其赔偿，编制如下会计分录：

借：其他应收款——××出纳员　　　　　　　　　　　　　80
　　贷：待处理财产损溢——待处理流动资产损溢　　　　　　　80

（二）存货清查结果的处理

1. 存货盘盈的核算

企业发生存货盘盈时，借记"原材料"、"库存商品"等科目，贷记"待处理财产损溢"科目；在按管理权限报经批准后，借记"待处理财产损溢"科目，贷记"管理费用"科目。

【例7-4】甲公司在财产清查中盘盈J材料1 000公斤，实际单位成本60元，经查属于材料收发计量方面的错误。应作如下会计处理：

批准处理前：

借：原材料——J材料　　　　　　　　　　　　　　　　　60 000
　　贷：待处理财产损溢——待处理流动资产损溢　　　　　　60 000

批准处理后：

借：待处理财产损溢——待处理流动资产损溢　　　　　　60 000
　　贷：管理费用　　　　　　　　　　　　　　　　　　　60 000

2. 存货盘亏及毁损的核算

企业发生存货盘亏及毁损时，借记"待处理财产损溢"科目，贷记"原材料"、"库存商品"等科目。在按管理权限报经批准后应作如下会计处理：对于应由保险公司和过失人的赔款，记入"其他应收款"科目；扣除残料价值和应由保险公司、过失人赔款后的净损失，属于一般经营损失的部分，记入"管理费用"科目，属于非常损失的部分，记入"营业外支出"科目。

【例7-5】甲公司在财产清查中发现盘亏K材料500千克，实际单位成本200元，经查属于一般经营损失。应作如下会计处理：

批准处理前：
借：待处理财产损溢——待处理流动资产损溢　　　　　　　　　　100 000
　　贷：原材料——K材料　　　　　　　　　　　　　　　　　　　　100 000

批准处理后：
借：管理费用　　　　　　　　　　　　　　　　　　　　　　　　100 000
　　贷：待处理财产损溢——待处理流动资产损溢　　　　　　　　　　100 000

【例7-6】甲公司在财产清查中发现毁损L材料300千克，实际单位成本100元，经查属于材料保管员的过失造成的，按规定由其个人赔偿20 000元，残料已办理入库手续，价值2 000元。应作如下会计处理：

批准处理前：
借：待处理财产损溢——待处理流动资产损溢　　　　　　　　　　30 000
　　贷：原材料——L材料　　　　　　　　　　　　　　　　　　　　30 000

批准处理后：
由过失人赔款部分：
借：其他应收款——××　　　　　　　　　　　　　　　　　　　20 000
　　贷：待处理财产损溢——待处理流动资产损溢　　　　　　　　　　20 000

残料入库：
借：原材料——L材料　　　　　　　　　　　　　　　　　　　　2 000
　　贷：待处理财产损溢——待处理流动资产损溢　　　　　　　　　　2 000

材料毁损净损失：
借：管理费用　　　　　　　　　　　　　　　　　　　　　　　　8 000
　　贷：待处理财产损溢——待处理流动资产损溢　　　　　　　　　　8 000

【例7-7】甲公司因台风造成一批库存材料毁损，实际成本70 000元，根据保险责任范围及保险合同规定，应由保险公司赔偿50 000元。应作如下会计处理：

批准处理前：
借：待处理财产损溢——待处理流动资产损溢　　　　　　　　　　70 000
　　贷：原材料——×材料　　　　　　　　　　　　　　　　　　　　70 000

批准处理后：
借：其他应收款——保险公司　　　　　　　　　　　　　　　　　50 000

営业外支出——非常损失 20 000
　　贷：待处理财产损溢——待处理流动资产损溢 70 000

（三）固定资产清查结果的处理

企业应定期或者至少于每年年末对固定资产进行清查盘点，以保证固定资产核算的真实性，充分挖掘企业现有固定资产的潜力。在固定资产清查过程中，如果发现盘盈、盘亏的固定资产，应填制固定资产盘盈、盘亏报告表。清查固定资产的损溢，应及时查明原因，并按照规定程序报批处理。

1. 固定资产盘盈

企业在财产清查中盘盈的固定资产，作为前期差错处理。企业在财产清查中盘盈的固定资产，在按管理权限报经批准处理前应先通过"以前年度损益调整"科目核算。盘盈的固定资产应按以下规定确认其入账价值：如果同类或类似固定资产存在活跃市场的，按同类或类似固定资产的市场价格，减去按该项资产的新旧程度估计的价值损耗后的余额，作为入账价值；如果同类或类似固定资产不存在活跃市场的，按该项固定资产的预计未来现金流量的现值，作为入账价值。企业应按上述规定确定的入账价值，借记"固定资产"科目，贷记"以前年度损益调整"科目。

【例 7-8】乙公司在财产清查过程中，发现一台未入账的设备，按同类或类似商品市场价格，减去按该项固定资产的新旧程度估计的价值损耗后的余额为 30 000 元（假定与其计税基础不存在差异）。根据《企业会计准则第 28 号——会计政策、会计估计变更和差错更正》规定，该盘盈固定资产作为前期差错进行处理。假定不考虑相关税费，按净利润的 10%计提法定盈余公积。乙公司应作如下会计处理：

盘盈固定资产时：
借：固定资产 30 000
　　贷：以前年度损益调整 30 000
结转为留存收益时：
借：以前年度损益调整 3 000
　　贷：盈余公积——法定盈余公积 300
　　　　利润分配——未分配利润 2 700

2. 固定资产盘亏

企业在财产清查中盘亏的固定资产，按盘亏固定资产的账面价值，借记"待处理财产损溢"科目，按已计提的累计折旧，借记"累计折旧"科目，按已计提的减值准备，借记"固定资产减值准备"科目，按固定资产的原价，贷记"固定资产"科目。按管理权限报经批准后处理时，按可收回的保险赔偿或过失人赔偿，借记"其他应收款"科目，按应计入营业外支出的金额，借记"营业外支出——盘亏损失"科目，贷记"待处理财产损溢"科目。

【例 7-9】乙公司进行财产清查时发现短缺一台笔记本电脑，原价为 10 000 元，已计提折旧 7 000 元。乙公司应作如下会计处理：

盘亏固定资产时：
借：待处理财产损溢——待处理固定资产损溢   3 000
    累计折旧   7 000
      贷：固定资产   10 000
报经批准转销时：
借：营业外支出——盘亏损失   3 000
      贷：待处理财产损溢——待处理固定资产损溢   3 000

项目八　账务处理程序

【开篇导读】

任何工作都有各顺序，会计核算也是如此。会计核算的具体工作程序是：经济业务发生后，会计通过原始凭证填制记账凭证、登记账簿等一系列会计核算的方法取得了日常会计核算的信息资料，对经济业务进行归类、加工整理、汇总，最后在账簿中形成比较系统的会计信息资料。

内容一　账务处理程序概述

一、账务处理程序的概念

账务处理程序也称会计核算组织程序或会计核算形式，是指会计凭证、会计账簿、会计报表相结合的方式，包括会计凭证和账簿的种类、格式，会计凭证与账簿之间的联系方法，由原始凭证到编制记账凭证、登记明细分类账和总分类账、编制财务报表的工作程序和方法等。

会计凭证、会计账簿、财务报表之间的结合方式不同，就形成了不同的账务处理程序，不同的账务处理程序又有不同的方法、特点和适用范围。科学、合理地选择适用于本单位的账务处理程序，对于有效地组织会计核算具有重要意义。

（1）有利于会计工作程序的规范化，确定合理的凭证、账簿与报表之间的联系方式，保证会计信息加工过程的严密性，提高会计信息的质量。

（2）有利于保证会计记录的完整性、正确性，通过凭证、账簿及报表之间的牵制作用，增强会计信息的可靠性。

（3）有利于减少不必要的会计核算环节，通过井然有序的账务处理程序，提高会计工作效率，保证会计信息的及时性。

二、账务处理程序的种类

常用的账务处理程序主要有记账凭证账务处理程序、科目汇总表账务处理程序和汇总记账凭证账务处理程序。

内容二 记账凭证账务处理程序

一、记账凭证账务处理程序的特点

记账凭证账务处理程序是指对发生的经济业务事项,都要根据原始凭证或汇总原始凭证编制记账凭证,然后直接根据记账凭证逐笔登记总分类账的一种账务处理程序,其特点是直接根据记账凭证逐笔登记总分类账。它是最基本的账务处理程序。在这一程序中,记账凭证可以是通用记账凭证,也可以分设收款凭证、付款凭证和转账凭证,需要设置库存现金日记账、银行存款日记账、明细分类账和总分类账,其中库存现金日记账、银行存款日记账和总分类账一般采用三栏式,明细分类账根据需要采用三栏式、多栏式和数量金额式。

二、记账凭证账务处理程序的一般程序

(1) 根据原始凭证编制汇总原始凭证;
(2) 根据原始凭证或汇总原始凭证,编制记账凭证;
(3) 根据收款凭证、付款凭证逐笔登记库存现金日记账和银行存款日记账;
(4) 根据原始凭证、汇总原始凭证和记账凭证,登记各种明细分类账;
(5) 根据记账凭证逐笔登记总分类账;
(6) 期末,库存现金日记账、银行存款日记账和明细分类账的余额同有关总分类账的余额核对相符;
(7) 期末,根据总分类账和明细分类账的记录,编制财务报表。

记账凭证账务处理程序如图 8-1 所示。

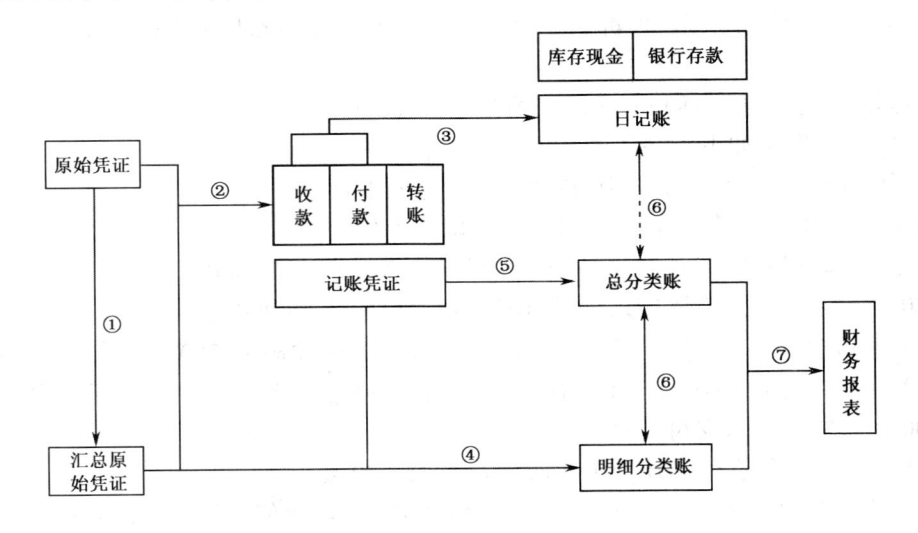

图 8-1 记账凭证账务处理程序

三、记账凭证账务处理程序举例

【例8-1】大发公司为增值税一般纳税人，适用增值税税率为17%，2011年7月1日各有关总分类账户的账户余额如表8-1所示。

表8-1　　　　　　　　　　大发公司总分类账户余额表　　　　　　　　　　单位：元

会计科目	期初余额 借方	期初余额 贷方
固定资产	240 000	
原材料	80 000	
生产成本	20 000	
库存商品	19 000	
应收账款	25 000	
库存现金	300	
银行存款	35 700	
实收资本		300 000
累计折旧		50 000
短期借款		40 000
应付账款		20 000
本年利润		10 000
合　计	420 000	420 000

大发公司2011年7月1日有关明细分类账户的余额如下。

原材料：甲材料200吨，单价300元，金额60 000元；乙材料1 000千克，单价20元，金额20 000元。

应付账款：欠丰源厂18 000元；欠民为厂2 000元。

该公司7月份发生如下经济业务。

1. 1日，收回八一厂前欠货款22 000元，存入银行。
2. 5日，以银行存款40 000元归还银行短期借款。
3. 6日，基本生产车间加工产品领用甲材料50吨，计15 000元。
4. 10日，泰山工厂投资转入全新机器设备一台，计28 000元。
5. 10日，出售产品一批，售价60 000元，增值税销项税额10 200元，货款收到存入银行。
6. 12日，从民为厂购进甲材料100吨，单价300元，价款计30 000元，增值税进项税额为5 100元，货款尚未支付，材料已验收入库。
7. 15日，以银行存款归还前欠丰源厂货款15 000元。
8. 15日，出售产品一批给八一厂，售价40 000元，增值税销项税额6 800元，货款尚未收到。
9. 16日，车间生产产品领用甲材料100吨，计30 000元，乙材料200千克，计4 000元。

10. 18日，向银行借入短期借款20 000元，存入银行。
11. 20日，向丰源厂购进乙材料1 500千克，单价20元，价款计30 000元，增值税进项税额5 100元，货款尚未支付，材料已验收入库。
12. 22日，以银行存款归还前欠民为厂货款12 000元。
13. 25日，生产产品领用甲材料80吨，计24 000元，乙材料1 000千克，计20 000元。
14. 25日，外商向企业投资，投入货币资金30 000元，存入银行。
15. 27日，以银行存款购进甲材料50吨，单价300元，价款计15 000元，乙材料1 200千克，单价20元，价款计24 000元，增值税进项税额共计6 630元，材料已验收入库。
16. 28日，以银行存款归还前欠丰源厂货款30 000元。
17. 31日，结转已完工入库产品的制造成本100 000元。
18. 31日，结转本月产品销售成本91 000元，并转入"本年利润"账户。
19. 31日，按销售收入的5%计算应缴消费税5 000元，并转入"本年利润"账户。
20. 31日，结转本月产品销售收入。

要求根据以上资料，按记账凭证账务处理程序处理

1. 根据以上经济业务（代原始凭证）编制记账凭证。

本例中，根据前三笔经济业务编制的记账凭证如表8-2至表8-4所示，根据其余经济业务编制的记账凭证（简化格式）如表8-5所示。

2. 根据收款凭证、付款凭证逐日、逐笔登记库存现金日记账（略）和银行存款日记账。银行存款日记账如表8-6所示。

3. 根据记账凭证及所附原始凭证登记有关的明细分类账。如表8-7至表8-10所示。

4. 直接根据记账凭证逐笔登记总分类账，总分类账的登记如表8-11至表8-27所示。

5. 月终，办理结账，编制试算平衡表，并将库存现金、银行存款日记账和各种明细分类账的余额与有关总分类账的余额核对相符。试算平衡表与有关明细分类账户本期发生额及余额对照表如表8-28至表8-30所示。

月终，根据总分类账及有关明细分类账的记录编制财务会计报告（略）。

表8-2　　　　　　　　　　　　　　　收款凭证

借方科目：银行存款　　　　　　　　2011年7月1日　　　　　　　　收字第1号

摘要	贷方科目			记账	金额								
	编号	总账科目	明细科目		千	百	十	万	千	百	十	元	角	分
收回八一厂欠货款		应收账款	八一厂	√			2	2	0	0	0	0	0	0
附件：1张	合　计　金　额				¥		2	2	0	0	0	0	0	0

会计主管：王 平　　　　出纳：刘荣　　　　审核：张青　　　　填制：陈勇

表 8-3　　　　　　　　　　　　　　　付款凭证

贷方科目：银行存款　　　　　　　　　2011年7月1日　　　　　　　　　　　付字第1号

摘要	借方科目			记账	金额
	编号	总账科目	明细科目		千 百 十 万 千 百 十 元 角 分
归还银行借款		短期借款	八一厂	√	4 0 0 0 0 0 0
附件：1张		合　计　金　额			￥4 0 0 0 0 0 0

会计主管：王　平　　　　　出纳：刘荣　　　　　审核：张青　　　　　填制：陈勇

表 8-4　　　　　　　　　　　　　　　转账凭证

　　　　　　　　　　　　　　　　　　2011年7月6日　　　　　　　　　　　转字第1号

摘要	总账科目	明细科目	记账	借方金额	贷方金额
				千 百 十 万 千 百 十 元 角 分	千 百 十 万 千 百 十 元 角 分
生产领料	生产成本	A产品	√	1 5 0 0 0 0 0	
甲材料50吨	原材料	甲材料	√		1 5 0 0 0 0 0
附件：1张	合　计　金　额			￥1 5 0 0 0 0 0	￥1 5 0 0 0 0 0

会计主管：王　平　　　　　出纳：刘荣　　　　　审核：张青　　　　　填制：陈勇

表 8-5　　　　　　　　　　　　　　　记账凭证简表

2011年		凭证号	摘要	借或贷	会计科目	明细科目	金额（元）
月	日						
7	10	转2	收到投资转入设备	借	固定资产		28 000
				贷	实收资本		28 000
7	10	银收2	销售产品	借	银行存款		70 200
				贷	主营业务收入		60 000
				贷	应交税费	增值税	10 200
7	12	转3	购入材料	借	材料采购	甲材料	30 000
				借	应交税费	增值税	5 100
				贷	应付账款	民为厂	35 100
7	12	转4	材料入库（甲材料100吨）	借	原材料	甲材料	30 000
				贷	材料采购	甲材料	30 000

续表

2011年 月	日	凭证号	摘要	借或贷	会计科目	明细科目	金额（元）
7	15	银付 2	偿还欠丰源厂货款	借 贷	应付账款 银行存款	丰源厂	15 000 15 000
7	15	转 5	售出产品	借 贷 贷	应收账款 主营业务收入 应交税费	八一厂 增值税	46 800 40 000 6 800
7	16	转 6	生产领用材料（甲材料100吨，乙材料200千克）	借 贷	生产成本 原材料 原材料	甲材料 乙材料	34 000 30 000 4 000
7	18	银收 3	取得短期借款	借 贷	银行存款 短期借款		20 000 20 000
7	20	转 7	购入材料	借 借 贷	材料采购 应交税费 应付账款	乙材料 增值税 丰源厂	30 000 5 100 35 100
7	20	转 8	材料入库（乙材料1500千克）	借 贷	原材料 材料采购	乙材料 乙材料	30 000 30 000
7	22	银付 3	偿还欠民为厂货款	借 贷	应付账款 银行存款	民为厂	12 000 12 000
7	25	转 9	生产领用材料（甲材料80吨、乙材料1000千克）	借 贷	生产成本 原材料	甲材料 乙材料	44 000 24 000 20 000
7	25	收 4	收到外单位投资	借 贷	银行存款 实收资本		30 000 30 000
7	27	银付 4	购入材料	借 借 借 贷	材料采购 材料采购 应交税费 银行存款	甲材料 乙材料 增值税	15 000 24 000 6 630 45 630
7	27	转 10	材料入库（甲材料50吨、乙材料1200千克）	借 贷	原材料 材料采购	甲材料 乙材料	15 000 24 000 39 000
7	28	银付 5	偿还前欠货款	借 贷	应付账款 银行存款	丰源厂	30 000 30 000
7	31	转 11	结转入库产品成本	借 贷	库存商品 生产成本		100 000 100 000
7	31	转 12	结转已售产品销售成本	借 贷	主营业务成本 库存商品		91 000 91 000
7	31	转 13	将销售成本转入"本年利润"	借 贷	本年利润 主营业务成本		91 000 91 000
7	31	转 14	计算消费税	借 贷	营业税金及附加 应交税费	消费税	5 000 5 000
7	31	转 15	将消费税转入"本年利润"	借 贷	本年利润 营业税金及附加		5 000 5 000
7	31	转 16	将产品销售收入转入"本年利润"	借 贷	主营业务收入 本年利润		100 000 100 000

表 8-6 银行存款日记账

2011年 月	日	凭证 种类	凭证 号数	对方科目	摘要	借(收)方	贷(付)方	借或贷	余额
7	1				期初余额			借	3 570 000
7	3	银收	1		收回八一厂欠款	220 000 0		借	5 770 000
7	5	银付	1		归还银行借款		4 000 000	借	1 770 000
7	10	银收	2		销售产品	7 020 000		借	8 790 000
7	15	银付	2	略	偿还前欠款		1 500 000	借	7 290 000
7	18	银收	3		取得借款	2 000 000		借	9 290 000
7	22	银付	3		偿还欠款		1 200 000	借	8 090 000
7	25	银收	4		收到投资	3 000 000		借	11 090 000
7	27	银付	4		支付购料款		4 563 000	借	6 527 000
7	28	银付	5		偿还欠款		3 000 000	借	3 527 000
7	31				本月合计	14 220 000	14 263 000	借	3 527 000

表 8-7 原材料明细分类账

第　页

总账户	原材料
明细账户	甲材料

类别　　产地　　名称：甲材料　单位：吨　　编号　　规格

2011年 月	日	凭证 字	凭证 号	摘要	借(收)方 数量	单价	金额	贷(付)方 数量	单价	金额	余额 数量	单价	金额
7	1			期初余额							200	300	60 000
7	6	转	1	生产领料				50	300	15 000	150	300	45 000
7	12	转	4	材料入库	100	300	30 000				250	300	75 000
7	16	转	6	生产领料				100	300	30 000	150	300	45 000

续表

总账户	原材料																																					
明细账户	甲材料		类别		产地		名称：甲材料 单位 吨						编号			规格																						
2011年		凭证	摘要	借（收）方										贷（付）方										余 额														
月	日	字号		数量	单价	金额								数量	单价	金额								数量	单价	金额												
						百	十	万	千	百	十	元	角	分			百	十	万	千	百	十	元	角	分			百	十	万	千	百	十	元	角	分
7	25	转9	生产领料												80	300			2	4	0	0	0	0	0	70	300			2	1	0	0	0	0	0
7	27	转10	材料入库	50	300			1	5	0	0	0	0	0											120	300			3	6	0	0	0	0	0
7	31		本月合计	150					5	0	0	0	0	0	230				6	9	0	0	0	0	0	120	300			3	6	0	0	0	0	0

表 8-8　　　　　　　　　　　　　原材料明细分类账

总账户	原材料																												
明细账户	乙材料		类别		产地		名称：乙材料 单位：吨						编号		规格														
2011年		凭证	摘要	借（收）方									贷（付）方									余 额							
月	日	字号		数量	单价	金额							数量	单价	金额							数量	单价	金额					
						百	十	万	千	百	十	元	角	分		百	十	万	千	百	十	元	角	分			百	十	万	千	百	十	元	角	分
7	1		期初余额																				1 000	20			2	0	0	0	0	0	0

续表

总账户			原材料																														
明细账户			乙材料		类别		产地			名称：乙材料			单位：吨				编号			规格													
2011年		凭证字号		摘要	借（收）方									贷（付）方										余 额									
月	日				数量	单价	金 额							数量	单价	金 额								数量	单价	金 额							
							百	十	万	千	百	十	元	角	分			百	十	万	千	百	十	元	角	分			百	十	万	千	百	十	元	角	分
7	16	转	6	生产领料											200	20			4	0	0	0	0	0	800	20		1	6	0	0	0	0	0
7	20	转	8	材料入库	1 500	20		3	0	0	0	0	0	0											2 300	20		4	6	0	0	0	0	0
7	25	转	9	生产领料											1 000	20		2	0	0	0	0	0	0	1 300	20		2	6	0	0	0	0	0
7	27	转	10	材料入库	1 200	20		2	4	0	0	0	0	0											2 500	20		5	0	0	0	0	0	0
7	31			本月合计	2 700			5	4	0	0	0	0	0	1 200			2	4	0	0	0	0	0	2 500	20		5	0	0	0	0	0	0

表 8-9　　　　　　　　　　　　　　　应付账款明细分类账

第　页

一级科目		应付账款		
二级科目或明细账目		丰源厂		

2011年		凭证		摘要	借（收）方	贷（付）方	借或贷	余额
月	日	种类	号数		亿千百十万千百十元角分	亿千百十万千百十元角分		亿千百十万千百十元角分
7	1			期初余额			贷	1 8 0 0 0 0 0
7	15	付	2	偿还前欠款	1 5 0 0 0 0 0		贷	3 0 0 0 0 0
7	20	转	7	购入材料		3 5 1 0 0 0 0	贷	3 8 1 0 0 0 0
7	28	付	5	偿还前欠货款	3 0 0 0 0 0 0		贷	8 1 0 0 0 0
7	31			本月合计	4 5 0 0 0 0 0	3 5 1 0 0 0 0	贷	8 1 0 0 0 0

表 8-10　　　　　　　　　　　　　　应付账款明细分类账

第　页

一级科目		应付账款		
二级科目或明细账目		民为厂		

2011年		凭证		摘要	借（收）方	贷（付）方	借或贷	余额
月	日	种类	号数		千百十万千百十元角分	亿千百十万千百十元角分		亿千百十万千百十元角分
7	1			期初余额			贷	2 0 0 0 0 0
7	12	转	3	购入材料款暂欠		3 5 1 0 0 0 0	贷	3 7 1 0 0 0 0

续表

一级科目			应付账款			
二级科目或明细账目			民为厂			

2011年		凭证		摘要	借（收）方	贷（付）方	借或贷	余额
月	日	种类	号数		千百十万千百十元角分	亿千百十万千百十元角分		亿千百十万千百十元角分
7	22	付	3	偿还前欠货款	1 2 0 0 0 0 0		贷	2 5 1 0 0 0 0
7	31			本月合计	1 2 0 0 0 0 0	3 5 1 0 0 0 0	贷	2 5 1 0 0 0 0

表 8-11　　　　　总账（银行存款）

科目名称：银行存款　　　　　　　　　　　　　第　页

2011年		凭证		摘要	借方	贷方	借或贷	余额
月	日	字	号		亿千百十万千百十元角分	亿千百十万千百十元角分		亿千百十万千百十元角分
7	1			期初余额			借	3 5 7 0 0 0 0
7	1	收	1	收回八一厂欠款	2 2 0 0 0 0 0		借	5 7 7 0 0 0 0
7	5	付	1	归还短期借款		4 0 0 0 0 0 0	借	1 7 7 0 0 0 0
7	10	收	2	销售产品	7 0 2 0 0 0 0		借	8 7 9 0 0 0 0
7	15	付	2	偿还前欠货款		1 5 0 0 0 0 0	借	7 2 9 0 0 0 0
7	18	收	3	取得短期借款	2 0 0 0 0 0 0		借	9 2 9 0 0 0 0
7	22	付	3	偿还前欠货款		1 2 0 0 0 0 0	借	8 0 9 0 0 0 0
7	25	收	4	收到外单位投资	3 0 0 0 0 0 0		借	1 1 0 9 0 0 0 0
7	27	付	4	购买材料		4 5 6 3 0 0 0	借	6 5 2 7 0 0 0
7	28	付	5	偿还前欠货款		3 0 0 0 0 0 0	借	3 5 2 7 0 0 0
7	31			本月合计	1 4 2 2 0 0 0 0	1 4 2 6 3 0 0 0	借	3 5 2 7 0 0 0

表 8-12　　　　　　　　　　　　　　　总账（库存现金）

科目名称：库存现金　　　　　　　　　　　　　　　　　　　　　　　　　　　第　页

2011年		凭证字号	摘要	借方	贷方	借或贷	余额
月	日			亿千百十万千百十元角分	亿千百十万千百十元角分		亿千百十万千百十元角分
7	1		期初余额			借	3 0 0 0 0 0
7	31		本月合计	0	0	借	3 0 0 0 0 0

表 8-13　　　　　　　　　　　　　　　总账（材料采购）

科目名称：材料采购　　　　　　　　　　　　　　　　　　　　　　　　　　　第　页

2011年		凭证字号	摘要	借方	贷方	借或贷	余额
月	日			亿千百十万千百十元角分	亿千百十万千百十元角分		亿千百十万千百十元角分
7	12	转3	购入材料	3 0 0 0 0 0 0		借	3 0 0 0 0 0 0
7	12	转4	材料入库		3 0 0 0 0 0 0	平	0
7	20	转7	购进材料	3 0 0 0 0 0 0		借	3 0 0 0 0 0 0
7	20	转8	材料入库		3 0 0 0 0 0 0	平	0
7	27	付4	购入材料	3 9 0 0 0 0 0		借	3 9 0 0 0 0 0
7	27	转10	材料入库		3 9 0 0 0 0 0	平	0
7	31		本月合计	9 9 0 0 0 0 0	9 9 0 0 0 0 0	平	0

表 8-14　　　　　　　　　　　　　　总账（应收账款）

科目名称：应收账款　　　　　　　　　　　　　　　　　　　　　　　第　页

2011年		凭证		摘要	借方	贷方	借或贷	余额
月	日	字	号		亿千百十万千百十元角分	亿千百十万千百十元角分		亿千百十万千百十元角分
7	1			期初余额			借	2 5 0 0 0 0 0
							借	3 0 0 0 0 0
7	1	收	1	收回八一厂款		2 2 0 0 0 0 0		
7	15	转	5	售出产品	4 6 8 0 0 0 0		借	4 9 8 0 0 0 0
7	31			本月合计	4 6 8 0 0 0 0	2 2 0 0 0 0 0	借	4 9 8 0 0 0 0

表 8-15　　　　　　　　　　　　　　总账（原材料）

科目名称：原材料　　　　　　　　　　　　　　　　　　　　　　　　第　页

2011年		凭证		摘要	借方	贷方	借或贷	余额
月	日	字	号		亿千百十万千百十元角分	亿千百十万千百十元角分		亿千百十万千百十元角分
7	1			期初余额			借	8 0 0 0 0 0 0
7	6	转	1	生产领料		1 5 0 0 0 0 0	借	6 5 0 0 0 0 0
7	12	转	4	材料入库	3 0 0 0 0 0 0		借	9 5 0 0 0 0 0
7	16	转	6	生产领料		3 4 0 0 0 0 0	借	6 1 0 0 0 0 0
7	20	转	8	材料入库	3 0 0 0 0 0 0		借	9 1 0 0 0 0 0
7	25	转	9	生产领料		4 4 0 0 0 0 0	借	4 7 0 0 0 0 0
7	27	转	10	材料入库	3 9 0 0 0 0 0		借	8 6 0 0 0 0 0
7	31			本月合计	9 9 0 0 0 0 0	9 3 0 0 0 0 0	借	8 6 0 0 0 0 0

表 8-16　　　　　　　　　　　　　　总账（生产成本）

科目名称：生产成本　　　　　　　　　　　　　　　　　　　　　　　　　　　　第　页

2011年 月	日	凭证 字号	摘要	借方 亿千百十万千百十元角分	贷方 亿千百十万千百十元角分	借或贷	余额 亿千百十万千百十元角分
7	1		期初余额			借	2 0 0 0 0 0 0
7	6	转1	生产领料	1 5 0 0 0 0 0		借	3 5 0 0 0 0 0
7	16	转6	生产领料	3 4 0 0 0 0 0		借	6 9 0 0 0 0 0
7	25	转9	生产领料	4 4 0 0 0 0 0		借	1 1 3 0 0 0 0 0
7	31	转11	结转入库产品成本		1 0 0 0 0 0 0 0	借	1 3 0 0 0 0 0
7	31		本月合计	9 3 0 0 0 0 0	1 0 0 0 0 0 0 0	借	1 3 0 0 0 0 0

表 8-17　　　　　　　　　　　　　　总账（固定资产）

科目名称：固定资产　　　　　　　　　　　　　　　　　　　　　　　　　　　　第　页

2011年 月	日	凭证 字号	摘要	借方 亿千百十万千百十元角分	贷方 亿千百十万千百十元角分	借或贷	余额 亿千百十万千百十元角分
7	1		期初余额			借	2 4 0 0 0 0 0 0
7	10	转2	收到投资转入设备	2 8 0 0 0 0 0		借	2 6 8 0 0 0 0 0
7	31		本月合计	2 8 0 0 0 0 0		借	2 6 8 0 0 0 0 0

表 8-18　　　　　　　　　　　总账（累计折旧）

科目名称：累计折旧　　　　　　　　　　　　　　　　　　　　　　　　　　　　第　页

2011年		凭证		摘要	借方											贷方											借或贷	余额										
月	日	字	号		亿	千	百	十	万	千	百	十	元	角	分	亿	千	百	十	万	千	百	十	元	角	分		亿	千	百	十	万	千	百	十	元	角	分
7	1			期初余额																							借				5	0	0	0	0	0	0	0

表 8-19　　　　　　　　　　　总账（库存商品）

科目名称：库存商品　　　　　　　　　　　　　　　　　　　　　　　　　　　　第　页

2011年		凭证		摘要	借方											贷方											借或贷	余额										
月	日	字	号		亿	千	百	十	万	千	百	十	元	角	分	亿	千	百	十	万	千	百	十	元	角	分		亿	千	百	十	万	千	百	十	元	角	分
7	1			期初余额																							借				1	9	0	0	0	0	0	0
7	31	转	11	结转入库产品成本				1	0	0	0	0	0	0	0												借			1	1	9	0	0	0	0	0	0
7	31	转	12	结转销售成本																9	1	0	0	0	0	0	借				2	8	0	0	0	0	0
7	31			本月合计				1	0	0	0	0	0	0	0						9	1	0	0	0	0	0	借				2	8	0	0	0	0	0

表 8-20　　　　　　　　　　　　　　　　　总账（实收资本）

科目名称：实收资本　　　　　　　　　　　　　　　　　　　　　　　　　　　　　　　　　　　第　页

2011年		凭证	摘要	借方	贷方	借或贷	余额
月	日	字号		亿千百十万千百十元角分	亿千百十万千百十元角分		亿千百十万千百十元角分
7	1		期初余额			贷	3 0 0 0 0 0 0 0
7	10	转2	收到投资转入设备		2 8 0 0 0 0 0	贷	3 2 8 0 0 0 0 0
7	25	收4	收到投资		3 0 0 0 0 0 0	贷	3 5 8 0 0 0 0 0
7	31		本月合计		5 8 0 0 0 0 0	贷	3 5 8 0 0 0 0 0

表 8-21　　　　　　　　　　　　　　　　　总账（应交税费）

科目名称：应交税费　　　　　　　　　　　　　　　　　　　　　　　　　　　　　　　　　　　第　页

2011年		凭证	摘要	借方	贷方	借或贷	余额
月	日	字号		亿千百十万千百十元角分	亿千百十万千百十元角分		亿千百十万千百十元角分
7	10	收2	销售产品		1 0 2 0 0 0 0	贷	1 0 2 0 0 0 0
7	12	转3	购入材料	5 1 0 0 0 0		贷	5 1 0 0 0 0
7	15	转5	销售产品		6 8 0 0 0 0	贷	1 1 9 0 0 0 0
7	20	转7	购入材料	5 1 0 0 0 0		贷	6 8 0 0 0 0
7	27	付4	购入材料	6 6 3 0 0 0		贷	1 7 0 0 0
7	31	转14	计算消费税		5 0 0 0 0 0	贷	5 1 7 0 0 0
7	31		本月合计	1 6 8 3 0 0 0	2 2 0 0 0 0 0	贷	5 1 7 0 0 0

表8-22　　　　　　　　　　　　　总账（主营业务成本）

科目名称：主营业务成本　　　　　　　　　　　　　　　　　　　　　　　　　　　第　页

2011年		凭证		摘要	借方 亿千百十万千百十元角分	贷方 亿千百十万千百十元角分	借或贷	余额 亿千百十万千百十元角分
月	日	字	号					
7	31	转	13	结转产品销售成本	9 1 0 0 0 0 0		借	9 1 0 0 0 0 0
7	31	转	13	销售成本转本年利润		9 1 0 0 0 0 0	平	0
7	31			本月合计	9 1 0 0 0 0 0	9 1 0 0 0 0 0	平	0

表8-23　　　　　　　　　　　　　总账（短期借款）

科目名称：短期借款　　　　　　　　　　　　　　　　　　　　　　　　　　　　　第　页

2011年		凭证		摘要	借方 亿千百十万千百十元角分	贷方 亿千百十万千百十元角分	借或贷	余额 亿千百十万千百十元角分
月	日	字	号					
7	1			期初余额			贷	4 0 0 0 0 0 0
7	5	银付	1	归还银行借款	4 0 0 0 0 0 0		平	0
7	18	银收	3	取得短期借款		2 0 0 0 0 0 0	贷	2 0 0 0 0 0 0
7	31			本月合计	4 0 0 0 0 0 0	2 0 0 0 0 0 0	贷	2 0 0 0 0 0 0

表 8-24　　　　　　　　　　　　　　　　　总账（应付账款）

科目名称：应付账款　　　　　　　　　　　　　　　　　　　　　　　　　　　　　　　　　第　页

2011年		凭证字号		摘要	借方	贷方	借或贷	余额
月	日				亿千百十万千百十元角分	亿千百十万千百十元角分		亿千百十万千百十元角分
7	1			期初余额			贷	2 0 0 0 0 0 0
7	12	转	3	购入材料		3 5 1 0 0 0 0	贷	5 5 1 0 0 0 0
7	15	银付	2	偿还前欠货款	1 5 0 0 0 0 0		贷	4 0 1 0 0 0 0
7	20	转	7	购入材料		3 5 1 0 0 0 0	贷	7 5 2 0 0 0 0
7	22	银付	3	偿还前欠货款	1 2 0 0 0 0 0		贷	6 3 2 0 0 0 0
7	28	银付	5	偿还前欠款	3 0 0 0 0 0 0		贷	3 3 2 0 0 0 0
7	31			本月合计	5 7 0 0 0 0 0	7 0 2 0 0 0 0	贷	3 3 2 0 0 0 0

表 8-25　　　　　　　　　　　　　　　　　总账（营业税金及附加）

科目名称：营业税金及附加　　　　　　　　　　　　　　　　　　　　　　　　　　　　　第　页

2011年		凭证字号		摘要	借方	贷方	借或贷	余额
月	日				亿千百十万千百十元角分	亿千百十万千百十元角分		亿千百十万千百十元角分
7	31	转	14	计算消费税	5 0 0 0 0 0		借	5 0 0 0 0 0
7	31	转	15	消费税转本年利润		5 0 0 0 0 0	平	0
7	31			本月合计	5 0 0 0 0 0	5 0 0 0 0 0	平	0

表 8-26   总账（主营业务收入）

科目名称：主营业务收入   第　页

2011年		凭证		摘要	借方	贷方	借或贷	余额
月	日	字	号		亿千百十万千百十元角分	亿千百十万千百十元角分		亿千百十万千百十元角分
7	1	银收	2	销售产品		6 0 0 0 0 0 0	贷	6 0 0 0 0 0 0
7	15	转	5	销售产品		4 0 0 0 0 0 0	贷	1 0 0 0 0 0 0 0
7	31	转	16	将收入转入本年利润	1 0 0 0 0 0 0 0		平	0
7	31			本月合计	1 0 0 0 0 0 0 0	1 0 0 0 0 0 0 0	平	0

表 8-27   总账（本年利润）

科目名称：本年利润   第　页

2011年		凭证		摘要	借方	贷方	借或贷	余额
月	日	字	号		亿千百十万千百十元角分	亿千百十万千百十元角分		亿千百十万千百十元角分
7	1			期初余额			贷	1 0 0 0 0 0 0
7	31	转	13	销售成本转本年利润	9 1 0 0 0 0 0			
7	31	转	15	消费税转入本年利润	5 0 0 0 0 0			
7	31	转	16	收入转入本年利润		1 0 0 0 0 0 0 0	贷	1 4 0 0 0 0 0
7	31			本月合计	9 6 0 0 0 0 0	1 0 0 0 0 0 0 0	贷	1 4 0 0 0 0 0

表 8-28　　　　　　　　　　　　　　　试算平衡表

2011 年 7 月　　　　　　　　　　　　　　　　　　　单位：元

会计科目	期初余额 借方	期初余额 贷方	本期发生额 借方	本期发生额 贷方	期末余额 借方	期末余额 贷方
库存现金	300				300	
银行存款	35 700		142 200	142 630	35 270	
应收账款	25 000		46 800	22 000	49 800	
材料采购			99 000	99 000		
原材料	80 000		99 000	93 000	86 000	
生产成本	20 000		93 000	100 000	13 000	
库存商品	19 000		100 000	91 000	28 000	
固定资产	240 000		28 000		268 000	
累计折旧		50 000				50 000
实收资本		300 000		58 000		358 000
短期借款		40 000	40 000	20 000		20 000
应付账款		20 000	57 000	70 200		33 200
应交税费			16 830	22 000		5 170
主营业务成本			91 000	91 000		
营业税金及附加			5 000	5 000		
主营业务收入			100 000	100 000		
本年利润		10 000	96 000	100 000		14 000
合计	420 000	420 000	1 013 830	1 013 830	480 370	480 370

表 8-29　　　　　　　　　　　原材料明细账本期发生额及余额对照表

2011 年 7 月　　　　　　　　　　　　　　　　　　　单位：元

明细账户	计量单位	单价	期初余额 数量	期初余额 金额	本期发生额 收入 数量	本期发生额 收入 金额	本期发生额 发出 数量	本期发生额 发出 金额	期末余额 数量	期末余额 金额
甲材料	吨	300	200	60 000	150	45 000	230	69 000	120	36 000
乙材料	千克	20	1 000	20 000	2 700	54 000	1 200	24 000	2 500	50 000
合计				80 000		99 000		93 000		86 000

表 8-30　　　　　　　　　　　应付账款明细账本期发生额及余额对照表

明细账户	期初余额 借方	期初余额 贷方	本期发生额 借方	本期发生额 贷方	期末余额 借方	期末余额 贷方
丰源厂		18 000	45 000	35 100		8 100
民为厂		2 000	12 000	35 100		25 100
合　计		20 000	57 000	70 200		33 200

四、记账凭证账务处理程序的优缺点及适用范围

记账凭证账务处理程序简单明了，易于理解，总分类账可以较详细地反映经济业务发生情况。其缺点是，登记总分类账的工作量较大。它适用于规模较小、经济业务量较少的单位。

内容三 科目汇总表账务处理程序

一、科目汇总表账务处理程序的特点

科目汇总表账务处理程序，又称记账凭证汇总表账务处理程序，是指根据记账凭证先定期编制科目汇总表，然后根据科目汇总表登记总分类账的一种账务处理程序。其主要特点是：定期地（或月末一次）根据记账凭证汇总编制科目汇总表，然后根据科目汇总表登记总账。

采用科目汇总表账务处理程序时，记账凭证一般采用专用记账凭证（收款凭证、付款凭证和转账凭证三种）或通用记账凭证。与其他核算形式相比，其独特之处在于需要设置科目汇总表，科目汇总表又称记账凭证汇总表，是将一定时期内的全部记账凭证，按会计科目进行归类，计算出每一总账科目的本期借方、贷方发生额，并进行试算平衡所编制的汇总表。

二、科目汇总表账务处理程序的一般程序

（1）根据原始凭证编制汇总原始凭证；
（2）根据原始凭证或汇总原始凭证编制记账凭证；
（3）根据收款凭证、付款凭证逐笔登记库存现金日记账和银行存款日记账；
（4）根据原始凭证、汇总原始凭证和记账凭证登记各种明细分类账；
（5）根据各种记账凭证编制科目汇总表；
（6）根据科目汇总表登记总分类账；
（7）期末，库存现金日记账、银行存款日记账和明细分类账的余额同有关总分类账的余额核对相符；
（8）期末，根据总分类账和明细分类账的记录，编制财务报表。

科目汇总表账务处理程序如图8-2所示。

三、科目汇总表的编制

科目汇总表是根据专用记账凭证或通用记账凭证汇总编制而成的。基本的编制方法是：首先根据一定时期内的全部记账凭证按照相同会计科目进行归类，定期（第10天或第15天，或者每月一次）分别汇总每一账户借方发生额合计与贷方发生额合计。会计实务中，一般通过T字账进行汇总，即编制科目汇总表的工作底稿，然后将每一账户发生额合计数填列在科目汇总表上，最后计算出所有会计科目的借方发生额与贷方发生额合计，并进行试算平衡。试算平衡后，将科目汇总表上的各科目的借、贷发生额合计数记入相应的总分类账。如果试算不平衡，说明在前面环节还存在错误，应该找出问题，直到试算平衡后才能据此登记总账。科目汇总表的基本格式与发生额试算平衡表基本相似。

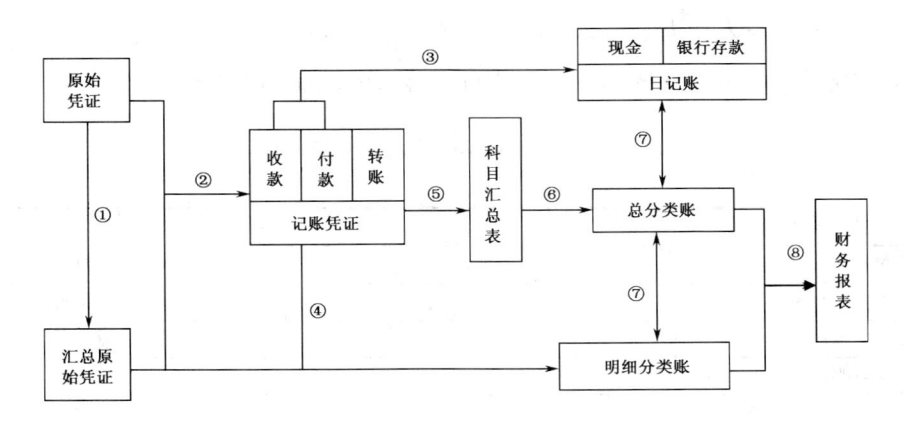

图 8-2 科目汇总表账务处理程序

下面举例说明科目汇总表的编制方法以及总账的登记。

【例 8-2】 根据某公司记账凭证编制科目汇总表。为了正确编制科目汇总表，应首先根据记账凭证登记 T 字账对每一账户发生额合计数进行汇总，即编制科目汇总表的工作底稿，如表 8-31 所示。

表 8-31　　　　　　　　　　科目汇总表的工作底稿

银行存款		在途物资	
（1）351 000	（11）23 400	（10）50 000	
（2）32 000		50 000	
（3）10 000			
（6）117 000		主营业务收入	
（7）17 000			（1）300 000
			（6）100 000
527 000	23 400		400 000

应交税费		应收账款	
（5）3 400	（1）51 000	（2）32 000	
（9）13 600	（6）17 000	（7）17 000	
（10）8 500			
25 500	68 000	49 000	

库存现金		管理费用	
	（3）10 000	（4）2 000	
	（4）2 000	（8）4 000	
	（8）4 000		
	16 000	6 000	

原材料		应付账款	
（5）20 000		（11）23 400	（5）23 400
（9）80 000			（9）93 600
100 000			（10）58 500
		23 400	175 500

将每一账户发生额合计填列在科目汇总表上，最后计算出所有会计科目的借方发生额合计与贷方发生额合计，并进行试算平衡。科目汇总表的编制如表 8-32 所示。

表 8-32

科目汇总表

科汇 1　　　　　　　　　　　　　　　　　　　　单位：元

会计科目	借　方	贷　方
银行存款	527 000	23 400
主营业务收入		400 000
应交税费	25 500	68 000
应收账款		49 000
库存现金		16 000
管理费用	6 000	
原材料	100 000	
应付账款	23 400	175 500
在途物资	50 000	
合计	731 900	731 900

根据科目汇总表登记"银行存款"总账、"应付账款"总账，其余账户从略，如表 8-33 和表 8-34 所示。

表 8-33

总　账

账户名称：银行存款　　　　　　　　　　　　　　　　　　　　　　　　　　　单位：元

2011 年		凭证字号	摘要	借方	贷方	借或贷	余额
月	日						
4	1		期初余额			借	200 632
	30	科汇 1	本月合计	527 000	23 400	借	704 232

表 8-34

总　账

账户名称：应付账款　　　　　　　　　　　　　　　　　　　　　　　　　　　单位：元

2011 年		凭证字号	摘要	借方	贷方	借或贷	余额
月	日						
4	1		期初余额			贷	30 000
	30	科汇 1	本月合计	23 400	175 500	贷	182 100

四、科目汇总表账务处理程序的优缺点及适用范围

科目汇总表账务处理程序的优点是：减轻了登记总分类账的工作量，并可做到试算平衡，简明易懂，方便易学。其缺点是：科目汇总表不能反映账户对应关系。它适用于经济业务较多的单位。

内容四　汇总记账凭证账务处理程序

一、汇总记账凭证账务处理程序的特点

汇总记账凭证账务处理程序是指根据原始凭证或原始凭证汇总表编制记账凭证，再根据记账凭证定期汇总编制汇总记账凭证，根据汇总记账凭证登记总分类账的一种账务处理程序。这种账务处理程序的特点是定期将记账凭证汇总编制成汇总记账凭证，然后再根据汇总记账凭证登记总分类账。

采用汇总记账凭证账务处理程序时，记账凭证一般采用专用记账凭证（收款凭证、付款凭证和转账凭证三种），与其他核算形式相比，其独特之处在于需要设置汇总记账凭证，汇总记账凭证也属于记账凭证的一种，包括汇总收款凭证、汇总付款凭证和汇总转账凭证。总账和日记账的格式一般采用借、贷、余三栏式，明细分类账可根据管理的需要按明细科目设置，采用三栏式、多栏式或数量金额式等。

二、汇总记账凭证账务处理程序的一般程序

（1）根据原始凭证编制汇总原始凭证；
（2）根据原始凭证或汇总原始凭证，编制记账凭证；
（3）根据收款凭证、付款凭证逐笔登记现金日记账和银行存款日记账；
（4）根据原始凭证、汇总原始凭证和记账凭证，登记各种明细分类账；
（5）根据各种记账凭证编制有关汇总记账凭证；
（6）根据各种汇总记账凭证登记总分类账；
（7）期末，库存现金日记账、银行存款日记账和明细分类账的余额同有关总分类账的余额核对相符；
（8）期末，根据总分类账和明细分类账的记录，编制财务报表。

汇总记账凭证账务处理程序如图 8-3 所示。

图 8-3　汇总记账凭证账务处理程序

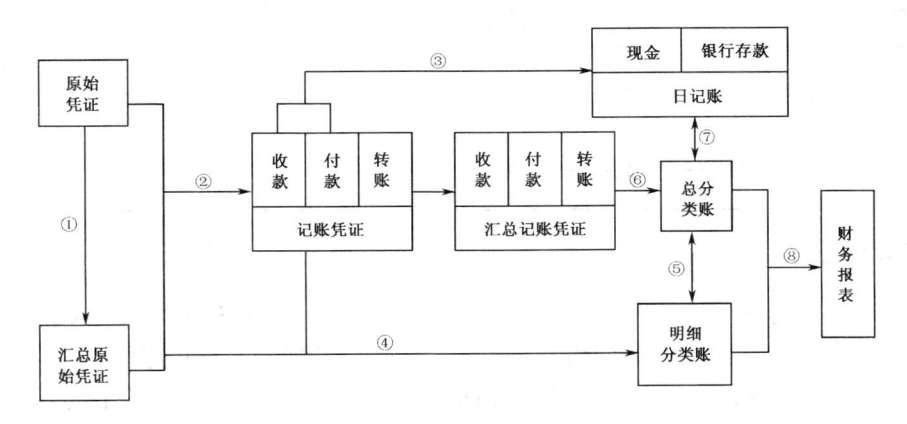

三、汇总记账凭证的种类与编制方法

汇总记账凭证是在填制各种专用记账凭证的基础上，按照一定的方法进行汇总编制而成的。汇总记账凭证的种类不同，其编制方法也有所不同。

1. 汇总收款凭证

汇总收款凭证是按照"库存现金"或"银行存款"的借方科目设置，定期（每5天或10天等）按相应的贷方科目汇总填列，并据此登记总账的各有关账户。汇总收款凭证填制的依据是专用记账凭证中的收款凭证，其格式如表8-35所示。

表 8-35　　　　　　　　　　　　汇总收款凭证

借方科目：　　　　　　　　　　　　年　　月　　　　　　　　　　　　汇收　　号

贷方科目	金　额				总账账页	
	1～10日	11～20日	21～31日	合　计	借方	贷方
合计						

2. 汇总付款凭证

汇总付款凭证是按照"库存现金"或"银行存款"的贷方科目设置，定期（第5天或10天等）按相应的借方科目汇总填列，并据此登记总账的各有关账户。汇总付款凭证填制的依据是专用记账凭证中的付款凭证，其格式如表8-36所示。

表 8-36　　　　　　　　　　　　汇总付款凭证

贷方科目：　　　　　　　　　　　　年　　月　　　　　　　　　　　　汇付　　号

借方科目	金　额				总账账页	
	1～10日	11～20日	21～31日	合　计	借方	贷方
合计						

3. 汇总转账凭证

汇总转账凭证是按照专用记账凭证中的转账凭证填制的，按转账凭证的贷方科目设置，定期（每5天或10天等）按相应的借方科目汇总填列，并据此登记总账的各有关账户。为了便于编制汇总转账凭证，在日常编制转账凭证时，不宜编制多借多贷的会计分录。这是因为汇总转账凭证是按照贷方科目设置的，多借多贷的会计分录容易使汇总工作出现差错，给汇

总工作带来不便。其格式如表 8-37 所示。

表 8-37　　　　　　　　　　　　　汇总转账凭证

贷方科目：　　　　　　　　　　　年　月　　　　　　　　　汇转　　号

借方科目	金　额				总账账页	
	1~10 日	11~20 日	21~31 日	合　计	借方	贷方
合计						

下面举例说明汇总记账凭证的编制方法以及总账的登记。

【例 8-3】假设富强公司 2011 年 4 月编制的记账凭证（记账凭证以会计分录代替）如下：

4 月 1 日	借：银行存款	351 000
	贷：主营业务收入	300 000
	应交税费——应交增值税（销项）	51 000
4 月 3 日	借：银行存款	32 000
	贷：应收账款	32 000
4 月 6 日	借：银行存款	10 000
	贷：库存现金	10 000
4 月 8 日	借：管理费用	2 000
	贷：库存现金	2 000
4 月 9 日	借：原材料	20 000
	应交税费——应交增值税（进项）	3 400
	贷：应付账款	23 400
4 月 10 日	借：银行存款	17 000
	贷：主营业务收入	100 000
	应交税费——应交增值税（销项）	17 000
4 月 14 日	借：银行存款	17 000
	贷：应收账款	17 000
4 月 18 日	借：管理费用	4 000
	贷：库存现金	4 000
4 月 20 日	借：原材料	80 000
	应交税费——应交增值税（进项）	13 600
	贷：应付账款	93 600
4 月 21 日	借：在途物资	50 000
	应交税费——应交增值税（进项）	8 500
	贷：应付账款	58 500

4月23日　借：应付账款　　　　　　　　　　　　　　　　　　　23 400
　　　　　　贷：银行存款　　　　　　　　　　　　　　　　　　　　　23 400

根据上述记账凭证编制汇总记账凭证如表 8-38 至表 8-41 所示。

表 8-38　　　　　　　　　　　　汇总收款凭证

借方科目：银行存款　　　　　　　　　2011 年 4 月　　　　　　　　　汇收 1　　单位：元

贷方科目	金额				总账账页	
	1～10 日	11～20 日	21～30 日	合计	借方	贷方
主营业务收入	400 000			400 000		
应交税费	68 000			68 000		
应收账款	32 000	17 000		49 000		
合计	500 000	17 000		517 000		

表 8-39　　　　　　　　　　　　汇总付款凭证

贷方科目：库存现金　　　　　　　　　2011 年 4 月　　　　　　　　　汇付 1　　单位：元

借方科目	金额				总账账页	
	1～10 日	11～20 日	21～30 日	合计	借方	贷方
银行存款	10 000			10 000		
管理费用	2 000	4 000		6 000		
合计	12 000	4 000		16 000		

表 8-40　　　　　　　　　　　　汇总付款凭证

贷方科目：银行存款　　　　　　　　　2011 年 4 月　　　　　　　　　汇付 2　　单位：元

借方科目	金额				总账账页	
	1～10 日	11～20 日	21～30 日	合计	借方	贷方
应付账款			23 400	23 400		
合计				23 400		

表 8-41　　　　　　　　　　　　汇总转账凭证

贷方科目：应付账款　　　　　　　　　2011 年 4 月　　　　　　　　　汇转 1　　单位：元

借方科目	金额				总账账页	
	1～10 日	11～20 日	21～30 日	合计	借方	贷方
原材料	20 000	80 000		100 000		
应交税费	3 400	13 600	8 500	25 500		
在途物资			50 000	50 000		
合计	23 400	93 600	58 500	23 400		

根据汇总记账凭证登记"银行存款"总账、"应付账款"总账。其余账户从略，如表 8-42 和表 8-43 所示。

表 8-42　　　　　　　　　　　　　　　　总　　账

账户名称：银行存款　　　　　　　　　　　　　　　　　　　　　　　　　　　　单位：元

2011 年		凭证字号	摘要	对方科目	借方	贷方	借或贷	余额
月	日							
4	1		期初余额				借	200 632
	30	汇收 1		主营业务收入	400 000			
				应交税费	68 000			
				应收账款	49 000			
		汇付 1		库存现金	10 000			
		汇付 2		应付账款		23 400	借	704 232
			本月合计		527 000	23 400		

表 8-43　　　　　　　　　　　　　　　　总　　账

账户名称：应付账款　　　　　　　　　　　　　　　　　　　　　　　　　　　　单位：元

2011 年		凭证字号	摘要	对方科目	借方	贷方	借或贷	余额
月	日							
4	1		期初余额				贷	30 000
	30	汇转 1		原材料		100 000		
				应交税费		25 500		
				在途物资		50 000		
		汇付 2		银行存款	23 400		贷	182 100
			本月合计		23 400	175 500		

四、汇总记账凭证账务处理程序优缺点及适用范围

汇总记账凭证账务处理程序减轻了登记总分类账的工作量，由于按照账户对应关系汇总编制记账凭证，便于了解账户之间的对应关系。其缺点是：按每一贷方科目编制汇总转账凭证，不利于会计核算的日常分工，并且当转账凭证较多时，编制汇总转账凭证的工作量较大。这一账务处理程序适用于规模较大、经济业务较多的单位。

项目九　财务会计报告——会计报表的编制

【开篇导读】

通过会计账簿对会计凭证所记录的经济业务进行系统的归类和整理，连续、系统、全面地记录和反映了企业发生的有关经济业务及其结果。但会计账簿中的账户只能让我们看到每一个会计内容的增减变化及其结果，不能一目了然地看到企业整个经济活动及其结果的全貌。因此我们还需要编制财务报告。财务报告可以较全面、系统、综合地反映企业一定时期的财务状况和经营成果，因而常常被称为企业会计核算的"大观园"。财务报告包括会计报表、报表附注、财务状况说明书等。编制财务报告是会计核算终点。

内容一　财务报告的概述

一、财务报告及其目标

财务报表是企业会计核算的最终产品，是企业对外提供的反映企业某一特定日期的财务状况和某一会计期间经营成果及现金流量等会计信息的书面文件。按照会计准则的要求，企业将一定时期发生的各项交易或事项，通过归类、汇总都反映在会计账簿中。但是，企业的日常交易或事项很多，反映在会计账簿中的会计信息资料比较分散，不能全面、系统、综合地反映企业有关经济活动的全貌。因此企业必须在日常会计核算的基础上，定期对账簿资料进行归类、汇总，编制成会计报告，以便向财务报表使用者（通常包括投资者、债权人、政府及其有关部门和社会公众等）提供与企业财务状况、经营成果和现金流量等有关的会计信息，反映企业管理层受托责任的履行情况，为财务报表使用者作出经济决策提供有用的会计信息。

二、财务报告的构成内容

企业财务报告包括会计报表及期附注和其他需要披露的资料。会计报表及其附注又称财务报表。

（一）会计报表

会计报表是以表格的形式总括反映企业一定日期的财务状况及经营成果和现金流量的书面文件。会计报表包括：（1）资产负债表；（2）利润表；（3）现金流量表；（4）所有者权益变动表。会计报表是会计报告的主体，是会计报告中最重要也是最核心的部分。编制会计报表是会计核算的一种专门方法。

（二）会计报表附注

会计报表附注是对资产负债表、利润表、现金流量表和所有者权益变动表等报表中列示项目的文字描述或明细资料，以及对未能在这些报表中列示项目的说明等。附注是会计报表的重要组成部分，是对会计报表的补充说明，有助于会计报表使用者理解和使用会计信息。

会计报表附注至少应包括以下主要内容：会计报表的编制基础；遵循会计准则的说明；重要会计政策和会计估价的说明；会计政策和会计估价变更及差错更正的说明；会计报表中重要项目的进一步说明；或有事项、资产负债表日后事项、关联方关系及其交易等需要说明的事项；资产负债表日后、财务报告批准报出日前提议或宣布发放的股利总额和每股股利金额。

（三）其他需要披露的资料

除上述资料外，企业还应根据会计信息使用者的需要披露一些相关信息，如企业注册地、组织形式和总部地址、企业的业务性质和主要经营活动、母公司以及集团最终母公司的名称等。

三、财务报表的分类

财务报表可以按照不同的标准进行分类。

（一）按反映的经济内容分类

按反映的经济内容可分为资产负债表、利润表、现金流量表及相关附注。

（1）资产负债表是反映企业某一特定日期财务状况的会计报表，企业应当按月编报。

（2）利润表是反映企业一定期间内生产经营成果的会计报表，企业应当按月编报。

（3）现金流量表是以现金为基础编制的反映企业财务状况变动的报表，企业应当按年编报。

（4）相关附注包括企业基本情况、财务报表编制基础、遵循企业会计准则的声明、重要会计政策和会计估计、会计政策和会计估计变更以及差错更正的说明和报表重要项目说明。

（二）按反映的资金运动形态分类

按反映的资金运动形态可分为静态会计报表和动态会计报表。

（1）静态会计报表，指反映企业在特定日期终了时，经济指标处于相对静止状态的报表，如资产负债表。

（2）动态会计报表，指反映企业在一定时期内完成的经济指标的报表，如利润表。

（三）按会计报表编报时间分类

按会计报表编报的时间可分为月度、季度、半年度和年度会计报表。
（1）月度会计报表，简称月报，指按月度编制的会计报表，如资产负债表、利润表。
（2）季度会计报表，简称季报，指按季度编制的会计报表。
（3）半年度会计报表，简称半年报，指按半年度编制的会计报表。
（4）年度会计报表，简称年报，指按年度编制的会计报表。

（四）按编制单位分类

按会计报表的编制单位可分为单位会计报表、汇总会计报表。
（1）单位会计报表，企业单位在自身会计核算的基础上，对账簿记录进行加工编制的会计报表。
（2）汇总会计报表，企业主管部门或上级机关，根据所属单位报送的会计报表，连同本单位会计报表汇总编制的综合性会计报表。

（五）按数字内容分类

按会计报表各项目所反映的数字内容可分为个别会计报表和合并会计报表。
（1）个别会计报表，指报表各项目数字所反映的内容，仅仅包括企业本身的财务数字。
（2）合并会计报表，指由母公司编制的包括所有控股子公司有关数字指标的会计报表。

四、财务报告的编报要求

为了使财务报表能够最大限度地满足各有关方面的需要，实现编制财务报表的基本目的，充分发挥财务报表的作用，企业在编制财务报告时应当做到真实可靠、相关可比、全面完整、编报及时、便于理解。

（一）全面完整

企业财务报告应当全面地披露企业的财务状况、经营成果和现金流动情况，完整地反映企业财务活动的过程和结果，以满足各有关方面对财务会计信息资料的需要。为了保证财务报告的全面完整，企业在编制财务报告时，应当按照有关准则、制度规定的格式和内容填写，对于应该编制的会计报表项目，无论是表内项目还是表外补充资料，必须全部编制，不得有任何的取舍。会计报表之间、会计报表各项目之间凡有对应关系的数字，应当相互一致；会计报表中本期与上期的有关数字应当相互衔接。特别是对于企业某些重要的事项，应当按照要求在会计报表附注中说明，不得漏编漏报。

（二）数字真实

财务报告中提供的会计资料必须真实，必须如实反映财务状况、经营成果和现金流量等。

如果企业会计核算报告提供的信息缺乏真实性和可靠性，甚至提供虚假信息，不仅不能发挥会计报告的作用，反而会误导财务报告使用者，导致其决策失误。所以，一切会计资料必须真实地反映企业实际的经济活动，会计核算应当以实际发生的经济业务为依据，报表所提供会计信息的数据应具有可靠性，不应是有意伪造的数据。

（三）相关可比

各种财务报表中的经济指标，口径应当尽可能一致，计算方法一致，以便于报表使用者比较企业不同时期的财务状况和经营成果，有利于报表使用者用来比较不同企业的财务状况。

（四）编报及时

企业财务报表所提供的资料，具有很强的时效性。报表必须按规定的期限和程序，及时编制，及时报送，以便报表使用者及时了解编报单位的财务状况和经营成果，也便于有关部门及时进行汇总。我国《企业财务会计报告条例》规定，企业的财务报表分为中期报表（月报、季报、半年报）和年度报表。其中，月度财务报表应当于月度终了后6天内对外提供；季度财务报表应当于季度终了后15日内对外提供；半年度财务报表应当于年度中期结束后60天内对外提供；年度财务报表应当于年度终了后4个月内对外提供。

（五）便于理解

可理解性是指财务报表提供的信息可以为使用者所理解。企业对外提供的财务报表是为广大财务报表使用者提供企业过去、现在和未来的有关资料，为企业目前或潜在的投资者和债权人提供决策所需的会计信息，因此，编制的财务报表应清晰明了。如果提供的财务报表晦涩难懂，不可理解，使用者就不能据以作出准确的判断，所提供的财务报表也会毫无用处。当然，这一要求是建立在财务报表使用者具有一定的财务报表阅读能力的基础上。

内容二　资产负债表

一、资产负债表的概念和作用

（一）资产负债表的概念

资产负债表是指反映企业在某一特定日期的财务状况的报表。资产负债表主要反映资产、负债和所有者权益三方面的内容，并满足"资产=负债+所有者权益"会计等式。

（二）资产负债表的作用

资产负债表的作用包括以下几个方面：
（1）可以提供某一日期资产的总额及其结构，表明企业拥有或控制的资源及其分布情况，使用者可以一目了然地从资产负债表上了解企业在某一特定日期所拥有的资产总量及其结构。

(2) 可以提供某一日期的负债总额及其结构，表明企业未来需要用多少资产或劳务清偿债务以及清偿时间。

(3) 可以反映所有者所拥有的权益，据以判断资本保值、增值的情况以及对负债的保障程度。此外，资产负债表还可以提供进行财务分析的基本资料，从而有助于报表使用者做出经济决策。

二、资产负债表的结构与格式

（一）资产负债表的结构

资产负债表一般包括表首和正表两部分。其中，表首概括地说明报表名称、编制单位、编制日期、报表编号、货币名称、计量单位等；正表是资产负债表的主体，列示了说明企业财务状况的各个项目。在资产负债表中，企业通常按资产、负债、所有者权益分类分项反映。资产大体按流动性强弱排列，流动性强的资产如"货币资金"、"交易性金融资产"等排在前面，流动性弱的资产如"长期股权投资"、"固定资产"等排在后面。负债及所有者权益项目，一般按要求清偿时间的先后顺序排列："短期借款"、"应付票据"、"应付账款"等需要在一年以内或者长于一年的一个正常营业周期内偿还的流动负债排在前面，"长期借款"等在一年以上才需偿还的非流动负债排在中间，在企业清算之前不需要偿还的所有者权益项目排在后面。

（二）资产负债表的格式

资产负债表中各要素及要素项目的不同排列方式，形成了资产负债表的格式。资产负债表正表的格式一般有两种：即报告式资产负债表和账户式资产负债表。

(1) 报告式资产负债表是上下结构，上半部列示资产，下半部列示负债及所有者权益。在排列形式上又分为两种：一种是按"资产=负债+所有者权益"的原理排列；另一种是按"资产−负债=所有者权益"的原理排列。我国企业的资产负债表采用账户式结构。

(2) 账户式资产负债表分左右两方，账户式资产负债表是资产列于报表左侧，而负债和所有者权益列于报表右侧，且左右两侧平衡的一种资产负债表。这种格式因类似"T"形账户而得名。这种格式的资产负债表着重反映企业的全部资产及其来源，并且利于报表使用人借助报表左右两方的对比分析来了解企业的财务状况。

我国企业资产负债表按规定采用账户式的结构并采用对比式填列。我国资产负债表的结构和内容如表9-1所示。

表 9-1　　　　　　　　　　　　　　　　　资产负债表

会企 01 表

编制单位：　　　　　　　　　　　　　　年　　月　　日　　　　　　　　　　　　单位：元

资产	期末余额	年初余额	负债和所有者权益（或股东权益）	期末余额	年初余额
流动资产：			流动负债：		
货币资金			短期借款		
交易性金融资产			交易性金融负债		
应收票据			应付票据		
应收账款			应付账款		
预付款项			预收款项		
应收利息			应付职工薪酬		
应收股利			应交税费		
其他应收款			应付利息		
存货			应付股利		
一年内到期的非流动资产			其他应付款		
其他流动资产			一年内到期的非流动负债		
流动资产合计			其他流动负债		
非流动资产：			流动负债合计		
可供出售金融资产			非流动负债：		
持有至到期投资			长期借款		
长期应收款			应付债券		
长期股权投资			长期应付款		
投资性房地产			专项应付款		
固定资产			预计负债		
在建工程			递延所得税负债		
工程物资			其他非流动负债		
固定资产清理			非流动负债合计		
生产性生物资产			负债合计		
油气资产			所有者权益（或股东权益）		
无形资产			实收资本（或股本）		
开发支出			资本公积		
商誉			减：库存股		
长期待摊费用			盈余公积		
递延所得税资产			未分配利润		
其他非流动资产			所有者权益（或股东权益）合计		
非流动资产合计					
资产总计			负债和所有者权益（或股东权益）总计		

三、资产负债表的编制方法

资产负债表各项目均需填列"年初余额"和"期末余额"两栏。其中"年初余额"栏内各项数字，应根据上年末资产负债表的"期末余额"栏内所列数字填列。如果本年度资产负债表规定的各个项目的名称和内容同上年度不一致，应将上年年末资产负债表各项目的名称和数字按照本年度的规定进行调整，填入年初余额栏内。"期末余额"栏主要有以下几种填列方法。

（1）根据总账科目余额填列。如"交易性金融资产"、"短期借款"、"应付票据"、"应付职工薪酬"等项目，根据"交易性金融资产"、"短期借款"、"应付票据"、"应付职工薪酬"各总账科目的余额直接填列；有些项目则需根据几个总账科目的期末余额计算填列，如"货币资金"项目，需根据"库存现金"、"银行存款"、"其他货币资金"三个总账科目的期末余额合计数填列。

（2）根据明细账科目余额计算填列。如"应付账款"项目，需要根据"应付账款"和"预付账款"两个科目所属的相关明细科目的期末贷方余额计算填列；"应收账款"项目，需要根据"应收账款"和"预收账款"两个科目所属的相关明细科目的期末借方余额计算填列。

（3）根据总账科目和明细账科目余额分析计算填列。如"长期借款"项目，需要根据"长期借款"总账科目余额扣除"长期借款"科目所属的明细科目中将在一年内到期且企业不能自主地将清偿义务展期的长期借款后的金额计算填列。

（4）根据有关科目余额减去其备抵科目余额后的净额填列。如资产负债表中"应收票据"、"应收账款"、"长期股权投资"、"在建工程"等项目，应当根据"应收票据"、"应收账款"、"长期股权投资"、"在建工程"等科目的期末余额减去"坏账准备"、"长期股权投资减值准备"、"在建工程减值准备"等科目余额后的净额填列。"投资性房地产"、"固定资产"项目，应当根据"投资性房地产"、"固定资产"科目的期末余额减去"投资性房地产累计折旧"、"累计折旧"、"投资性房地产减值准备"、"固定资产减值准备"备抵科目余额后的净额填列；"无形资产"项目，应当根据"无形资产"科目的期末余额，减去"累计摊销"、"无形资产减值准备"备抵科目余额后的净额填列。

（5）综合运用上述填列方法分析填列。如资产负债表中的"存货"项目，需要根据"原材料"、"委托加工物资"、"周转材料"、"材料采购"、"在途物资"、"发出商品"、"材料成本差异"等总账科目期末余额的分析汇总数，再减去"存货跌价准备"科目余额后的净额填列。

资产负债表项目的填列说明

资产负债表中资产、负债和所有者权益主要项目的填列说明如下。

1. 资产项目的填列说明

（1）"货币资金"项目，反映企业库存现金、银行结算户存款、外埠存款、银行汇票存款、银行本票存款、信用卡存款、信用证保证金存款等的合计数。本项目应根据"库存现金"、"银行存款"、"其他货币资金"科目期末余额的合计数填列。

(2)"交易性金融资产"项目，反映企业持有的以公允价值计量且其变动计入当期损益的为交易目的所持有的债券投资、股票投资、基金投资、权证投资等金融资产。本项目应当根据"交易性金融资产"科目的期末余额填列。

(3)"应收票据"项目，反映企业因销售商品、提供劳务等而收到的商业汇票，包括银行承兑汇票和商业承兑汇票。本项目应根据"应收票据"科目的期末余额，减去"坏账准备"科目中有关应收票据计提的坏账准备期末余额后的金额填列。

(4)"应收账款"项目，反映企业因销售商品、提供劳务等经营活动应收取的款项。本项目应根据"应收账款"和"预收账款"科目所属各明细科目的期末借方余额合计减去"坏账准备"科目中有关应收账款计提的坏账准备期末余额后的金额填列。如"应收账款"科目所属明细科目期末有贷方余额的，应在资产负债表"预收款项"项目内填列。

(5)"预付款项"项目，反映企业按照购货合同规定预付给供应单位的款项等。本项目应根据"预付账款"和"应付账款"科目所属各明细科目的期末借方余额合计数，减去"坏账准备"科目中有关预付账款计提的坏账准备期末余额后的金额填列。如"预付账款"科目所属明细科目期末有贷方余额的，应在资产负债表"应付账款"项目内填列。

(6)"应收利息"项目，反映企业应收取的债券投资等的利息。本项目应根据"应收利息"科目的期末余额，减去"坏账准备"科目中有关应收利息计提的坏账准备期末余额后的金额填列。

(7)"应收股利"项目，反映企业应收取的现金股利和应收取其他单位分配的利润。本项目应根据"应收股利"科目的期末余额，减去"坏账准备"科目中有关应收股利计提的坏账准备期末余额后的金额填列。

(8)"其他应收款"项目，反映企业除应收票据、应收账款、预付账款、应收股利、应收利息等经营活动以外的其他各种应收、暂付的款项。本项目应根据"其他应收款"科目的期末余额，减去"坏账准备"科目中有关其他应收款计提的坏账准备期末余额后的金额填列。

(9)"存货"项目，反映企业期末在库、在途和在加工中的各种存货的可变现净值。存货包括各种材料、商品、在产品、半成品、包装物、低值易耗品、委托代销商品等。本项目应根据"材料采购"、"原材料"、"库存商品"、"周转材料"、"委托加工物资"、"委托代销商品"、"生产成本"等科目的期末余额合计，减去"代销商品款"、"存货跌价准备"科目期末余额后的金额填列。材料采用计划成本核算，以及库存商品采用计划成本核算或售价核算的企业，还应按加或减材料成本差异、商品进销差价后的金额填列。

(10)"一年内到期的非流动资产"项目，反映企业将于一年内到期的非流动资产项目金额。本项目应根据有关科目的期末余额填列。

(11)"长期股权投资"项目，反映企业持有的对子公司、联营企业和合营企业的长期股权投资。本项目应根据"长期股权投资"科目的期末余额，减去"长期股权投资减值准备"科目的期末余额后的金额填列。

(12)"固定资产"项目，反映企业各种固定资产原价减去累计折旧和累计减值准备后的净额。本项目应根据"固定资产"科目的期末余额，减去"累计折旧"和"固定资产减值准备"科目期末余额后的金额填列。

(13)"在建工程"项目，反映企业期末各项未完工程的实际支出，包括交付安装的设备价值、未完建筑安装工程已经耗用的材料、工资和费用支出、预付出包工程的价款等的可收回金额。本项目应根据"在建工程"科目的期末余额，减去"在建工程减值准备"科目期末余额后的金额填列。

（14）"工程物资"项目，反映企业尚未使用的各项工程物资的实际成本。本项目应根据"工程物资"科目的期末余额填列。

（15）"固定资产清理"项目，反映企业因出售、毁损、报废等原因转入清理但尚未清理完毕的固定资产的净值，以及固定资产清理过程中所发生的清理费用和变价收入等各项金额的差额。本项目应根据"固定资产清理"科目的期末借方余额填列，如"固定资产清理"科目期末为贷方余额，以"-"号填列。

（16）"无形资产"项目，反映企业持有的无形资产，包括专利权、非专利技术、商标权、著作权、土地使用权等。本项目应根据"无形资产"科目的期末余额，减去"累计摊销"和"无形资产减值准备"科目期末余额后的金额填列。

（17）"开发支出"项目，反映企业开发无形资产过程中能够资本化形成无形资产成本的支出部分。本项目应当根据"研发支出"科目中所属的"资本化支出"明细科目期末余额填列。

（18）"长期待摊费用"项目，反映企业已经发生但应由本期和以后各期负担的分摊期限在一年以上的各项费用。长期待摊费用中在一年内（含一年）摊销的部分，在资产负债表"一年内到期的非流动资产"项目填列。本项目应根据"长期待摊费用"科目的期末余额减去将于一年内（含一年）摊销的数额后的金额填列。

（19）"其他非流动资产"项目，反映企业除长期股权投资、固定资产、在建工程、工程物资、无形资产等以外的其他非流动资产。本项目应根据有关科目的期末余额填列。

2. 负债项目的填列说明

（1）"短期借款"项目，反映企业向银行或其他金融机构等借入的期限在一年以下（含一年）的各种借款。本项目应根据"短期借款"科目的期末余额填列。

（2）"应付票据"项目，反映企业因购买材料、商品和接受劳务供应等而开出、承兑的商业汇票，包括银行承兑汇票和商业承兑汇票。本项目应根据"应付票据"科目的期末余额填列。

（3）"应付账款"项目，反映企业因购买材料、商品和接受劳务供应等经营活动应支付的款项。本项目应根据"应付账款"和"预付账款"科目所属各明细科目的期末贷方余额合计数填列；如"应付账款"科目所属明细科目期末有借方余额的，应在资产负债表"预付款项"项目内填列。

（4）"预收款项"项目，反映企业按照购货合同规定向购货单位预收的款项。本项目应根据"预收账款"和"应收账款"科目所属各明细科目的期末贷方余额合计数填列。如"预收账款"科目所属明细科目期末有借方余额的，应在资产负债表"应收账款"项目内填列。

（5）"应付职工薪酬"项目，反映企业根据有关规定应付给职工的工资、职工福利、社会保险费、住房公积金、工会经费、职工教育经费、非货币性福利、辞退福利等各种薪酬。外商投资企业按规定从净利润中提取的职工奖励及福利基金，也在本项目列示。

（6）"应交税费"项目，反映企业按照税法规定计算应缴纳的各种税费，包括增值税、消费税、营业税、所得税、资源税、土地增值税、城市维护建设税、房产税、土地使用税、车船税、教育费附加、矿产资源补偿费等。企业代扣代缴的个人所得税，也通过本项目列示。企业所缴纳的税金不需要预计应交数的，如印花税、耕地占用税等，不在本项目列示。本项目应根据"应交税费"科目的期末贷方余额填列；如"应交税费"科目期末为借方余额，应以"-"号填列。

（7）"应付利息"项目，反映企业按照规定应当支付的利息，包括分期付息到期还本的长期借款应支付的利息、企业发行的企业债券应支付的利息等。本项目应根据"应付利息"科目的期末余额填列。

（8）"应付股利"项目，反映企业分配的现金股利或利润。企业分配的股票股利，不通过本项目列示。本项目应根据"应付股利"科目的期末余额填列。

（9）"其他应付款"项目，反映企业除应付票据、应付账款、预收款项、应付职工薪酬、应付股利、应付利息、应交税费等经营活动以外的其他各项应付、暂收的款项。本项目应根据"其他应付款"科目的期末余额填列。

（10）"一年内到期的非流动负债"项目，反映企业非流动负债中将于资产负债表日后一年内到期部分的金额，如将于一年内偿还的长期借款。本项目应根据有关科目的期末余额填列。

（11）"长期借款"项目，反映企业向银行或其他金融机构借入的期限在一年以上（不含一年）的各项借款。本项目应根据"长期借款"总账科目余额扣除"长期借款"科目所属的明细科目中将在一年内到期且企业不能自主地将清偿义务展期的长期借款后的金额计算填列。

（12）"应付债券"项目，反映企业为筹集长期资金而发行的债券本金和利息。本项目应根据"应付债券"科目的期末余额填列。

（13）"其他非流动负债"项目，反映企业除长期借款、应付债券等项目以外的其他非流动负债。本项目应根据有关科目的期末余额填列。其他非流动负债项目应根据有关科目期末余额减去将于一年内（含一年）到期偿还数后的余额填列。非流动负债各项目中将于一年内（含一年）到期的非流动负债，应在"一年内到期的非流动负债"项目内单独反映。

3. 所有者权益项目的填列说明

（1）"实收资本（或股本）"项目，反映企业各投资者实际投入的资本（或股本）总额。本项目应根据"实收资本（或股本）"科目的期末余额填列。

（2）"资本公积"项目，反映企业资本公积的期末余额。本项目应根据"资本公积"科目的期末余额填列。

（3）"盈余公积"项目，反映企业盈余公积的期末余额。本项目应根据"盈余公积"科目的期末余额填列。

（4）"未分配利润"项目，反映企业尚未分配的利润。本项目应根据"本年利润"科目和"利润分配"科目的余额计算填列。未弥补的亏损在本项目内以"-"号填列。

四、资产负债表的编制示例

【例9-1】甲股份有限公司2011年12月31日的资产负债表（年初数略）及2011年12月31日的科目余额表分别见表9-2和表9-3。

表 9-2   资产负债表

会企 01 表

编制单位：甲股份有限公司　　　　2011 年 12 月 31 日　　　　　　　　　　　　　　　单位：元

资　产	行次	年初余额	期末余额	负债和所有者权益（或股东权益）	行次	年初余额	期末余额
流动资产：				流动负债：			
货币资金	1	（略）	1 406 300	短期借款	68	（略）	300 000
交易性金融资产	2		246 000	交易性金融负债	69		200 000
应收票据	3		15 000	应付票据	70		953 800
应收账款	4		299 100	应付账款	71		
预付账款	5			预收账款	72		100 000
应收利息	6		100 000	应付职工薪酬	73		110 000
应收股利	7		5 000	应交税费	74		
其他应收款	8			应付利息	75		30 000
存货			2 580 000	应付股利			
一年内到期的非流动资产	10			其他应付款	80		6 600
其他流动资产	11		100 000	一年内到期的非流动负债	81		50 000
流动资产合计	21		4 751 400	其他流动负债	82		1 000
非流动资产：				流动负债合计	83		1 660 400
可供出售的金融资产	31		25 000	非流动负债：	86		
持有至到期投资			500 000	长期负债	90		1 651 400
长期应收账款	32			应付债券	100		
长期股权投资	34		150 000	长期应付款			50 000
投资性房地产	38			专项应付款	101		39 600
固定资产			2 050 000	预计负债	102		
在建工程	39		100 000	递延所得税负债	103		
工程物资	40		400 000	其他非流动负债	106		
固定资产清理	41			其他长期负债	108		
生产性生物资产	42			非流动负债合计	110		1 741 000
油气资产	43			负债合计			
无形资产	44		140 000	所有者权益（或股东权益）：	111		
开发支出	45			实收资本（或股本）	114		3 251 400
商誉	46			资本公积			1 210 000
长期待摊费用	50			减：库存股			
递延所得税资产				盈余公积	115		538 600
其他非流动资产	51		60 000	未分配利润	116		
非流动资产合计	52		3 650 000	所有者权益（或股东权益）合计	117		5 000 000
资产总计	53		8 401 400	负债和所有者权益（或股东权益）总计	118		8 401 400

表9-3　　　　　　　　　　　　　　　科目余额表　　　　　　　　　　　　　　　　单位：元

资产	借方金额	负债和股东权益	贷方金额
库存现金	2 000	短期借款	50 000
银行存款	806 135	应付票据	100 000
其他货币资金	7 300	应付账款	953 800
交易性金融资产	0	其他应付款	50 000
应收票据	46 000	应付职工薪酬	100 000
应收账款	600 000	应付利息	80 000
坏账准备	−1 800	应交税费	100 034
预付账款	100 000	预收账款	106 600
其他应收款	5 000	应付股利	32 215.85
材料采购	275 000	长期借款	1 160 000
原材料	45 000	其中：一年内到期的长期借款	60 000
周转材料	38 050	股本	5 000 000
库存商品	2 212 400	盈余公积	131 185.15
材料成本差异	4 250	利润分配——未分配利润	194 500
长期股权投资	250 000		
固定资产	2 401 000		
累计折旧	−170 000		
固定资产减值准备	−30 000		
工程物资	150 000		
在建工程	578 000		
无形资产	540 000		
其他待摊费用	200 000		
合计	8 058 335	合计	8 058 335

根据上述资料，编制该公司2011年12月31日资产负债表，见表9-4。

表9-4　　　　　　　　　　　　　　　资产负债表

会企01表

编制单位：甲股份有限公司　　　　　2011年12月31日　　　　　　　　　　　　单位：元

资产	行次	年初余额	期末余额	负债和所有者权益（或股东权益）	行次	年初余额	期末余额
流动资产：				流动负债：			
货币资金	1	1 406 300	815 435	短期借款	68	300 000	50 000
交易性金融资产	2	246 000	0	交易性金融负债	69	200 000	
应收票据	3	15 000	46 000	应付票据	70	953 800	100 000
应收账款	4	299 100	598 200	应付账款	71		953 800
预付账款	5		100 000	预收账款	72	100 000	106 600

续表

续表

资产	行次	年初余额	期末余额	负债和所有者权益（或股东权益）	行次	年初余额	期末余额
应收利息	6	100 000		应付职工薪酬	73	110 000	100 000
应收股利	7	5 000		应交税费	74		100 034
其他应收款	8		5 000	应付利息	75	30 000	80 000
存货		2 580 000	2 574 700	应付股利			32 215.85
一年内到期的非流动资产	10			其他应付款	80	6 600	50 000
其他流动资产	11	100 000		一年内到期的非流动负债	81	50 000	60 000
流动资产合计	21	4 751 400	4 139 335	其他流动负债	82	1 000	
非流动资产：				流动负债合计	83	1 660 400	1 632 649.9
可供出售的金融资产	31	250 000		非流动负债：	86		
持有到期投资		500 000		长期负债	90	1 651 400	1 100 000
长期应收账款	32			应付债券	100		
长期股权投资	34	150 000	250 000	长期应付款			50 000
投资性房地产	38			专项应付款	101	39 600	
固定资产		2 050 000	2 201 000	预计负债	102		
在建工程	39	100 000	578 000	递延所得税负债	103		
工程物资	40	400 000	150 000	其他非流动负债	106		
固定资产清理	41			其他长期负债	108		
生产性生物资产	42			非流动负债合计	110	1 741 000	1 100 000
油气资产	43			负债合计			2 732 649.9
无形资产	44	140 000	540 000	所有者权益（或股东权益）：	111		
开发支出	45			实收资本（或股本）	114	3 251 400	5 000 000
商誉	46			资本公积		1 210 000	131 185.15
长期待摊费用	50		200 000	减：库存股			
递延所得税资产				盈余公积	115	538 600	
其他非流动资产	51	60 000		未分配利润	116		194 500
非流动资产合计	52	3 650 000	3 919 000	所有者权益（或股东权益）合计	117	5 000 000	5 325 685.1
资产总计	53	8 401 400	8 058 335	负债和所有者权益（或股东权益）总计	118	8 401 400	8 058 335

内容三 利润表

一、利润表的概念和结构

利润表是指反映企业在一定会计期间经营成果的报表。企业在一定时期内所实现的财务成果可以有利润和亏损两种形式。

利润表提供了企业在一定时期内取得的全部收入、发生的全部费用和成本以及全部收支相抵减后所实现的利润或发生的亏损总额和税后净利润。

通过提供利润表，可以反映企业在一定会计期间收入、费用、利润（或亏损）的数额、构成情况，帮助财务报表使用者全面了解企业的经营成果，分析企业的获利能力及盈利增长趋势，从而为其作出经济决策提供依据。

二、利润表的结构和格式

（一）利润表的结构

利润表一般包括表首和正表两部分。其中，表首概括说明报表名称、编制单位、编制日期、报表编号、货币名称、计量单位；正表是利润表的主体，反映形成经营成果的各个项目和计算过程。

（二）利润表的格式

利润表的正表格式一般有两种：单步式利润表和多步式利润表。单步式利润表是将当期所有的收入列在一起，然后将所有的费用列在一起，两者相减得出当期净损益。多步式利润表是通过对当期的收入、费用、支出项目按性质加以归类，按利润形成的主要环节列示一些中间性利润指标，如营业利润、利润总额、净利润，分步计算当期净损益。在我国，利润表一般采用多步式，其格式和内容见表9-5。

表9-5 　　　　　　　　　　　　　利润表

会企02表

编制单位：　　　　　　　　　　　___年___月　　　　　　　　　　　　单位：元

项　　目	行次	本期金额	上期金额
一、营业收入	1		
减：营业成本	2		
营业税金及附加	3		
销售费用	4		
管理费用	5		
财务费用	6		
资产减值损失	7		
加：公允价值变动收益（损失以"-"号填列）	8		
投资收益（损失以"-"号填列）	9		
二、营业利润（亏损以"-"号填列）	13		
加：营业外收入	14		
减：营业外支出	15		
三、利润总额（亏损总额以"-"号填列）	16		
减：所得税费用	17		
四、净利润（净亏损以"-"号填列）	18		
五、每股收益	19		
其中：基本每股收益	20		
稀释每股收益	21		

三、利润表的编制方法

企业利润表中各项目的数据都列有"本期金额"和"上期金额"两栏。

利润表中"上期金额"栏内各项数字应根据上年该期利润表的"本期金额"栏内所列数字填列。如果本年度利润表规定的各个项目的名称和内容同上年度不一致，应将上年年末利润表各项目的名称和数字按照本年度的规定进行调整。利润表中"本期金额"栏反映各项目的本期实际发生数。利润表各项目"本期金额"的填列方法分别如下。

（1）"营业收入"项目，反映企业经营活动所取得的收入总额。本项目应根据"主营业务收入"、"其他业务收入"等科目的发生额分析填列。

（2）"营业成本"项目，反映企业经营活动发生的实际成本。本项目应根据"主营业务成本"、"其他业务成本"等科目的发生额分析填列。

（3）"营业税金及附加"项目，反映企业经营活动应负担的营业税、消费税、城市维护建设税、资源税、土地增值税和教育费附加等。本项目应根据"营业税金及附加"科目的发生额分析填列。

（4）"销售费用"项目，反映企业在销售商品过程中发生的广告费等费用和为销售本企业商品而专设的销售机构的职工薪酬、业务费等经营费用。本项目应根据"销售费用"科目的发生额分析填列。

（5）"管理费用"项目，反映企业为组织和管理生产经营发生的管理费用。本项目应根据"管理费用"科目的发生额分析填列。

（6）"财务费用"项目，反映企业筹集生产经营所需资金而发生的筹资费用。本项目应根据"财务费用"科目的发生额分析填列。

（7）"资产减值损失"项目，反映企业各项资产发生的减值损失。本项目应根据"资产减值损失"科目的发生额分析填列。

（8）"公允价值变动收益"项目，反映企业确认的交易性金融资产或交易性金融负债的公允价值变动收益。本项目应根据"公允价值变动损益"科目的发生额分析填列，如为净损失，本项目以"-"号填列。

（9）"投资收益"项目，反映企业以各种方式对外投资所取得的收益。本项目应根据"投资收益"科目的发生额分析填列；如为投资损失，以"-"号填列。

（10）"营业外收入"项目，反映企业发生的与其生产经营无直接关系的各项收入。本项目应根据"营业外收入"科目的发生额分析填列。

（11）"营业外支出"项目，反映企业发生的与其生产经营无直接关系的各项支出。本项目应根据"营业外支出"科目的发生额分析填列。

（12）"利润总额"项目，反映企业实现的利润总额。如为亏损总额，以"-"号填列。

（13）"所得税费用"项目，反映企业按规定从本期损益中减去的所得税。本项目应根据"所得税费用"科目的发生额分析填列。

（14）"净利润"项目，反映企业实现的净利润。如为净亏损，以"-"号填列。

四、利润表的编制示例

【例9-2】甲股份有限公司2011年损益类科目"本年累计数"金额如表9-6所示。

表9-6　　　　　　　　　　　　损益类科目本年累计数　　　　　　　　　　　　单位：元

科目名称	借方发生额	贷方发生额
主营业务收入		1 250 000
其他业务收入		750 000
主营业务成本	1 000 000	
其他业务成本	500 000	
营业税金及附加	2 000	
销售费用	20 000	
管理费用	150 000	
财务费用	41 000	
投资收益		31 000
营业外收入		50 000
营业外支出	49 000	
资产减值损失	4 000	
所得税费用	36 000	

根据上述资料，编制该股份有限公司2011年度利润表，如表9-7所示。

表9-7　　　　　　　　　　　　　　　利润表

会企02表

编制单位：甲股份有限公司　　　　　　　2011年度　　　　　　　　　　　　单位：元

项　目	行次	本期金额	上期金额
一、营业收入	1	2 000 000	
减：营业成本	2	1 500 000	
营业税金及附加	3	2 000	
销售费用	4	20 000	
管理费用	5	150 000	
财务费用	6	41 000	
资产减值损失	7	4 000	
加：公允价值变动收益（损失以"-"号填列）	8		
投资收益（损失以"-"号填列）	9	31 000	
二、营业利润（亏损以"-"号填列）	13	314 000	
加：营业外收入	14	50 000	
减：营业外支出	15	49 000	
三、利润总额（亏损总额以"-"号填列）	16	315 000	
减：所得税费用	17	36 000	
四、净利润（净亏损以"-"号填列）	18	279 000	
五、每股收益	19		
其中：基本每股收益	20		
稀释每股收益	21		

【相关链接】基本每股收益仅考虑当期实际发行在外的普通股股份,按照归属于普通股股东的当期净利润除以当期实际发行在外的普通股的加权平均数计算确定。

企业存在稀释潜在普通股的,应当根据其影响分别调整归属于普通股股东的当期净利润除以发行在外的普通股的加权平均数,并据以计算稀释每股收益。

内容四　现金流量表

一、现金流量表概述

现金流量表是反映企业在一定会计期间现金和现金等价物流入和流出的报表。

现金流量是指一定会计期间内企业现金和现金等价物的流入和流出。企业从银行提取现金、用现金购买短期到期的国库券等现金和现金等价物之间的转换不属于现金流量。

现金是指企业库存现金以及可以随时用于支付的存款,包括库存现金、银行存款和其他货币资金(如外埠存款、银行汇票存款、银行本票存款等)等。不能随时用于支付的存款不属于现金。

现金等价物是指企业持有的期限短、流动性强、易于转换为已知金额现金、价值变动风险很小的投资。期限短,一般是指从购买日起3个月内到期。现金等价物通常包括3个月内到期的债券投资等。权益性投资变现的金额通常不确定,因而不属于现金等价物。企业应当根据具体情况,确定现金等价物的范围,一经确定不得随意变更。

企业产生的现金流量分为三类。

(一)经营活动产生的现金流量

经营活动是指企业投资活动和筹资活动以外的所有交易和事项。经营活动产生的现金流量主要包括销售商品或提供劳务、购买商品、接受劳务、支付工资和缴纳税款等流入和流出的现金和现金等价物。

(二)投资活动产生的现金流量

投资活动是指企业长期资产的购建和不包括在现金等价物范围内的投资及其处置活动。投资活动产生的现金流量主要包括购建固定资产、处置子公司及其他营业单位等流入和流出的现金和现金等价物。

(三)筹资活动产生的现金流量

筹资活动是指导致企业资本及债务规模和构成发生变化的活动。筹资活动产生的现金流量主要包括吸收投资、发行股票、分配利润、发行债券、偿还债务等流入和流出的现金及现金等价物。偿付应付账款、应付票据等商业应付款等属于经营活动,不属于筹资活动。

二、现金流量表的结构

我国企业现金流量表采用报告式结构,分类反映经营活动产生的现金流量、投资活动产生的现金流量和筹资活动产生的现金流量,最后汇总反映企业某一期间现金及现金等价物的净增加额。

我国企业现金流量表的格式如表9-8所示。

表 9-8　　　　　　　　　　　　　　　　现金流量表

会企03表

编制单位：　　　　　　　　　　　　　　　　　___年___月　　　　　　　　　　　　　　　　　单位：元

项　　目	本期金额	上期金额
一、经营活动产生的现金流量		
销售商品、提供劳务收到的现金		
收到的税费返还		
收到其他与经营活动有关的现金		
经营活动现金流入小计		
购买商品、接受劳务支付的现金		
支付给职工以及为职工支付的现金		
支付的各项税费		
支付其他与经营活动有关的现金		
经营活动现金流出小计		
经营活动产生的现金流量净额		
二、投资活动产生的现金流量		
收回投资收到的现金		
取得投资收益收到的现金		
处置固定资产、无形资产和其他长期资产收回的现金净额		
处置子公司及其他营业单位收到的现金净额		
收到其他与投资活动有关的现金		
投资活动现金流入小计		
购建固定资产、无形资产和其他长期资产支付的现金		
投资支付的现金		
取得子公司及其他营业单位支付的现金净额		
支付其他与投资活动有关的现金		
投资活动现金流出小计		
投资活动产生的现金流量净额		
三、筹资活动产生的现金流量		
吸收投资收到的现金		
取得借款收到的现金		
收到其他与筹资活动有关的现金		
筹资活动现金流入小计		
偿还债务支付的现金		
分配股利、利润或偿付利息支付的现金		
支付其他与筹资活动有关的现金		
筹资活动现金流出小计		
筹资活动产生的现金流量净额		
四、汇率变动对现金及现金等价物的影响		
五、现金及现金等价物净增加额		
加：期初现金及现金等价物余额		
六、期末现金及现金等价物余额		

三、现金流量表的编制

现金流量表的编制方法

企业应当采用直接法列示经营活动产生的现金流量。直接法是指通过现金收入和现金支出的主要类别列示经营活动的现金流量。采用直接法编制经营活动的现金流量时，一般以利润表中的营业收入为起算点，调整与经营活动有关的项目的增减变动，然后计算出经营活动的现金流量。采用直接法具体编制现金流量表时，可以采用工作底稿法或 T 形账户法，也可以根据有关科目记录分析填列。现金流量表主要项目说明如下。

1. 经营活动产生的现金流量

（1）"销售商品、提供劳务收到的现金"项目，反映企业本年销售商品、提供劳务收到的现金，以及前期销售商品、提供劳务本期收到的现金（包括应向购买者收取的增值税销项税额）和本期预收的款项，减去本年销售本期退回商品和前期销售本期退回商品支付的现金。企业销售材料和代购代销业务收到的现金，也在本项目反映。

（2）"收到的税费返还"项目，反映企业收到返还的所得税、增值税、营业税、消费税、关税和教育费附加等各种税费返还款。

（3）"收到其他与经营活动有关的现金"项目，反映企业经营租赁收到的租金等其他与经营活动有关的现金流入，金额较大的应当单独列示。

（4）"购买商品、接受劳务支付的现金"项目，反映企业本期购买商品、接受劳务实际支付的现金（包括增值税进项税额），以及本期支付前期购买商品、接受劳务的未付款项和本期预付款项，减去本期发生的购货退回收到的现金。企业购买材料和代购代销业务支付的现金，也在本项目反映。

（5）"支付给职工以及为职工支付的现金"项目，反映企业实际支付给职工的工资、奖金、各种津贴和补贴等职工薪酬（包括代扣代缴的职工个人所得税）。

（6）"支付的各项税费"项目，反映企业发生并支付、前期发生本期支付以及预缴的各项税费，包括所得税、增值税、营业税、消费税、印花税、房产税、土地增值税、车船税、教育费附加等。

（7）"支付其他与经营活动有关的现金"项目，反映企业经营租赁支付的租金、支付的差旅费、业务招待费、保险费、罚款支出等其他与经营活动有关的现金流出，金额较大的应当单独列示。

2. 投资活动产生的现金流量

（1）"收回投资收到的现金"项目，反映企业出售、转让或到期收回除现金等价物以外的对其他企业长期股权投资等收到的现金，但处置子公司及其他营业单位收到的现金净额除外。

（2）"取得投资收益收到的现金"项目，反映企业除现金等价物以外的对其他企业的长期股权投资等分回的现金股利和利息等。

（3）"处置固定资产、无形资产和其他长期资产收回的现金净额"项目，反映企业出售、报废固定资产、无形资产和其他长期资产所取得的现金（包括因资产毁损而收到的保险赔偿收入），减去为处置这些资产而支付的有关费用后的净额。

（4）"处置子公司及其他营业单位收到的现金净额"项目，反映企业处置子公司及其他营业单位所取得的现金，减去相关处置费用以及子公司及其他营业单位持有的现金和现金等价物后的净额。

（5）"购建固定资产、无形资产和其他长期资产支付的现金"项目，反映企业购买、建造固定资产、取得无形资产和其他长期资产所支付的现金（含增值税款等），以及用现金支付的应由在建工程和无形资产负担的职工薪酬。

（6）"投资支付的现金"项目，反映企业取得除现金等价物以外的对其他企业的长期股权投资等所支付的现金以及支付的佣金、手续费等附加费用，但取得子公司及其他营业单位支付的现金净额除外。

（7）"取得子公司及其他营业单位支付的现金净额"项目，反映企业购买子公司及其他营业单位购买出价中以现金支付的部分，减去子公司及其他营业单位持有的现金和现金等价物后的净额。

（8）"收到其他与投资活动有关的现金"、"支付其他与投资活动有关的现金"项目，反映企业除上述（1）至（7）项目外收到或支付的其他与投资活动有关的现金，金额较大的应当单独列示。

3．筹资活动产生的现金流量

（1）"吸收投资收到的现金"项目，反映企业以发行股票、债券等方式筹集资金实际收到的款项（发行收入减去支付的佣金等发行费用后的净额）。

（2）"取得借款收到的现金"项目，反映企业举借各种短期、长期借款而收到的现金。

（3）"偿还债务支付的现金"项目，反映企业为偿还债务本金而支付的现金。

（4）"分配股利、利润和偿付利息支付的现金"项目，反映企业实际支付的现金股利、支付给其他投资单位的利润或用现金支付的借款利息、债券利息。

（5）"收到其他与筹资活动有关的现金"、"支付其他与筹资活动有关的现金"项目，反映企业除上述（1）至（4）项目外收到或支付的其他与筹资活动有关的现金，金额较大的应当单独列示。

4．汇率变动对现金及现金等价物的影响

"汇率变动对现金及现金等价物的影响"项目，反映下列项目之间的差额：

（1）企业外币现金流量折算为记账本位币时，采用现金流量发生日的即期汇率或按照系统合理的方法确定的、与现金流量发生日即期汇率近似的汇率折算的金额（编制合并现金流量表时折算境外子公司的现金流量，应当比照处理）。

（2）企业外币现金及现金等价物净增加额按资产负债表日即期汇率折算的金额。

内容五　所有者权益变动表

一、所有者权益变动表的定义

所有者权益变动表是指反映构成所有者权益的各组成部分当期的增减变动情况的会计报表。当期损益、直接计入所有者权益的利得和损失，以及与所有者（或股东，下同）的资本交易导致的所有者权益的变动，应当分别列示。

二、所有者权益变动表应当单独列示的内容

所有者权益变动表至少应当单独列示反映下列信息的项目：（1）净利润；（2）直接计入所有者权益的利得和损失项目及其总额；（3）会计政策变更和差错更正的累积影响金额；（4）所有者投入资本和向所有者分配利润等；（5）按照规定提取的盈余公积；（6）实收资本（或股本）、资本公积、盈余公积、未分配利润的期初和期末余额及其调节情况。

所有者权益变动表格式和内容如表9-9所示。

表9-9　　　　　　　　　　所有者权益变动表

会企04表

编制单位：　　　　　　　　　　　　　　　年度　　　　　　　　　　　　　　　单位：元

项目	本年金额						上年金额					
	实收资本（或股本）	资本公积	减：库存股	盈余公积	未分配利润	所有者权益合计	实收资本（或股本）	资本公积	减：库存股	盈余公积	未分配利润	所有者权益合计
一、上年年末余额												
加：会计政策变更												
前期差错更正												
二、本年年初余额												
三、本年增减变动额（减少以"-"号填列）												
（一）净利润												
（二）直接计入所有者权益的利得和损失												
1.可供出售金融资产公允价值变动净额												
2.权益法下被投资单位其他所有者权益变动的影响												
3.与计入所有者权益项目相关的所得税影响												
4.其他												

续表

项目	本年金额							上年金额						
	实收资本（或股本）	资本公积	减：库存股	盈余公积	未分配利润	所有者权益合计		实收资本（或股本）	资本公积	减：库存股	盈余公积	未分配利润	所有者权益合计
上述（一）和（二）小计													
（三）所有者投入和减少资本													
1. 所有者投入资本													
2. 股份支付计入所有者权益的金额													
3. 其他													
（四）利润分配													
1. 提取盈余公积													
2. 对所有者（或股东）的分配													
3. 其他													
（五）所有者权益内部结转													
1. 资本公积转增资本（或股本）													
2. 盈余公积转增资本（或股本）													
3. 盈余公积弥补亏损													
4. 其他													
四、本年年末余额													

三、所有者权益变动表的编制

所有者权益变动表各项目均需填列"本年金额"和"上年金额"两栏。

所有者权益变动表"上年金额"栏内各项数字，应根据上年度所有者权益变动表"本年金额"栏内所列数字填列。上年度所有者权益变动表规定的各个项目的名称和内容同本年度不一致的，应对上年度所有者权益变动表各项目的名称和数字按照本年度的规定进行调整，填入所有者权益变动表的"上年金额"栏内。

所有者权益变动表"本年金额"栏内各项数字一般应根据"实收资本（或股本）"、"资本公积"、"盈余公积"、"利润分配"、"库存股"、"以前年度损益调整"科目的发生额分析填列。

企业的净利润及其分配情况作为所有者权益变动的组成部分，不需要单独编制利润分配表列示。

所有者权益变动表主要项目说明：

（1）"上年年末余额"项目，反映企业上年资产负债表中实收资本（或股本）、资本公积、库存股、盈余公积、未分配利润的年末余额。

（2）"会计政策变更"、"前期差错更正"项目，分别反映企业采用追溯调整或处理的会计政策变更的累积影响金额和采用追溯重述法处理的会计差错更正的累积影响金额。

（3）"本年增减变动金额"项目：

①"净利润"项目，反映企业当年实现的净利润（或净亏损）金额。

②"直接计入所有者权益的利得和损失"项目，反映企业当年直接计入所有者权益的利得和损失金额。

③"所有者投入和减少资本"项目，反映企业当年所有者投入的资本和减少的资本。

④"利润分配"项目，反映企业当年的利润分配金额。

⑤"所有者权益内部结转"项目，反映企业构成所有者权益的组成部分之间的增减变动情况。

项目十　会计工作组织与管理

【开篇导读】

科学的组织与管理会计工作，是实现会计工作目标的重要前提。会计工作组织与管理的内容主要包括：会计机构的设置、会计人员的配备、会计法规的指定与执行、会计档案的保管以及随着计算机技术的进一步发展，会计电算化在会计实务中的应用。

合理设置会计机构，建立会计工作岗位责任制，是发挥会计职能的重要条件。会计人员是会计工作的执行者，明确会计人员的职能和权限，遵守会计职业道德，是做好会计工作的重要保证。为保证会计信息的可比性和会计信息的质量，满足企业内部和外部各有关方面对会计信息的要求，会计工作必须遵循一定的规范。

内容一　会计工作组织概述

一、会计工作组织的意义

会计工作组织是指根据会计工作的特点，按照会计法的有关规定，对会计机构的设置、会计人员的配备、会计规范的制定与执行等各项工作所做的统筹安排。正确组织会计工作，对于充分发挥会计在经济管理中的作用，保证实现会计的目标具有重要意义。

（一）有利于提高会计工作质量

会计工作是一项复杂细致而又要求严密的工作。各经济组织繁多的、错综复杂的经济活动通过一系列的会计程序将其反映出来，这一系列的会计程序和手续包括会计凭证——会计账簿——会计报表等一系列数据的记录、计算、分类、汇总、分析、检查等方面，各个程序之间、各个数字之间一环扣一环，存在着密切的联系。在实际会计工作中，任何数字的差错、手续的遗漏，或工作程序的脱节，最终都会导致会计信息发生差错，影响会计信息的质量。因此，正确地组织会计工作，可以使会计工作按照预先规定的手续和处理程序有条理地进行，有效地预防数字差错、手续遗漏及工作程序脱节等问题，或即使出现这些问题，也易发现和纠正，如此才能保证提供的信息正确、及时，保证会计信息的质量，提高会计工作的效率。

（二）有利于维护社会主义市场经济秩序

会计工作质量的高低，不仅关系到具体会计单位工作的好坏，而且影响到广大会计信息使用者的决策。因此，正确地组织会计工作，有助于国民经济的宏观管理，可以促进国民经济的健康发展，对维护社会主义市场经济秩序有着重要的意义。

（三）有利于同其他经济管理工作的协调

会计既是一个信息系统，也是一种管理活动。作为一种管理活动，会计工作是企业经营管理工作的一个组成部分，它一方面通过对企业经济活动的核算与监督来发挥自己的独立职能作用，另一方面在核算与监督中必然与其他管理工作存在着十分密切的联系，并且相互影响、相互制约、相互促进。例如，会计的价值核算同实物管理工作应密切配合，成本核算工作结果为成本管理工作所用，会计工作与计划、统计、审计等工作需要互相协调。科学地组织会计工作，可以促进会计工作同其他管理工作分工协作、协调配合，共同为企业持续发展作出贡献。

（四）有利于加强企业内部的经营管理

科学地组织会计工作，可以为企业管理部门正确地进行最优管理决策和有效经营提供有用的资料，有利于企业推行全面的责任预算。特别是正确组织和实施责任会计，对各个责任中心工作成果进行评价和考核，可以促使企业内部各个部门严格物资管理，管好用好资金，增收节支，切实履行自己的经济责任。因此，科学地组织会计工作，有利于加强企业内部的经营管理，提高企业的经济效益。

二、会计工作组织原则

为了充分发挥会计的职能作用，科学合理地组织会计工作，必须遵循以下原则。

（一）符合国家对会计工作的统一要求

各企事业单位组织会计工作并不是各行其是，而要将国家的有关统一规定作为组织和从事会计工作的依据。因为会计所提供的信息，既要满足有关各方了解企业财务状况和经营成果的需要，要求具有可比性，又要满足国家确定方针、政策，制订计划，预算，进行宏观经济管理的需要。因此，国家对会计工作的重要方面实行统一管理，各单位都要按照《中华人民共和国会计法》的要求组织会计工作，具体操作要遵循《企业会计准则》的要求，这样就可以保证会计工作在符合国家统一规定的基础上来开展其业务。

（二）根据各单位经营管理的特点来组织会计工作

各个单位的经济活动范围大小不一，经济活动性质不尽相同，企业管理上对会计信息的具体要求也不一样。国家对会计工作的统一要求只能作为企业组织会计工作的原则规定，各个单位要考虑到本单位经济活动的特点和管理上的需要合理地组织会计工作。在会计机构的设置、会计人员的分工、会计核算形式的确定、成本计算方法的选择等方面，都必须根据本单位的具体情况，作具体的安排。

（三）在保证会计工作质量的前提下，坚持成本效益均衡的原则

会计信息也是一种商品，提供和使用会计信息需要花费时间和支出费用。合理地组织会计工作，就要在保证会计工作质量的前提下，坚持成本效益和精简节约原则，注意提高会计工作效率，尽量减少在收集、整理会计数据、编制报表、监督验证等方面的支出，尽量防止机构庞大、人浮于事、手续烦琐、重复工作等不合理的现象发生。

内容二　会计机构

一、会计机构的设置

为了合理地组织会计工作，充分发挥会计作用，企事业单位都要设置会计工作的专职机构。会计机构是直接从事和组织会计工作的职能部门。会计机构由专职的会计人员组成，建立和健全会计机构，是加强会计工作，充分发挥会计职能作用的重要条件。

《会计法》第三十六条规定："各单位应当根据会计业务的需要，设置会计机构，或者在有关机构中设置会计人员并指定会计主管人员；不具备设置条件的，应当委托经批准设立从事会计代理记账业务的中介机构代理记账。"在西方企业，会计机构与财务机构一般分别设置，会计负责核算、报告；财务负责理财。由于会计工作与财务工作都是综合性经济管理工作，它们的关系十分密切，多年来，在我国的实际工作中，会计与财务不分设机构，企业一般将二者合并在一起，设置一个机构，称为财务处或财务科等，会计人员也被称为财务会计人员或财会人员，在会计机构中进行适当的分工，建立会计人员岗位责任制。

企业会计机构的主要职责有以下几个方面：

（1）根据国家统一的会计制度和上级主管部门的要求，拟定本企业会计制度及实施办法；

（2）组织本企业的日常会计核算工作，并提供有关的会计信息；

（3）参与拟定本企业经济计划、考核、分析预算和财务计划的执行情况；

（4）在业务上接受上级管理部门的指导和监督，并实施对本企业经济活动的会计监督。

《会计法》第七条规定："国务院财政部门主管全国会计工作。县级以上地方各级人民政府的财政部门管理本行政区域内的会计工作。"依据《会计法》，我国财政部设立会计事务管理司，主管全国会计工作。其主要职责是在财政部领导下，拟订和组织实施各项全国性的会计法令、规章、准则和制度；制定改进会计工作的措施；制定并实施全国会计专业技术职称考评制度等。各级主管部门的会计机构要根据国家统一会计法规、制度的要求，制定适用于本系统内部统一的会计制度的具体办法或补充规定；审核、分析、批复或汇总所属单位上报的会计报表；核算本系统与财政机关及上下级之间有关交款、拨款等会计事项；对所属单位进行会计检查、总结、交流先进经验并负责本地区、本系统会计人员的培训工作等。

二、会计核算组织形式

会计核算组织形式是单位会计部门与单位内部各部门会计组织之间在会计核算工作中分工与协调的形式，是单位内部会计管理体系的重要组成部分。根据企业日常会计事务处理程序和会计工作特点，企业会计核算组织形式一般有集中核算和非集中核算两种。

集中核算形式，是指企业经济业务的明细核算、总分类核算、会计报表编制和会计分析等会计工作都集中在厂部一级会计部门进行，企业内部各单位的会计组织一般不单独核算，只是对其发生的经济业务负责登记原始记录、填制原始凭证并进行适当汇总，定期把原始凭证或汇总原始凭证送交会计部门，由会计部门进行进一步核算。采用集中核算形式，可以减少核算层次，精减会计人员，便于会计部门及时地掌握企业经济业务的全面情况，并及时对下属各单位的经济活动进行会计监督。但采用集中核算形式，企业内部各单位不便于及时利用核算资料进行日常的考核和分析。一般小型企业多采用集中核算会计工作组织形式。

非集中核算形式，也称分散核算形式，是指企业内部各单位的会计组织对本部门发生的经济业务，进行比较全面的核算和分析，包括凭证的整理、明细账的登记、成本的核算、内部财务报表的编制及分析等。厂部一级会计部门根据企业内部各单位报来的资料进行总分类核算，编制全厂综合性财务报表，并对企业内部各单位的会计工作进行业务上的指导和监督。采用非集中核算形式，有利于企业内部各单位将日常核算资料与生产经营管理结合起来，促进企业内部各部门和广大员工关心与提高经济效益，随时发现问题，解决问题。但采用这种核算形式，会增加会计人员数量，相应地增加核算费用，同时也影响企业会计部门集中掌握和监督企业内部各单位的经济业务情况。一般大中型企业，特别是大型企业通常采用非集中核算会计工作组织形式。

三、会计岗位责任制

会计工作岗位责任制是在企业单位会计机构内部，按照会计工作内容和会计人员情况，对会计工作进行分工并明确经济责任的一种企业单位内部会计管理制度。《会计基础工作规范》第八十七条规定："各单位应当建立会计人员岗位责任制度。主要内容包括：会计人员工作岗位设置；各会计工作岗位的职责和标准；财务会计工作岗位的人员和具体分工；会计工作岗位轮换办法；对会计工作岗位的考核办法。"不同企业单位，可以根据会计业务的需要，设置会计工作岗位，确定各岗位相应的职责。会计工作岗位一般分为：会计机构负责人或者会计主管人员、出纳、财产物资核算、工资核算、成本费用核算、财务成果核算、资金核算、往来结算、总账报表、稽核、档案管理等。会计工作岗位，可以一人一岗，也可以一人多岗或者一岗多人。企业会计工作各岗位主要职责如下。

（1）会计机构负责人或会计主管人员。组织本单位的财务会计工作；组织制定本单位的财务会计制度、财务计划；定期进行财务分析；组织本单位会计人员进行理论和业务学习；对会计人员进行考核等。

（2）出纳。负责办理现金收付款业务和银行结算业务；登记现金和银行存款日记账；保管库存现金和各种有价证券；保管有关印章、空白收据和空白支票等。根据《会计法》的要求，"出纳人员不得兼管稽核、会计档案保管和收入、支出、费用、债权债务账目的登记工作"，以利于防止弊端的产生和及时发现工作中的差错和失误。

（3）财产物资核算。会同有关部门拟定企业财产物资管理与核算的实施办法；具体实施财产物资增减、耗用等经济业务的会计核算与监督；进行财产物资明细核算；参与企业财产物资清查盘点工作。

（4）工资核算。计算职工的各种工资和奖金，办理工资结算，并进行有关明细核算；参与制订工资总额计划；控制工资总额支出；分析工资总额计划的执行情况。

（5）成本费用核算。拟定成本费用核算管理办法；编制成本费用和计划；建立各项原始记录和定额资料；审核各项费用开支；正确地归集和分配费用，计算产品成本，登记费用成本明细账；编制成本费用报表并进行成本分析。

（6）财务成果核算。负责财务成果的核算；组织销售货款的回收工作；正确计算并及时缴纳有关税费；进行收入、应收款和利润的明细核算；参与市场预测，制定或参与制定销售和利润计划。

（7）资金核算。负责资金的筹集、使用和调度；拟订企业资金使用计划、资金管理制度；分析考核企业资金使用效果。

（8）往来结算。办理其他往来款项的结算业务和相应的明细核算；负责备用金的管理与核算；办理其他往来款项清算手续制度。

（9）总账报表。负责总账的登记与核对；负责有关日记账和明细账的核对工作；编制会计报表；进行企业财务状况的综合分析，考核企业财务计划的执行情况；进行财务预测。

（10）稽核。审核会计凭证、账簿和报表；审查各项财务收支；审查财务成本计划等。

（11）档案管理。负责制定会计档案的立卷、归档、保管、查阅和销毁的管理制度；负责会计档案的保管工作。

内容三　会计人员

企业设置会计机构后，需要配备一定数量的会计人员，它是一个单位会计工作得以正常进行的重要前提。我国有关的会计法律、法规对会计人员的任职资格均有规定。《会计法》第三十一条规定："从事会计工作的人员，必须取得从业资格证书。担任会计机构负责人的，除取得会计从业资格证书外，还应当具备会计师以上专业技术职务资格或者从事会计工作三年以上经历。"《会计工作基础规范》第十四条规定："会计人员应当具备必要的专业知识和专业技能，熟悉国家有关法律、法规、规章和国家统一的会计制度，遵守职业道德。"

对企业来说，配备一定数量的高素质的会计人员，是做好会计工作决定性的因素。

在我国企业单位会计实行专业职务制度。会计专业职务分为教授级高级合计师、高级会计师、会计师、助理会计师和会计员4种。按现行制度，教授级高级合计师、高级会计师任职资格一般采用评审制度，会计师与助理会计师任职资格采取全国统一考试制度，会计员由单位依据国家规定直接聘任。

会计专业技术资格实行定期登记制度。取得会计专业技术资格的人员，应按照财政部的有关规定，接受相应级别的会计人员后续教育。

为了充分发挥会计人员的积极性，使他们更好地完成会计工作任务，国务院于1978年9月12日颁布的《会计人员职权条例》对会计人员的职责和权限作了明确的规定。

一、会计人员的职责

（1）进行会计核算。会计人员应当遵循《会计法》和国家统一会计制度的有关规定建立会计账册，根据实际发生的经济业务事项进行会计核算，认真填制会计凭证，登记会计账簿，编制财务会计报告。

（2）实行会计监督。会计人员在进行会计工作过程中，对企业内部各项经济业务的合法性、合理性和有效性进行监督。对不真实、不合法的原始凭证不予受理，对登记不准确、不完整的原始凭证予以退回，要求更正补充；若发现账实不符，应按照有关规定进行处理。对违法、违规的收支不予办理。

（3）拟订本单位办理会计事务的具体办法。各单位要根据《会计法》和国家统一的会计制度，结合本单位的实际情况和需要，建立、健全相应的企业内部会计管理制度。包括：会计人员岗位责任制、账务处理程序制度、内部牵制制度、内部稽核制度、原始记录管理制度、定额管理制度、计量验收制度、财产清查制度、财务收支审批制度、成本核算制度、财务会计分析制度等。

（4）参与拟订经济计划、业务计划、考核、分析预算、财务计划的执行情况。会计人员应当根据会计资料并结合其他资料，按照国家各项政策和制度规定，认真编制并严格执行财务计划、预算，并定期检查和分析财务计划、预算的执行情况，提出改进企业单位经营管理的建议。

（5）办理其他会计事务。其他会计事务是指不属于以上各项的会计事务。如运用各种会计手段对本单位的经济效益进行预测，参与经营决策，实行责任会计等。随着经济业务的日益繁多和复杂，会计事务也日趋丰富多样。

二、会计人员的权限

为了保证会计人员更好地履行职责，应赋予会计人员必要的工作权限。具体有以下三个方面的权限。

（1）会计人员有权要求本单位各有关部门、人员严格遵守国家财经纪律和统一会计制度，对于违反国家有关规定的会计事项，有权拒绝办理或者按照职权予以纠正。超出其职权范围的应及时向单位负责人报告，请求查明原因，作出处理。

（2）会计人员有权参与制定企业生产经营计划和各项定额，参与鉴定对外经济合同，参与有关生产和经营管理的会议，有权对企业的财务开支和经济效益等方面提出意见或建议。

（3）会计人员有权监督、检查本单位内部有关部门的财务收支、资金使用和财产保管、收发、计量、检验等情况，有关部门要提供资料，如实反映情况。

三、会计人员从业资格

（一）取得会计从业资格的范围

在国家机关、社会团体、公司、企业、事业单位和其他组织从事下列会计工作的人员，必须取得会计从业资格，持有会计从业资格证书，并进行注册登记；会计机构负责人（会计主管人员）；出纳；稽核；资本、基金核算；收入、支出、债权债务核算；工资、成本费用、财务成果核算；财产物资的收发、增减核算；总账；财务会计报告编制；会计机构内会计档案管理。

（二）取得会计从业资格证书的条件

1．基本条件

申请参加会计从业资格考试的人员，应当符合下列基本条件：
（1）遵守会计和其他财经法律、法规；
（2）具备良好的道德品质；
（3）具备会计专业基础知识和技能。

2．会计从业资格证书的取得实行考试制度

考试科目、考试大纲由财政部统一制定并公布。考试科目为：财经法规与会计职业道德、会计基础、初级会计电算化（或者珠算五级）。

（三）会计从业资格的管理

会计从业资格管理实行属地原则。县级以上人民政府财政部门（含县级）负责本行政区域内的会计从业资格管理。

财政部委托中共中央直属机关事务管理局、国务院机关事务管理局按照各自权限分别负责中央在京单位的会计从业资格管理，铁道部、中国人民武装警察部队后勤部财务部、中国人民解放军总后勤部财务部分别负责本系统的会计从业资格管理。

会计从业资格考试由省级财政部门负责组织实施，其具体职责包括以下几个方面：
（1）制定会计从业资格考试考务规则；
（2）组织会计从业资格考试命题；
（3）实施考试考务工作；
（4）监督检查会计从业资格考试考风、考纪。

（四）会计从业资格证书申请、颁发程序

1．申请取得会计从业资格证书需提交的材料

（1）填写《会计从业资格证书申请表》。

（2）考试成绩合格证明和有效身份证件原件。

（3）近期同一底片一寸免冠证件照两张。

2．会计从业资格证书的颁发

会计从业资格管理机构对申请人申请材料齐全、符合规定形式的，应当当场受理；申请材料不齐全或者不符合规定形式的，会计从业资格管理机构应当当场或者5日内一次告知申请人需要补正的全部内容，逾期不告知的，自收到申请材料之日起即为受理。

会计从业资格管理机构能够当场作出决定的，应当当场作出颁发会计从业资格证书的书面决定；不能当场作出决定的，应当自受理之日起20日内对申请人提交的申请材料进行审查，并作出是否颁发会计从业资格证书的决定；20日内不能作出决定的，经会计从业资格管理机构负责人批准，可以延长10日，并应当将延长期限的理由告知申请人。

对于作出准予颁发会计从业资格证书决定的，应当自作出决定之日起10日内向申请人颁发会计从业资格证书。

对于作出不予颁发会计从业资格证书的决定，应当说明理由，并告知申请人享有依法申请行政复议或者提起行政诉讼的权利。

（五）会计机构负责人的任职资格

会计机构负责人或会计主管人员，是在一个单位内具体负责会计工作的中层领导人员。根据《会计法》的规定，各单位应当根据单位业务的需要，设置会计机构或者在有关机构中设置会计人员并指定会计主管人员。担任单位会计机构负责人（会计主管人员），除应取得会计从业资格证书外，还应具备会计师以上专业技术职务资格或者从事会计工作3年以上经历。概括起来，会计机构负责人（会计主管人员）的任职资格和条件应当包括以下主要内容：

1．政治素质

会计机构负责人（会计主管人员）必须具备较好的政治素质，即：遵纪守法，廉洁奉公，具备良好的职业道德。财务会计工作是经济工作的基础，国家的许多法律、法规，尤其是财经方面的法律、法规的贯彻执行，都要通过会计工作来体现，会计人员特别是会计机构负责人如不能遵纪守法，必将给国家造成经济损失。会计工作直接处理经济业务，经济上的问题必然会在会计处理中反映出来，不能坚持原则，就不能大胆地去维护国家的财经纪律，不能大胆地坚持单位的规章制度，就不会去纠正违反财经纪律和财务会计制度的行为。会计工作时时要与"钱"、"物"打交道，没有廉洁奉公的品质和良好的职业道德，就可能经不住"金钱"的诱惑，甚至还可能犯下协同作弊的错误，走上犯罪的道路。

2．专业技术资格条件

会计工作具有很强的专业技术，要求会计人员必须具备必要的专业知识和专业技能。对会计机构负责人或会计主管人员来说，要全面组织和负责一个单位的会计工作，对其专业技术方面的要求也就更加必要。从目前来讲，考核和确认会计人员的专业知识和业务技能，主要是通过设置会计专业职务和会计专业技术资格考试来进行。

（1）会计专业职务的种类。根据《会计专业职务试行条例》规定，会计专业职务分为高级会计师、会计师、助理会计师、会计员；高级会计师为高级职务，会计师为中级职务，助理会计师和会计员为初级职务。

（2）会计专业职务任职条件及其基本职责。为了合理使用会计人员，充分发挥会计人员的积极性和创造性，企业、事业和行政机关等单位的会计人员依据学历、从事财务会计工作的年限、业务水平和工作成绩，并通过专业职称资格考试后，可以确定专业技术职务。目前会计专业职务名称定为会计员、助理会计师、会计师、高级会计师。会计员和助理会计师为初级职务，会计师为中级职务，高级会计师为高级职务。会计专业职务的任职条件和基本职责是有差别的。

①会计员的基本条件。初步掌握财务会计知识和技能，熟悉并能遵照执行有关会计法规和财务会计制度，能担负一个岗位的财务会计工作，大学专科或中等专业学校毕业，在财务会计工作岗位上见习1年期满，并通过会计员专业技术职务资格考试。

会计员的基本职责为：负责具体审核和办理财务收支，编制记账凭证，登记会计账簿，编制会计报表和办理其他会计事务。

②助理会计师的基本条件。掌握一般的财务会计基础理论和专业知识，熟悉并能正确执行有关的财经方针、政策和财务会计法规、制度，能担负一个方面或某个重要岗位工作，取得硕士学位或取得第二学士学位，或研究生班结业证书，具备履行助理会计师职责的能力；大学本科毕业，在财务会计工作岗位上见习1年期满；大学专科毕业并担任会计员职务2年以上；中等专业学校毕业并担任会计员职务4年以上，并通过助理会计师专业技术职务资格考试。

助理会计师的基本职责为：负责草拟一般的财务会计制度、规定、办法；解释、解答财务会计法规、制度中的一般规定；分析、检查某一方面或某些项目的财务收支和预算的执行情况。

③会计师的基本条件。较系统地掌握财务会计基础理论和专业知识，掌握并能正确贯彻执行有关的财经方针、政策和财务会计法规、制度，具有一定的财务会计工作经验，能担负一个单位或管理一个地区、一个部门、一个系统某个方面的财务会计工作，取得博士学位，并具有履行会计师职责的能力；取得硕士学位并担任助理会计师职务2年左右；取得第二学士学位或研究生班结业证书，并担任助理会计师职务2~3年；大学本科或大学专科毕业并担任助理会计师职务4年以上，掌握一门外语，并通过会计师专业技术职务资格考试。

会计师的基本职责为：负责草拟比较重要的财务会计制度、规定、办法；解释、解答财务会计法规、制度中的重要问题；分析、检查财务收支和预算的执行情况；培养初级会计人员。

④高级会计师的基本条件。较系统地掌握经济、财务会计理论和专业知识，具有较高的政策水平和丰富的财务会计工作经验，能担负一个地区、一个部门或一个系统的财务会计管理工作，取得博士学位，并担任会计师职务2~3年；取得硕士学位、第二学士学位或研究生班结业证书，或大学本科毕业并担任会计师职务5年以上，较熟练地掌握一门外语。

高级会计师的基本职责为：负责草拟和解释、解答在一个地区、一个部门、一个系统或在全国施行的财务会计法规、制度、办法；组织和指导一个地区或一个部门、一个系统的经济核算和财务会计工作；培养中级以上会计人才。

确定专业职务对学历和从事财务会计工作年限都有相应的要求，但对确有真才实学、成绩显著、贡献突出、符合任职条件的，在确定其相应专业职务时，可以不受学历和工作年限的限制。

(3) 会计专业技术资格考试。会计专业技术资格考试是一种通过实行全国统一考试确认担任会计专业职务任职资格的制度。该考试级别分初级会计资格和中级会计资格两个档次，初级资格考试科目包括：初级会计实务和经济法基础；中级资格考试科目包括：中级会计实务、财务管理和经济法。自1992年以来实行的会计专业技术资格考试制度，对于建立科学、合理、公正的会计人才评价和选拔机制，调动广大会计人员学习专业知识的积极性，提高会计人员素质，加强会计工作等，都发挥了十分重要的作用。

3．工作经历

会计工作的专业性、技术性强的特点，要求作为会计机构负责人（会计主管人员）必须具有一定的实践经验。关于会计机构负责人（会计主管人员）工作经历的要求，《会计法》规定的从事会计工作3年以上经历，是对会计机构负责人或会计主管人员的最低要求。

4．政策业务水平

作为会计机构负责人（会计主管人员），在政策业务水平上，要熟悉国家财经法律、法规、规章制度，掌握财务会计理论及本行业业务的管理知识。

首先，市场经济是法制经济。在市场经济中，任何单位的经济业务都要直接或间接地受到有关法律、规章制度的影响。从事财务会计工作，尤其是作为会计机构的负责人（会计主管人员），必须熟悉和掌握国家有关的法律、法规、规章制度，否则，非但不能很好地完成本职工作，还会使单位的经营管理工作走入法律的"误区"，给单位和个人带来不必要的损失。

其次，会计工作又是技术性很强的工作。随着我国社会主义市场经济制度的建立，经济改革和对外开放不断深入，经济生活中提出了许多过去不曾遇到过的新问题，会计也面临着许多全新的课题，会计理论、会计知识都以前所未有的速度更新。作为一个单位会计工作具体组织领导者的会计机构负责人（会计主管人员），如果没有过硬的会计理论知识和专业水平，将很难适应会计工作发展的需要和做好本职工作的要求。

5．组织能力

作为会计机构的负责人（会计主管人员），不仅要求自己是会计工作的行家里手，更重要的是要领导和组织好本单位的会计工作，因此要求其必须具备一定的领导才能和组织能力，包括协调能力、综合分析能力等。

6．身体条件

会计工作劳动强度大、技术难度高，作为会计机构负责人（会计主管人员），必须有较好的身体状况，以适应和胜任本职工作。

四、会计人员培训与教育

前已述及，会计人员作为特殊从业人员，既要有良好的业务素质，也要有较强的政策观念和职业道德水平。在我国目前会计学历教育还不十分发达、会计人员业务素质较低、法制观念不强的情况下，应当借助必要的外部力量，促进各地区、各部门、各单位重视和加强会计人员职业道德水平和业务培训，督促会计人员提高政治和业务素质。对此，《会计法》、《会计基础工作规范》和《会计人员继续教育暂行规定》都分别对会计人员职业道德规范和会计人员继续教育问题作出了规定。

（一）会计人员职业道德

按照《会计基础工作规范》的规定，会计人员职业道德的内容主要包括以下几个方面：（1）爱岗敬业。热爱本职工作是做好一切工作的出发点，只有这样，才会勤奋、努力钻研业务技术，使自己的知识和技能适应会计工作的要求。（2）熟悉法规。会计工作不只是单纯的记账、算账、报账工作，它时时事事处处涉及到执法守规方面的问题。会计人员应当熟悉财经法律、法规和国家统一的会计制度，做到自己在处理各项经济业务时知法依法、知章循章，依法把关守口，同时还要进行法规的宣传，提高法制观念。（3）依法办事。会计人员必须依法办事，树立自己职业的形象和人格的尊严，敢于抵制歪风邪气，同一切违法乱纪的行为作斗争。（4）客观公正。会计人员在办理会计事务中，应当实事求是、客观公正，这是一种工作态度，也是会计人员追求的一种境界。做好会计工作，不仅要有过硬的技术本领，也同样需要实事求是的精神和客观公正的态度。（5）搞好服务。会计工作的特点决定了会计人员应当熟悉本单位的生产经营和业务管理情况，会计人员要积极运用所掌握的会计信息和会计方法，为改善单位的内部管理、提高经济效益服务。（6）保守秘密。会计人员由于其工作性质的原因，有机会了解本单位的财务状况和生产经营情况，有可能了解或者掌握重要商业机密，因此，会计人员应当确立泄露商业秘密为大忌的观念，保守本单位的商业秘密，除法律规定和单位负责人同意外，不能私自向外界提供或者泄露单位的会计信息。

在明确会计人员职业道德规范的基础上，财政部门、业务主管部门和各单位还要加强对会计人员职业道德的监督和检查工作，通过正反典型案例的宣传，帮助会计人员提高职业道德水平，逐步树立遵守职业道德的良好风尚。

（二）会计人员继续教育

为了便于会计人员及时更新知识、不断提高自身素质、适应工作需要，根据统一规划、分级管理的原则，各地、各部门要认真组织包括国家机关、社会团体、企业、事业单位和其他组织在内的，从事会计工作并已取得会计从业资格的会计人员接受培训学习，做好会计人员的继续教育工作。

按照有关规定，各单位必须在时间上保证会计人员的继续教育。中高级会计人员继续教育时间每年不少于 68 小时，其中接受培训时间不少于 20 小时；初级会计人员继续教育的时间每年不少于 72 小时，其中接受培训时间每年累计不少于 24 小时。

会计人员继续教育的内容要坚持联系实际、讲求实效、学以致用的原则。教育的具体内容包括：会计理论与实务；财务、会计法规制度；会计职业道德规范；其他相关知识与法规等。继续教育讲究"新"和"实"，其内容必须新颖和实用。

继续教育主管部门要督促会计人员接受继续教育。对年度内未接受继续教育或未按规定完成继续教育学时的会计人员，无正当理由，予以警告；连续两年未接受继续教育或连续两年未完成规定学时的，不予办理会计从业资格证书的年检，不得参加高一档次的会计专业技术资格考试或评审，不得参加先进会计工作者的评选；连续3年未参加继续教育或未完成规定学时的，吊销会计专业技术资格，其会计从业资格证书也自行失效。

五、会计人员工作交接

会计人员工作交接，是指会计人员工作调动或因故离职时，与接替人员办理交接手续的一种工作程序。办理好会计工作交接，有利于分清移交人员和接管人员的责任，可以使会计工作前后衔接，保证会计工作顺利进行。《会计法》规定，会计人员调动工作或者离职，必须与接管人员办清交接手续。

（一）交接前的准备工作

会计人员工作调动或因故离职，必须将本人所经营的会计工作全部移交接管人员。没有办清交接手续的不得调动或者离职。根据《会计基础工作规范》的规定，会计人员在办理交接之前必须做好如下准备工作：

（1）已经受理的经济业务尚未填制会计凭证的，应当填制完毕。

（2）尚未登记账目的，应当登记完毕，结出余额，并在最后一笔余额后加盖经办人员印章。

（3）整理应该移交的各项资料，对未了事项和遗留问题要写出书面说明材料。

（4）编制移交清册，列明移交凭证、账簿、会计报表、公章、现金、有价证券、支票簿、发票、文件、其他会计资料和物品等内容；实行会计电算化的单位，从事该项工作的移交人员应在移交清册上列明会计软件及密码、会计软件数据盘、磁带等内容。

（5）会计机构负责人、会计主管人员移交时，应将财务会计工作、重大财务收支问题和会计人员的情况等向接替人员介绍清楚。

（二）交接的基本程序

1. 移交点收

移交人员在离职前必须将经管的会计工作，在规定的期限内，全部向接替人员移交清楚。接替人员应认真按照移交清册逐项点收。具体要求是：

（1）现金要根据会计账簿记录余额进行当面点交，不得短缺。接替人员发现不一致或者"白条顶库"现象时，移交人员在规定期限内负责查清处理。

（2）有价证券的数量要与会计账簿记录一致。有价证券面额与发行价不一致时，按照会计账簿余额交接。

（3）会计凭证、账簿、报表和其他会计资料必须完整无缺，不得遗漏。发现有短缺，必须查明原因，并在移交清册上注明，由移交人员负责。

（4）银行存款账户余额要与银行对账单核对一致，如有未达账项，应编制银行存款余额调节表调节相符；各种财产物资和债权债务的明细账户余额要与总账有关账户余额核对相符；对重要实物要实地盘点，对余额较大的往来账户要与往来单位、个人核对。

（5）公章、收据、空白支票、发票、科目印章以及其他物品等必须交接清楚。

（6）实行会计电算化的单位，交接双方应在电子计算机上对有关数据进行实际操作，确认有关数字正确无误后，方可交接。

2. 专人负责监交

会计人员在办理交接手续时，必须有人监交，以起到督促、公正作用。对监交的具体要求是：

（1）一般会计人员办理交接手续，由单位的会计机构负责人、会计主管人员负责监交。

（2）会计机构负责人、会计主管人员办理交接手续时，单位领导人负责监交，必要时，主管单位可以派人会同监交。当出现下列情况时，由上级主管部门派人会同监交：①所属单位领导人不能监交，需要由上级主管单位派人代表主管单位监交。如因单位撤并而办理交接手续等。②所属单位领导人不能尽快监交，需要由上级主管单位派人督促监交。如由上级主管单位责成所属单位撤换不合格的会计机构负责人、会计主管人员，所属单位领导人以种种借口拖延不办理交接手续时。③不宜由单位领导人单独监交，而需要上级主管单位会同监交。如所属单位领导人与办理交接手续的会计机构负责人、会计主管人员有矛盾，交接时需要上级主管单位派人会同监交。④上级主管单位认为存在某些问题需要派人会同监交的，也可以派人会同监交。

3. 交接后的有关事宜

（1）会计工作交接完毕后，交接双方和监交人要在移交清册上签名盖章，并在移交清册上注明：单位名称，交接日期，交接双方和监交人的职务、姓名，移交清册页数及需要说明的问题和意见等。

（2）接管人员应继续使用移交前的账簿，不得擅自另立账簿，以保证会计记录前后衔接，内容完整。

（3）移交清册填制一式三份，交接双方各持一份，存档一份。

（三）会计工作临时交接

会计工作临时交接，是指会计人员临时离职或者因病暂时不能工作，需要有人临时接替或者代理工作时所办理的工作交接手续。根据《会计基础工作规范》规定，会计人员临时离职或者因其他原因暂时不能工作的，都要办理交接手续。

（1）临时离职或因病不能工作需要接替或代理的，会计机构负责人、会计主管人员或单位领导人必须指定专人接替或者代理，并办理会计工作交接手续。临时离职或因病不能工作的会计人员恢复工作时,应当与接替人员或代理人员办理交接手续。

(2)移交人员因病或其他特殊原因不能亲自办理移交手续的,经单位领导人批准,可由移交人委托他人代办交接,但委托人应当对所移交的会计凭证、会计账簿、会计报表和其他有关资料的合法性、真实性承担法律责任。

(四)会计资料移交后的责任界定

根据《会计基础工作规范》规定,移交人员对移交的会计凭证、会计账簿、会计报表和其他会计资料的合法性、真实性承担法律责任。移交人员所移交的会计资料是在其经办会计工作期间内所发生的,应当对这些会计资料的合法性、真实性负责。即便接替人员在交接时因疏忽没有发现所接收会计资料在合法性、真实性、完整性方面存在的问题,如事后发现,仍应由原移交人员负责,原移交人员不应以会计资料已移交而免除责任。

六、会计人员的职业道德

会计职业道德规范是指从事会计职业的人员在会计工作中应遵循的行为规范。会计人员在会计工作中应当遵守职业道德,树立良好的职业品质、严谨的工作作风,严守工作纪律,努力提高工作效率和工作质量。会计人员应具备的基本职业道德如下。

(1)会计人员应当热爱本职工作,努力钻研业务,使自己的知识和技能适应所从事工作的要求。

(2)会计人员应当熟悉财经法律、法规、规章和国家统一会计制度,并结合会计工作进行广泛宣传。

(3)会计人员应当按照会计法律、法规和国家统一的会计制度规定的程序和要求进行会计工作,保证所提供的会计信息合法、真实、准确、及时、完整。

(4)会计人员办理会计事务应当实事求是、客观公正。

(5)会计人员应当熟悉本单位的生产经营和业务管理情况,运用掌握的会计信息和会计方法,为改善单位内部管理、提高经济效益服务。

(6)会计人员应当保守本单位的商业秘密。除法律规定和单位领导人同意外,不能擅自向外界提供或者泄露单位的会计信息。

(7)财政部门、业务主管部门和各单位应当定期检查会计人员遵守职业道德的情况,并作为会计人员晋升、晋级、聘任专业职务、表彰奖励的重要考核依据。

会计人员违反职业道德的,由所在单位进行处罚;情节严重的,由县级以上财政部门吊销会计从业资格证书。

七、总会计师制度

我国从1961年开始,在规模较大的国有企业中,逐步试行总会计师制度。1978年,国务院颁布了《会计人员职权条例》,其中规定企业要建立总会计师的经济责任制。大、中型企业要设置总会计师,主管本单位的经济核算和财务会计工作。小型企业要指定一名副厂长行使总会计师的职权。《会计法》第三十六条规定:"国有的和国有资产占控股地位或者主导地位的大、中型企业必须设置总会计师。总会计师的任职资格、任免程序、职责权限由国务院规定。"总会计师是一个行政职位,是单位行政领导成员,是单位财会工作的主要负责人,主管本单位财务会计工作和经济核算,参与企业的重大经营决策活动。

(一)总会计师的基本职责

(1)组织有关部门编制与执行预算、财务计划、信贷计划及资金计划。

(2)参与计划和主要经济合同的审查,检查计划、经济合同的执行情况,考核生产经营成果。

(3)负责设置本单位的会计机构并配备会计人员,负责会计人员的培训和考核,支持会计人员依法行使职权。

(4)组织群众性的经济核算工作,增产节约,增收节支,提高经济效益。

(5)监督本单位执行国家财经政策、法令、制度,遵守财经纪律。

(二)总会计师的工作权限

(1)对违反国家财经法律、法规、会计制度等的行为,有权制止或者纠正,制止或纠正无效时,提请单位主要行政领导人处理。

(2)有权组织本单位各职能部门、直属基层组织的经济核算、财务管理和成本管理工作。

(3)主管审批财务收支工作,签署企业预算、财务收支计划、成本费用计划、信贷计划、会计决算报表、涉及财务收支的重大业务计划、经济合同等。

(4)对财务会计机构负责人或者会计主管人员的人选进行业务考核和审批。

内容四 会计规范

会计规范是管理会计活动、规范会计行为的法律、法令、条例、规章、制度和道德守则等的总称。社会主义市场经济,也是法制经济,运用法律手段管理经济活动,是维护市场经济良好秩序不可缺少的方法。会计工作是经济管理工作的重要组成部分,会计通过记账、算账和报账为信息使用者提供决策有用的信息。为保证会计信息的可比性和会计信息的质量,满足企业内部和外部各有关方面对会计信息的要求,就必须要规范信息提供者的行为,而会计规范的制定与实施,对保证会计资料的真实、完整,保证会计信息的质量,维护会计工作良好秩序都将产生重大影响,也为会计职能的发挥提供了法律基础。

我国会计规范体系包括会计法律、会计行政法规和会计规章。

一、会计法律

会计法律是指调整我国经济生活中会计关系的法律总规范。会计法律规范有《中华人民共和国会计法》(以下简称《会计法》)、《中华人民共和国注册会计师法》及其他有关法律。

《会计法》是我国会计工作的根本大法，是会计法规体系中层次最高的法律规范，是制定会计法规的依据。会计法律一般由全国人大审议通过。下面仅就《会计法》有关内容作详细说明。

《会计法》于1985年首次颁布实施。1993年12月，第八届全国人大常委会第五次会议对《会计法》作了修订。1999年10月，第九届全国人大常委会第十二次会议对《会计法》作了第二次修订，并规定于2000年7月1日正式实施。《会计法》全文共7章52条，其主要内容如下：

（1）总则。总则明确了《会计法》的立法宗旨，规定了《会计法》的适用范围，会计机构与会计人员的权限和相应的责任，会计人员行使职权的保障措施，会计工作管理体制，会计制度的制定权限等内容。特别强调了单位负责人对本单位的会计工作和会计资料的真实性、完整性负责。

（2）会计核算。《会计法》规定了会计核算的基本要求和内容，会计年度，会计记账的货币单位及会计档案的管理办法等。

（3）公司、企业会计核算的特别规定。《会计法》规定了公司、企业必须根据实际发生的经济业务事项，按照国家规定的统一会计制度确认、计量和记录会计要素的内容；列举了公司、企业会计核算不得出现的五种行为。

（4）会计监督。《会计法》规定了实行会计监督的原则。《会计法》规定：各单位应当建立健全会计监督制度；单位负责人应当保证会计机构、会计人员依法履行职责，不得授意、指使、强令会计机构、会计人员违法办理会计事项；会计机构、会计人员发现会计账簿记录与实物、款项及有关资料不相符的，应当按有关规定妥善处理；凡规定须经注册会计师审计的单位，应当向受托的会计师事务所如实提供会计资料；财政、审计、税务、银行等部门可以依法对有关单位的会计资料实施检查监督，并负有保密义务。

（5）会计机构和会计人员。《会计法》就会计机构的设置、会计人员的配备、会计人员所必须具备的素质、会计人员的从业资格，以及会计工作交接手续等内容作了详细的规定。

（6）法律责任。《会计法》规定了单位负责人和会计人员发生违反《会计法》的行为所应承担的法律责任，包括行政责任和刑事责任。

（7）附则。解释了《会计法》中涉及的有关概念的内涵。

《会计法》的制定与实施，对我国会计工作具有重大的现实意义，对开创我国会计工作新局面具有重要的作用。它将保证会计人员依法行使职权，使会计工作按照规定的程序进行，发挥会计在维护社会主义市场经济秩序，加强经济管理，提高经济效益中的重要作用。

二、会计行政法规

会计行政法规是指调整经济生活中某些方面会计关系的法律规范。与会计有关的行政法规主要是由国务院发布实施或国务院批准财政部发布实施的各种条例、规范和办法等，如《会计人员职权条例》、《总会计师条例》、《企业会计准则》等，对会计工作、会计人员管理等方面都作了明确的规定。

（1）《会计人员职权条例》是国务院1978年9月12日颁布并实施的。共7章20条。该条例在《会计法》对会计人员职权原则规定的指导下，全面地明确了会计人员的职责和相应的权限。

(2)《总会计师条例》是国务院 1990 年 12 月 31 日颁布并实施的。共 4 章 23 条。该条例根据《会计法》的要求,明确了设置总会计师的范围,总会计师的职责、权限、总会计师的任免和奖惩等内容。

(3)《会计基础工作规范》是财政部于 1996 年 6 月 17 日颁布实施的。共 6 章 101 条。该条例根据《会计法》的有关规定,对会计机构与会计人员的配备、会计人员的职业道德、会计工作的交接、会计凭证的填制、会计账簿的登记、财务报告的编制、会计监督及会计内部管理制度等方面做了明确的规定。

(4)《会计电算化工作规范》是 1996 年 6 月 10 日由财政部发布实施的。该办法主要就会计电算化的管理部门、会计电算化的基本任务、会计软件的标准、采用电子计算机代替手工记账的基本条件等作了明确的规定。

(5)《会计档案管理办法》是 1998 年 8 月 21 日由财政部、国家档案局联合发布,自 1999 年 1 月 1 日起执行。该办法主要就会计档案的内容与种类、会计档案管理的基本要求、会计档案的归档、保管、销毁、交接、会计档案的保管期限等作了明确规定。

(6)《会计人员继续教育暂行规定》是 1998 年 1 月 23 日由财政部颁布,自 1998 年 7 月 1 日施行。共 5 章 27 条。主要就会计人员继续教育的目的、任务、内容、形式、组织、实施、检查、考核等做了规定。

(7)《会计从业资格管理办法》是 2000 年 5 月 8 日由财政部颁布,自 2000 年 7 月 1 日起实施。共 6 章 27 条,主要就会计从业资格的管理权限、从业资格考试制度、从业资格的注册登记制度及违反会计从业资格管理办法的处罚等做了规定。

(8)《企业财务会计报告条例》是 2000 年 6 月 21 日由国务院于颁布的,自 2001 年 1 月 1 日起施行。共 6 章 64 条。该条例以《会计法》为依据,对财务会计报告的构成、财务会计报告的编制、财务会计报告的对外提供、法律责任等内容作了详细说明。

三、会 计 规 章

(一) 会计准则

会计准则是会计核算工作的基本规范。我国会计准则分为基本会计准则和具体会计准则两类。基本会计准则是对会计核算工作必须共同遵守的基本要求所作的原则性规定,一般不直接指导会计实务。具体会计准则是以基本会计准则为依据,对经济业务的会计处理方法和程序所做出的具体规定,它直接指导会计实务,具有可操作性。

为了适应我国社会主义市场经济发展的需要,统一会计交易或事项的处理标准,保证会计信息质量,财政部根据《会计法》,于 1992 年 11 月制定并颁布了《企业会计准则》,这是我国首次制定施行的会计准则,即基本会计准则,实现了我国会计核算模式的转换,即由适应于高度统一的计划经济体制的财务会计核算模式,转换为适应于社会主义市场经济体制的财务会计核算模式。

2006 年 2 月 15 日,财政部颁布了由 1 项基本准则、38 项具体会计准则构成的企业会计准则体系,标志着适应我国社会主义市场经济发展需要,与国际会计惯例接轨的企业会计准则体系的正式建立。

我国企业会计准则体系由基本会计准则、具体会计准则和应用指南三部分组成。从准则层次看，基本准则是纲，居于第一层次，在整个准则体系中起统驭作用；具体准则是目，居于第一、二层次，是依据基本准则的原则要求对有关业务或报告作出的具体规定，具有针对性强的特点；应用指南是补充，居于第三层次，是对具体准则的操作指引，具有可操作性的特点，从准则的类别上看，既有普遍适用的一般业务准则，又有兼顾特殊行业或特殊业务的准则，还有专门规范财务报告的报告准则。从准则项目看，从过去偏重工商企业的17项准则，扩展到跨金融、保险、农业、石油天然气等众多领域的39项准则，覆盖了各类企业的各项经济业务，填补了我国市场经济条件下经济业务会计处理规定的空白。

（二）会计制度

会计制度是进行会计工作所应遵循的规则、方法和程序的总称。它以《会计法》为依据，根据《企业会计准则》的要求制定，直接对企业会计核算工作发挥规范作用。

企业会计制度的演变，在我国经历了一个较长的历史时期。2000年以前，我国企业实行的是分行业会计制度。分行业会计制度包括工业企业、商品流通企业等共14个，在当时的历史环境下，它体现了行业的特点和企业经营管理的要求。为适应市场经济的发展需要，根据我国会计改革总体规划，我国企业会计制度由三项会计制度组成，即《企业会计制度》、《金融企业会计制度》、《小企业会计制度》。

《企业会计制度》是2000年12月29日由财政部颁布的，它代替了原有的分行业的会计制度，除金融保险企业和经营规模较小的企业外均执行这一制度。《金融企业会计制度》，是2001年11月27日由财政部发布的，暂在上市的金融企业范围内执行。它适用于我国境内依法成立的各类金融企业，包括银行（含信用社）、保险公司、证券公司、信托投资公司、期货公司、基金管理公司、租赁公司、财务公司等。该制度共十五章一百六十四条。

《小企业会计制度》，适用于我国境内依法成立的对外不筹集资金、经营规模较小的企业，主要包括依法设立的独资企业、合伙企业及其他经营规模较小的企业。

执行新《企业会计准则》的企业，不再执行《企业会计制度》。

参 考 文 献

1. 于小雷等主编：《新〈企业会计准则〉实务指南》（中小企业类），机械工业出版社 2007 年版。
2. 于小雷等主编：《〈新企业会计准则〉实务指南》（集团公司类），机械工业出版社 2007 年版。
3. 财政部会计资格评价中心编：《初级会计实务》中国财政经济出版社 2010 年版。
4. 满红霞等主编：《基础会计》，辽宁大学出版社 2007 年版。
5. 葛长银著：《领导者会计学》，机械工业出版社 2005 年版。
6. 娄尔行主编：《基础会计》，上海财经大学出版社 2002 年版。
7. 陈文铭主编：《基础会计》，东北财经大学出版社 2007 年版。
8. 刘岳兰主编：《基础会计》，机械工业出版社 2009 年版。
9. 金跃武等主编：《基础会计》，高等教育出版社 2005 年版。
10. 万宇洵主编：《基础会计学》，湖南人民出版社 2007 年版。